suhrkamp taschenbuch
wissenschaft 1593

Der Nachlaß des 1998 verstorbenen Soziologen und Systemtheoretikers Niklas Luhmann enthielt eine Reihe nahezu fertiggestellter Buchmanuskripte, darunter auch *Das Erziehungssystem der Gesellschaft*. Es gehört in die vielbeachtete Reihe von Abhandlungen, die sich unterschiedlichen Bereichen der Gesellschaft zuwenden, wie Wissenschaft, Recht, Kunst, Wirtschaft und – zuletzt erschienen – Religion und Politik. Mit *Das Erziehungssystem der Gesellschaft* liegt dieser zentrale Komplex von Luhmanns Werk nun vollständig vor. Gleichzeitig stellt diese Monographie eine Erweiterung und teilweise Revision des bereits 1979 gemeinsam mit Karl-Eberhard Schorr verfaßten Textes »Reflexionsprobleme im Erziehungssystem« dar. Dieses hatte in der Erziehungswissenschaft eine langanhaltende, z.T. heftige Debatte ausgelöst, innerhalb deren einer systemtheoretischen Soziologie die Zuständigkeit und Qualifikation für eine Analyse des Erziehungssystems abgesprochen wurde.

Niklas Luhmann (1927-1998) war Professor für Soziologie an der Universität Bielefeld. Von ihm sind u. a. erschienen: *Die Gesellschaft der Gesellschaft* (stw 1360); *Das Recht der Gesellschaft* (stw 1183); *Legitimation durch Verfahren* (stw 443); *Soziale Systeme* (stw 666).

Niklas Luhmann
Das Erziehungssystem der Gesellschaft

Herausgegeben von
Dieter Lenzen

Suhrkamp

8. Auflage 2024

Erste Auflage 2002
suhrkamp taschenbuch wissenschaft 1593
© Suhrkamp Verlag Frankfurt am Main 2002
Suhrkamp Taschenbuch Verlag
Satz: TypoForum GmbH, Nassau
Umschlag nach Entwürfen von
Willy Fleckhaus und Rolf Staudt
Druck und Bindung: C. H. Beck, Nördlingen
Printed in Germany
ISBN 978-3-518-29193-1

www.suhrkamp.de

Inhalt

Editorische Notiz

Ein knappes Jahr vor seinem Tod im November 1998 zeigte mir Niklas Luhmann sein damals bereits weit angewachsenes Manuskript »Das Erziehungssystem der Gesellschaft«, welches mit diesem Band in dem Zustand vorgelegt wird, in dem seine Tochter Veronika Luhmann-Schröder es nach seinem Tode vorfand. Das Manuskript ist parallel zu »Die Gesellschaft der Gesellschaft«, »Die Politik der Gesellschaft« und »Die Religion der Gesellschaft« entstanden. Es enthält die summa seiner systemtheoretischen Reflexionen zum Erziehungssystem, nimmt den seinerzeit mit Karl-Eberhard Schorr in den »Reflexionsproblemen im Erziehungssystem« verfassten Stand auf, transzendiert diesen unter dem Eindruck der eigenen konstruktivistischen Entwicklung und argumentiert nicht unbetroffen von »defensiven Reaktionen ... mancher Pädagogen«. Das Manuskript sollte noch erweitert werden, allerdings wohl nicht um weitere Kapitel, sondern um Ergänzungen in dem als Ganzem komponierten Text. Dieses entsprach, was der Zustand des gesamten Textkonvoluts auch spiegelt, der Arbeitsweise Niklas Luhmanns.

Ich habe versucht, das Konvolut weitestgehend in dem Zustand zu belassen, in dem es vorgefunden wurde. Dabei habe ich mich besonders hinsichtlich des Anhangs von dem Gedanken leiten lassen, auch durch die Beifügung der handschriftlichen Notizen den Zustand eines Manuskripts zu dokumentieren, welches sich kurz vor der Fertigstellung befand. Die Transkriptionen der handschriftlichen Seiten wurden mit Hilfe der Unterstützung seiner Tochter unternommen. Es handelt sich dabei augenscheinlich um Literaturangaben, die er womöglich noch einarbeiten wollte, um einige Notizzettel, mit denen er sich an noch notwendige Ergänzungen erinnerte, um die Aufnotierung noch unangesprochener Fragen, um einige auch maschinenschriftliche Einschübe, deren Zuordnung zum Manuskript uneindeutig geblieben ist, sowie um den ursprünglichen Gliederungsentwurf für das Buch.

Das nachgelassene Konvolut enthielt ferner, hier nicht abgedruckt, das Manuskript »Vermittelbar/nicht-vermittelbar: vermitteln: aneignen. Im Prozess der Systembildung des Pädagogischen« von Jochen Kade, welches dem Colloquium zugrunde lag, das ich noch gemeinsam mit Niklas Luhmann in meinem Hause durchführen konnte. Ferner war beigefügt das Manuskript »Emanzipation im problematischen Vernunftgebrauch« von Jörg Ruhloff, auf das Luhmann vielleicht noch eingehen wollte. Schließlich hatte Luhmann sich noch einige Literaturhinweise aus Verlagskatalogen aufbewahrt und beigefügt.

Das eigentliche Manuskript hat folgende Bearbeitungsgänge erfahren: Alle eindeutig zuzuordnenden maschinen- und handschriftlichen Ergänzungen wurden in die Computerfassung von September 1996 eingearbeitet. Die handschriftlichen Unterstreichungen sind ebenso wie die maschinenschriftlichen Unterstreichungen im Druck als Kursivschrift übernommen worden.

Sämtliche bibliographischen Angaben wurden überprüft. Dieses umschließt auch das Aufsuchen der Zitate im Text, soweit erforderlich, d. h. wo die Angaben falsch oder unvollständig waren, wurden sie korrigiert oder ergänzt. In einigen Fällen wurden die Literaturangaben vervollständigt und bei seinerzeit noch nicht erfolgten Veröffentlichungen durch Hinweise auf inzwischen erschienene Publikationen ergänzt. Soweit Luhmann Literaturangaben formal uneinheitlich erfasste, wurde eine Vereinheitlichung vorgenommen: z. B. in Fällen wie »In: ders.« versus »In ders.«. Autorenangaben (Abkürzen der Vornamen versus vollständiger Angabe) wurden nur dann korrigiert, wenn dadurch eine verbesserte Auffindbarkeit der angegebenen Literatur gewährleistet werden konnte. Die Orthographie wurde überprüft und korrigiert, jedoch hinsichtlich der von Luhmann bevorzugten Schreibweise unberührt gelassen, z. B. bei Wörtern wie »copieren« oder »Etiquette«. Die von Luhmann angelegten, jedoch hinsichtlich der Seitenzahl nicht konkretisierten Querverweise wurden nicht rekonstruiert. Diese Entscheidung war erforderlich, weil sich bei der Bearbeitung des Textes herausstellte, dass Luhmann den Text offenkundig nicht konsekutiv verfasst hat. Das bedeutet, dass eine Reihe von Querverweisen, die er beispielsweise für spätere Kapitel gedacht hatte, tatsächlich auf voranliegende Kapitel verweist und umgekehrt sowie auch die internen Literaturhinweise (»a. a. O.«) nicht immer in einer schlüssigen Reihenfolge erscheinen. Für diese Entstehungsweise des Manuskripts spricht auch die Tatsache, dass ein ursprünglich abweichendes Inhaltsverzeichnis geplant war. Vor diesem Hintergrund erschien es nicht angezeigt, das Manuskript durch – wenngleich begründete – Vermutungen zu ergänzen.

Ein Sachregister hatte Niklas Luhmann noch nicht angefertigt. Bei dessen Erstellung habe ich mich grundsätzlich auf zwei große Typen von Einträgen beschränkt: Hinweise auf die systemtheoretische Terminologie, unabhängig und abhängig vom spezifischen Gegenstand dieses Buches, sowie Terminologie, die für das Erziehungssystem typisch ist, in Sonderheit Begriffe, die zur Fachterminologie bzw. zur typischen Sachbeschreibung von Pädagogik und Erziehungswissenschaft gehören. Die Einträge erfolgen ggf. auch unabhängig vom Text grundsätzlich im Singular; Adjektive sind, ebenfalls unabhängig vom Text, grundsätzlich nachgestellt.

Ich danke Veronika Luhmann-Schröder für die freundschaftliche Zusammenarbeit und ihre Geduld bei immer neuen Wünschen, die der Reliabilität der Ausgabe dienen sollten. Bernd Stiegler ist für seinen verständniswachen und sensiblen Umgang mit allen Beteiligten Dank zu sagen.

Berlin, im Mai 2001   Dieter Lenzen

Das Erziehungssystem der Gesellschaft

Kapitel 1

Mensch und Gesellschaft

I.

Wie der Titel dieses Buches und der Titel dieses Kapitels anzeigen, gehen die folgenden Untersuchungen von einer Theorie der Gesellschaft aus. Das ist sicherlich ein »makrosoziologischer« Ausgangspunkt, und insofern treffen wir uns mit Margaret Archer.[1] Andererseits reicht uns die Festlegung auf »Makrosoziologie« nicht aus. Die Diskussion der theoretischen Leistungen und der methodologischen Anforderungen einer Makrosoziologie ist zu sehr durch die Makro/Mikro-Unterscheidung bestimmt und vor allem durch die Abwehr der Ansprüche des »methodologischen Individualismus« auf ein Monopol für soziologische Erklärungsleistungen. Eine Gesellschaftstheorie, die sicher »makrosoziologisch« angelegt sein müßte, ist auf dieser Grundlage bisher nicht in Sicht.

Den folgenden Untersuchungen werden wir einige gesellschaftstheoretische Annahmen zugrundelegen, die hier jedoch nicht weiter erläutert, sondern nur thesenhaft vorgestellt werden können. Sie besagen:

(1) Eine Gesellschaft ist ein soziales System, das alle sozialen Operationen einschließt und alles andere ausschließt. Dies System ist auf der Ebene der eigenen Operationen operativ geschlossen. Das heißt: es reproduziert eigene Operationen ausschließlich im Netzwerk und durch das Netzwerk eigener Operationen und grenzt sich dadurch von einer nicht dazugehörigen Umwelt ab.

(2) Die Operationen, die das Sozialsystem Gesellschaft reproduzieren (= aus eigenen Produkten produzieren), sind Kommunikationen.

(3) Das System der modernen Gesellschaft ist durch funktionale Differenzierung charakterisiert. Das heißt: es bildet seine primä-

---

1 Siehe Margaret Scotford Archer, Social Origins of Educational Systems, London 1979.

ren (keineswegs alle!) Subsysteme durch Bezug auf spezifische Funktionen.

(4) Das Erziehungssystem ist eines dieser Funktionssysteme. Es operiert in einer innergesellschaftlichen Umwelt, in der andere Funktionen durch andere Funktionssysteme wahrgenommen werden, die das Erziehungssystem insoweit entlasten. Es braucht sich daher weder um eigenes Einkommen, noch um eigenen politischen Einfluß, noch um eigene Forschungsergebnisse zu kümmern. Wenn dies in der Form mitlaufender Aktivitäten gleichwohl geschieht, dann operieren pädagogische Kommunikationen insoweit zugleich im rekursiven Netzwerk anderer Funktionssysteme und können nur erfolgreich sein, wenn sie sich durch deren Rekursionen einbinden lassen, also sich auf eine andere Vergangenheit und eine andere Zukunft beziehen.

(5) Alle diese Systeme, die Gesellschaft ebenso wie ihre Funktionssysteme, beobachten ihre eigenen Operationen und sind insofern durch Selbstreferenz bestimmt. Sie müssen daher *intern* zwischen sich selbst und ihrer Umwelt unterscheiden. Anders ausgedrückt: Ihre Operationen sind durch die Unterscheidung von Selbstreferenz und Fremdreferenz bestimmt. Sie oszillieren zwischen diesen beiden Referenzrichtungen, können jeweils eine focussieren, aber nur vor dem Hintergrund der Möglichkeit, zur anderen überzugehen.

(6) Aus dem Kappen von determinierenden Umwelteinflüssen und aus der Kombination von operativer Schließung und Selbstreferenz entsteht intern ein immenser Überschuß an Möglichkeiten für weitere Operationen, der für das System selbst unkalkulierbar ist. Das System ist daher für sich selbst intransparent. Es operiert in einem Raum selbsterzeugter Ungewißheit. Die pervasive Ungewißheit, zumeist markiert als Zukunft, ist also eine Eigenleistung des Systems. Sie folgt nicht daraus, daß die Operationen des Systems von unbekannten Faktoren der Umwelt abhängen (obwohl das System selbst seine Ungewißheit in diese Form bringen kann).

(7) Auf den Überschuß an Möglichkeiten sinnvoller Erziehung reagiert das System durch Selbstorganisation auf operativer und auf semantischer Ebene. Selbstorganisation setzt ihrerseits Mikrodiversität voraus, setzt also voraus, daß es eine große Zahl von verschiedenartigen Erziehungs- und Unterrichtssituationen gibt.

(8) Das Gesellschaftssystem mitsamt allen durch Differenzierung erzeugten Subsystemen repräsentiert sich diese selbsterzeugte Ungewißheit in der Form des Mediums Sinn. Sinn wird jeweils nur an bestimmten Formen faßbar, die ihrerseits mit einem Überschuß an Verweisungen auf andere mögliche Sinnformen ausgestattet sind und nur so identifiziert werden können. Der ständige Wechsel der jeweils aktualisierten Sinnformen reproduziert zugleich das Medium Sinn in der Weise, daß weitere Operationen nur als Formbildung in diesem Medium möglich sind.

Wir werden diese grundlegenden Annahmen im folgenden nicht weiter ausarbeiten; wir setzen sie aber voraus und explizieren sie nur, soweit dies für die jeweils anstehenden Klärungen erforderlich ist.

II.

Wenn von Erziehung gesprochen wird, denkt man zunächst an eine intentionale Tätigkeit, die sich darum bemüht, Fähigkeiten von Menschen zu entwickeln und in ihrer sozialen Anschlußfähigkeit zu fördern. Dieses Ausgangsverständnis liegt auch den folgenden Untersuchungen zugrunde. Der scheinbar eindeutige Begriff läßt sich jedoch durch Prämissen tragen, die im Laufe der Gesellschaftsgeschichte und im Laufe der theoretischen Reflexion über den Menschen als soziales Wesen erheblichen Veränderungen ausgesetzt waren und noch sind. Wo ein Bedarf für Erziehung sichtbar wird und was man von Erziehung erwarten kann, hängt auf den zweiten Blick davon ab, wie das Verhältnis von Mensch und Gesellschaft aufgefaßt wird.

Wenn man annimmt, daß die Gesellschaft aus Menschen bestehe, geht es in der Erziehung gewissermaßen um ihre Substanz. Es läßt sich dann kaum etwas Wichtigeres denken als die Sorge dafür, daß die Menschen die Formen und Verhaltensweisen erreichen, die gesellschaftliches Zusammenleben ermöglichen.[2] So war denn auch Philosophie in ihrer praktischen Dimension ein

2 Vgl. Werner Jaeger, Paideia: Die Formung des griechischen Menschen, 3 Bde. ab 1934, zit. nach der 3. bzw. 2. Auflage, Berlin 1954/55.

mit der Sophistik konkurrierendes Konzept für Adelserziehung gewesen. Andererseits war man davon überzeugt, daß die Menschen ihrer Natur nach soziale Wesen sind und daß sich die Wissensgrundlagen der Erziehung in gesicherten Wahrheiten verankern lassen. Der Reichweite, ja Universalität des Erziehungsauftrags waren feste Grundlagen gegeben. Der Mensch galt als seiner Natur nach erziehbar, der Heranwachsende mußte durch Erziehung nur begleitet werden. Er strebte von sich aus nach seiner Perfektion als politisches, oder später: als soziales Wesen.

So wird heute niemand mehr denken. Die »Paideia« ist für uns ein Thema geschichtlicher Erinnerung.[3] Wir sehen heute deutlicher, daß es sich (wie in anderer Weise auch bei den Sophisten) um ein Konzept für Adelserziehung gehandelt hatte. Gesellschaftlich konnte es sich stützen auf einen Zusammenhang von sozialem Status, Schichtung und Erziehung, die (um nur dies zu sagen) Dazugehörigkeit und Durchsetzungsfähigkeit erkennen ließ. Das hatte sich aber schon in der Spätantike geändert im Zuge der Christianisierung des römischen Reichs. Denn Christ kann man ohne Erziehung werden. Aller Belehrungsbedarf wird nachträglich in schon konstituierten Gemeinden wahrgenommen. Die Apostelbriefe werden der Gemeinde vorgelesen. Die Universalisierung der christlichen Heilsgeschichte macht sie allen zugänglich, und zwar gerade in ihrem eigentümlichen Menschbezug, der Gott selbst einschließt. Über ikonographische Innovationen wird die Kirchengeschichte auf eine analphabetische Gemeinde eingestellt. Erst in der Frühmoderne wird Christentum eine Buchreligion. All das lockert den Zusammenhang von Erziehung, qualitativ ausgezeichneten Menschen und sozialer Schichtung. Die lateinische Kirche organisiert sich und garantiert auf diese Weise, durch eine eigene klerikale Hierarchie, einen lokale Verhältnisse übergreifenden kulturellen Zusammenhang, eine Art Zivilgesellschaft, zunächst ohne Staat.

Noch die Literatur der Aufklärung hatte Erziehung auf den Menschen als Ganzen bezogen und hatte ihren Sinn zum Beispiel in der Förderung von Vernunft im Verhältnis zu den Passionen

3 Und so begründet Werner Jaeger sein Interesse am Thema.

oder Empfindungen gesehen.[4] Das sollte für alle Menschen gelten, die gesellschaftliche Differenzierung (Arbeitsteilung) blieb also außer Acht. Spätestens für die Soziologie wird dies unakzeptabel. Nach Durkheim habe sich die Erziehung nach dem zu richten, was die Gesellschaft und das besondere konkrete Milieu verlangt. Aber es ist immer noch Erziehung des Menschen. Ihr Ziel sei die Konstitution der Gesellschaft im Menschen.[5] Die Schwierigkeit besteht dann allerdings darin, daß die Gesellschaft verlangt, daß *verschiedene* Menschen *verschieden* erzogen werden und dies nicht durch Rückgriff auf die Natur des Menschen begründet werden kann.[6] Selbst wenn die Erziehung die vernünftig-harmonische Perfektion aller Menschen erreichen könnte, wäre dieses Ergebnis mit den Erfordernissen der Gesellschaft nicht zu vereinbaren. Will man trotzdem an humanistischen Idealen festhalten, kann das nur zu deren Ausdünnung und Verarmung führen.

Bei aller Tragweite dieser Veränderungen im Verhältnis von Mensch, Erziehung und Gesellschaft sind die Konsequenzen im Bereich der pädagogischen Semantik nicht deutlich auszumachen. Die sozialstrukturellen Veränderungen, die zur Evolution der modernen Gesellschaft geführt haben, haben nicht pari passu zu Veränderungen in der Semantik geführt, die uns vorstellt, was wir unter Mensch, Gesellschaft und Erziehung zu verstehen haben. Es kommt zu mehrfachen Renaissancen. Die normative Idee der civiltà bezieht sich zunächst wieder deutlich auf den Adel, wenngleich im Kontext von Erziehung (nicht: im Kontext von Recht) die moralische Qualität im Unterschied zu bloßer Geburt stärker betont wird. Im 18. Jahrhundert wird dieser alteuropäische Humanismus durch einen Neuhumanismus ersetzt, der von sozialer Stratifikation abstrahiert und sich auf »Sub-

---

4 Vgl. z. B. Morelly, Essai sur l'esprit humain, ou principes naturels de l'éducation, Paris 1743, Neudruck Genf 1971, S. 31 f.: Erziehung korrigiere sentiments in Richtung auf raison; sie sei »l'art de former promtement de bonnes habitudes dans l'homme«, wobei unter habitudes stabile Objektbeziehungen verstanden werden (»ce qui fixe & détermine les organes à agir constamment de la même maniere à l'occasion des mêmes objets«, S. 27).

5 So Emile Durkheim, Education et Sociologie (1922), Neudruck Paris 1966, S. 92.

6 Vgl. Durkheim a. a. O. S. 83 ff.

jekte« schlechthin bezieht. Dem entspricht die Ersetzung des Begriffs der (naturalen) Perfektion durch den Begriff der Bildung. Aber immer noch scheint es in der Erziehung darum zu gehen, den Menschen als gesellschaftliches Wesen mit einer inneren, frei akzeptierten Form auszustatten, die zugleich eine Garantie dafür schafft, daß die gesellschaftlichen Verhältnisse eine humane Ausrichtung gewinnen. Die Aneignung von Bildung macht den Menschen ungefährlich; sie entwaffnet ihn gewissermaßen. Wir werden fragen müssen, wie diese Ambition unter heutigen gesellschaftlichen Bedingungen durchgehalten werden kann.

Mit dem Begriff des Subjekts hatte sich der Humanismus zurückgezogen auf die Annahme, jedem Menschen seien in der Reflexion die Bedingungen seines Außenwelterlebens und seines Handelns *als eigene* zugänglich; und dies so, daß daraus zugleich eine Übereinstimmung der Weltsicht und eine (zumindestens ethische) Koordinierbarkeit des sozialen Verhaltens folge. Nach einer kurzen Faszination durch diese transzendentaltheoretische Idee in den 90er Jahren des 18. Jahrhunderts hat die Pädagogik jedoch einsehen müssen, daß davon keine Hilfe zu erwarten sei – weder methodisch noch institutionell.[7] Selbst wenn es diese Subjektität als intern zugängliches Faktum des Bewußtseins in jedem Menschen gäbe, wäre damit nichts bezeichnet, was durch Erziehung zu ändern, zu entwickeln, zu verbessern wäre. Auch ergab sich aus der Subjektität des Menschen kein Hinweis darauf, für welche Gesellschaft die Menschen zu erziehen seien. Diese Frage hatte sich aber mit der französischen Revolution gestellt und war bald darauf auch an den Folgen der Kommerzialisierung der Landwirtschaft und der Industrialisierung der gewerblichen Produktion ablesbar. Die zunehmende Anerkennung und Respektierung der Unterschiedlichkeit der Individuen und ihrer selbstgesetzten Lebensziele tat ein übriges. Die festen Vorgaben, die die Erziehung an der traditionellen Gesellschaft gefunden hatte, hatten sich aufgelöst. Die Aufgaben der Erziehung konnten jetzt nur noch durch das Erziehungssystem selbst bestimmt

7 Hierzu näher Niklas Luhmann, Theoriesubstitution in der Erziehungswissenschaft: Von der Philanthropie zum Neuhumanismus, in: ders., Gesellschaftsstruktur und Semantik: Studien zur Wissenssoziologie der modernen Gesellschaft Bd. 2, Frankfurt 1981, S. 105-194.

werden. Das Erziehungssystem fand sich gewissermaßen in die Autonomie verstoßen und auf »Selbstorganisation« verwiesen.[8] Es konnte dann als eine pädagogische Option nach dem Schema konservativ/progressiv behandelt werden, ob die Erziehung für strukturelle Kompatibilität von Mensch und Gesellschaft zu sorgen hätte oder ob es im Sinne eines politischen Humanismus ihr Ziel sein sollte, durch Einwirken auf die Menschen die Gesellschaft zu ändern.

Diese Sachlage war freilich in den ersten Jahrzehnten des 19. Jahrhunderts alles andere als offensichtlich. Die französische Revolution hatte zu einer »Ideologisierung« der Politik geführt. Kultur- und Erziehungsprogramme erschienen den Staaten, die sich der Revolution nicht anschlossen, als eine Möglichkeit, Revolution zu vermeiden und die Bestände zu sichern. »Autonomie« konnte in dieser Lage daher nur defensiv vertreten werden als Recht auf Abwehr politisch-administrativer Vorgaben. Daß Autonomie die Last einer strukturellen Unterbestimmtheit des eigenen Systems mit sich bringen würde, war nicht zu sehen. Im übrigen bot speziell in Deutschland die Anlehnung an neu sich bildende Disziplinen des Wissenschaftssystems, so die sich differenzierenden Naturwissenschaften, die neuen Philologien, die Geschichtswissenschaft einen Ausweg, dessen pädagogische Tragfähigkeit kein Problem zu sein schien. Man mußte nur Schulen und Universitäten organisatorisch deutlicher trennen und die Ausbildung der Gymnasiallehrer den in Fakultäten gegliederten Universitäten übertragen.[9]

Diese Situation bot zunächst wenig Anlaß, einen empirischen Begriff des Menschen zu bilden, um im Anschluß daran die Frage zu stellen, ob und wie Erziehung überhaupt möglich sei. Seit Jahrhunderten lag ein emphatisch gebildeter Begriff des Individuums vor, der gleichsam das Sicherheitsnetz definierte, über dem ein radikaler gesellschaftlicher Wandel vollzogen werden

8 Genaue Parallelen dazu findet man zur selben Zeit in anderen Funktionssystemen, vor allem in der romantischen Kunst; aber auch in den Versuchen, das Recht und die Politik auf eine selbstgemachte »Verfassung« zu gründen, in der Traditionselemente wie Monarchie einen Platz finden konnten – oder auch nicht.

9 Hierzu Beiträge in: Rudolf Stichweh, Wissenschaft, Universität, Professionen: Soziologische Analysen, Frankfurt 1994.

oder doch geschehen konnte. Die Attribute der Individuen waren: Fähigkeit zu rationalen Nutzenentscheidungen, Geist im Sinne von Aufnahmefähigkeit für Kultur, ferner, auf die Natur bezogen, Unterbestimmtheit mit der Möglichkeit, durch Erziehung zu bestimmen, was die Natur offen gelassen hatte, und nicht zuletzt: die Fähigkeit zur Selbstbestimmung mit der Möglichkeit, sich für ein Ich zu entscheiden, das, obwohl geistbestimmt und kultiviert, sich selbst von allen anderen Ichs unterscheiden konnte. Unterzieht man diese Prämissen einer Neubeschreibung, dann fällt auf, daß sie verschiedene Unterscheidungen bündeln und auf ihrer jeweils positiven Seite ein gesellschaftlich willkommenes Individuum erscheinen lassen.

Da ist die Unterscheidung der Rationalität der Entscheidungen, die heute mehr und mehr dazu tendiert, individuell gewählte Präferenzen zum Ausgangspunkt zu nehmen, dabei zeitliche Instabilität und soziale Interdependenzen in Kauf zu nehmen und so schließlich zu einem differenzlosen Begriff gelangt, der nichts mehr ausschließt (außer vielleicht Rechenfehler) und somit auch keine Richtlinien für Erziehung mehr zu geben vermag.[10] Da ist der semantische Komplex Geist/Kultur/Kultiviertheit, der ursprünglich die nicht gebildeten Unterschichten ausschloß[11], heute aber, vor allem nach den kritischen Analysen von Pierre Bourdieu, eher als Form der Reproduktion überholter Klassenunterscheidungen gesehen wird.[12] Daraus kann man zwar schließen, daß das Erziehungssystem die Unterschiede, die es favorisiert und den eigenen Selektionen zugrundelegt, nicht zur Etablierung sozialer (stratifikatorischer) Unterschiede zur Verfügung stellen sollte; aber diese Kritik läßt schwer erkennen, was denn statt dessen erreicht werden soll. Und da ist schließlich die alte Lehre des 18. Jahrhunderts, der Mensch sei ein »offenes«, auf Gesellschaft, Milieu, Kultur usw. angewiesenes Wesen. Der

10 Wir kommen darauf zurück. Siehe Kap.... (Angabe wurde nicht mehr vervollständigt, D. L.)

11 Siehe etwa Raymond Williams, Culture and Society 1780-1950, London 1958, zit. nach der Ausgabe Harmondsworth, Middlesex UK 1961.

12 Siehe Pierre Bourdieu, La distinction: Critique sociale du jugement de goût, Paris 1979. Vgl. auch Pierre Bourdieu/Jean-Claude Passeron, La reproduction: Eléments pour une théorie du système d'enseignement, Paris 1970.

Mensch ist als Lebewesen unfertig und, wie man im 18. Jahrhundert sagte, perfektibel. Damit ist im Sinne einer langen Tradition sein Unterschied vom Tier betont; aber wiederum ergibt sich daraus noch nicht, wofür er eigentlich erzogen werden sollte und erst recht nicht: ob er überhaupt erzogen werden kann.

Diese typisierenden Beschreibungen hielten den Platz besetzt, an dem man hätte fragen müssen, was denn der individuelle Mensch sei, was ihn zu einem Individuum mache, das sich von anderen unterscheiden lasse, und worauf sich die Hoffnung gründe, daß der Mensch sich erziehen lasse. Außerdem blockiert dieses »Menschenbild« die Frage nach der gesellschaftlichen Funktion der Erziehung. Die Antwort auf diese Frage kann ja nicht lauten: gute Menschen zu machen. Die Fragen: was ist der Mensch? und: was ist die Gesellschaft? sind zwar nicht mehr in der alten Weise über einen Begriff der Menschengattung und entsprechend über den Begriff der Menschheit verfilzt. Aber die Unterscheidungen der Rationalität, der Kultur und der inneren Unfertigkeit und Perfektibilität des Menschen legen es immer noch nahe, die Funktion der Erziehung am Menschen abzulesen und nicht an der Gesellschaft. Bestenfalls findet man die triviale Feststellung, daß Sozialisation und Erziehung sowohl dem Einzelmenschen als auch der Gesellschaft zu dienen hätten.[13] Wir müssen deshalb die Begriffe Mensch und Gesellschaft deutlicher unterscheiden, um den Spielraum zu gewinnen für eine Untersuchung der gesellschaftlichen Funktion von Erziehung.

III.

Die erste und vordringliche Aufgabe besteht nunmehr darin, den jeweils individuellen Menschen empirisch ernst zu nehmen und dessen theoretische Beschreibung von allen Widerspiegelungen zu befreien, die die Analyse vorab schon auf Möglichkeiten oder

13 Für typische Beispiele siehe Karl Mannheim/W. A. C. Stewart, An Introduction to the Sociology of Education, London 1962, S. 9 f., 47 ff.; Helmut Fend, Gesellschaftliche Bedingungen schulischer Sozialisation, Weinheim 1974, S. 15, 31 ff. Aus der älteren Literatur vgl. auch Friedrich E. D. Schleiermacher, Theorie der Erziehung, in: ders., Ausgewählte pädagogische Schriften, Paderborn 1964, S. 36-243 (67 ff.).

gar auf Absichten der Erziehung festlegen würden. Die Entwicklungen in Physik, Chemie, Biochemie, Biologie, Neurophysiologie und Psychologie (um nur grobe Disziplintitel zu nennen) lassen diese Aufgabe zunächst als ebenso komplex wie einfach erscheinen. Es gibt für eine Wissenschaft vom Menschen genug Wissen und zwar, wenn man von der Psychologie absieht, allgemeines Wissen, das nicht im Verdacht steht, Vorurteile über »den Menschen« zu transportieren. Alles, angefangen von der Chemie der DNA Moleküle, basiert auf evolutionärer Unwahrscheinlichkeit und Instabilität. Das, was wir äußerlich als einen selbstbeweglichen, ausdrucksstarken, sprechenden Menschen wahrnehmen, beruht auf einer festen Kopplung von Unwahrscheinlichkeiten, wie ja auch die sichtbare Welt nach den Erkenntnissen der Atomphysik. Das Problem liegt also nicht im Mangel an wissenschaftlich gesichertem Wissen.[14] Es liegt eher in zwei miteinander zusammenhängenden Defiziten, nämlich (1) im Fehlen interdisziplinär tragfähiger Theorievorstellungen und (2) darin, daß all dies Wissen nicht zur Vorhersage menschlichen Verhaltens taugt, sondern im Gegenteil: die prinzipielle Unvorhersehbarkeit zu begründen scheint.[15]

Für eine erste, grobe Orientierung genügen uns zwei Begriffe, die auf sehr verschiedene Systembildungen angewandt werden können, nämlich (1) operative Schließung und (2) strukturelle Kopplung. Operative Schließung ist gleichbedeutend mit autopoietischer Reproduktion. Systeme, die sich auf diesem Evolutionsniveau etablieren, können sich nur aus eigenen Produkten reproduzieren. Sie können keine Elemente, keine unverarbeiteten Partikel aus der Umwelt importieren. Alles, was für sie im rekursiven Prozeß ihrer eigenen Reproduktion die Funktion

14 Siehe dazu, mit Auswertung für Probleme der Schulerziehung Frieda Heyting, Die kindliche Entwicklung in der Umwelt der Erziehung: Observationen im Licht dynamischer Systeme, in: Niklas Luhmann/Karl Eberhard Schorr (Hrsg.), Zwischen System und Umwelt: Fragen an die Pädagogik, Frankfurt 1996, S. 205-235.

15 Das gleiche Ergebnis erreicht man auf direkterem Wege mit einer Anwendung der Theorie nichtlinearer dynamischer Systeme auf Menschen, die die Erziehung als Zöglinge in Anspruch nimmt. Siehe auch dazu Heyting a. a. O. Und auch hier ist das Ergebnis zunächst: Zweifel an der Möglichkeit von planmäßiger Erziehung zu wecken.

eines (nicht weiter auflösbaren) Elements erfüllt und rekursiv bezugsfähig ist, ist ein Produkt des Systems selbst. Das gilt für die biochemische Reproduktion von Zellen (und dies war der Ausgangspunkt für Maturanas Definition von Leben als Autopoiesis), aber auch für komplexere Systeme wie zentralgesteuerte Nervensysteme oder Immunsysteme. Auch Bewußtseinssysteme wird man als operativ geschlossen, also als autopoietisch charakterisieren müssen, denn wie kann Bewußtsein sich anders stimulieren als durch Rückgriff auf bereits erzeugte eigene Bewußtseinszustände.[16] Der methodische Vorteil dieses Begriffs ist, daß er von »Wesens«-Annahmen absieht und statt dessen auf Genauigkeit in der Beschreibung von Operationen Wert legt, die, wenn sie (aus welchen Gründen immer) vorkommen und rekursiven Selbstbezug realisieren, operativ geschlossene Systeme erzeugen. Die Verschiedenheit der Systembildungen – von Zellen bis zu Gehirnen, von Bewußtseinssystemen bis zu Kommunikationssystemen – ist ein Resultat evolutionär erfolgreicher Operationsweisen.

Auch Strukturen autopoietischer Systeme können nur durch systemeigene Operationen aufgebaut und abgebaut, erinnert und vergessen werden. Wenn es schon keinen Import von Elementen gibt, gibt es erst recht keinen Import von Strukturen. Überdies setzen Strukturen Aktualisierung durch Operationen voraus. Sie bilden keine andere, »höhere« Ebene von Wesensmerkmalen oder relativ konstanten Eigenschaften der Systeme. (So mag es ein Beobachter beschreiben, aber dann aktualisiert er eine eigene Konstruktion.) Sie existieren nur im Moment ihres Gebrauchs, in dem sie den Übergang von einer Operation zu einer anderen dirigieren. An die Stelle jener klassischen Unterscheidungen von konstanten und variablen Merkmalen tritt jetzt die Unterscheidung von autopoietischer Operation und Strukturbildung.[17] Autopoietische Operationen können sehr verschiedene Struk-

---

16 Vgl. Niklas Luhmann, Die Autopoiesis des Bewußtseins, in: ders., Soziologische Aufklärung Bd. 6, Opladen 1995, S. 55-112.

17 Damit ist zugleich die weit verbreitete, empirisch aber haltlose Vorstellung einer genetischen Determination menschlicher Charaktermerkmale abgelehnt, andererseits aber nicht bestritten, daß die strukturelle Entwicklung eines Systems an den jeweils bereits realisierten historischen Zustand anschließt.

turbildungen hervorbringen. Lebende Zellen können (ohne an Leben einzubüßen) je nach Lokalisierung im Organismus sehr verschiedene Funktionen übernehmen. Die Evolution lebender Organismen hat eine erstaunliche Vielfalt unterschiedlicher Lebensformen hervorgebracht – allein zehn- bis zwanzigtausend unterschiedliche Arten von Ameisen – und all dies kompatibel mit der biochemischen Einmalerfindung des Lebens. Nicht zuletzt ist auch das Bewußtsein eine außerordentlich[18] robuste Form der autopoietischen Operation. Bewußtsein externalisiert die Ergebnisse neurobiologischer Prozesse und hängt sich mit hochselektiver Aufmerksamkeit an das an, was es als Außenwelt wahrnimmt. Auch dazu gehört, daß damit Strukturen noch nicht festgelegt sind[19] und ihre Ausformung den individuellen Umständen überlassen bleiben kann.

Auf dieses Problem der relativen Unbestimmtheit des Verhältnisses von Autopoiesis und Strukturbildung bezieht sich der Begriff der strukturellen Kopplung und, langfristig gesehen, die Vorstellung eines »structural drift«, die erklärt, weshalb autopoietische Systeme, gleichsam blind und ohne operativen Kontakt mit der Umwelt, Strukturen ausbilden, die zu bestimmten Umwelten passen und sich auf diese Weise spezialisieren, also die Freiheitsgrade, die ihre Autopoiesis an sich bereithielte, einschränken. So lernen Kinder die Sprache, die dort gesprochen wird, wo sie aufwachsen. Im naturwissenschaftlichen Sprachgebrauch spricht man von einem Zusammenhang von fluctuation, constraints und amplification. Man könnte auch sagen, daß diejenigen Komplexitätsreduktionen bevorzugt werden, die den Aufbau einer im System verwendbaren Eigenkomplexität ermöglichen; und wiederum wäre Sprache dafür ein treffendes Beispiel.

Die Distanzen, die innerhalb des Einzelmenschen durch operative Schließungen und strukturelle Kopplungen erzeugt werden, führen zu sehr unterschiedlichen Problemen, wenn es darum geht, den Menschen als Einheit zu begreifen. Während auf den Mikroebenen ein undurchsichtiger probabilistischer Determi-

18 (Im Manuskript findet sich die flektierte Form: außerordentliche, D. L.)
19 Man muß sicher Ausnahmen konzedieren. Zum Beispiel eine unvermeidliche Nachträglichkeit im Verhältnis zur Vorarbeit des Gehirns, die Notwendigkeit, Sequenzen (die als solche nicht zugänglich sind) als Intensitäten zu interpretieren, und anderes dieser Art.

nismus herrscht, der, von außen gesehen, Erwartungsbildungen mit Offenheit für Störungen erlaubt, sind Großsysteme wie das Zentralnervensystem, das Immunsystem oder das Bewußtseinssystem durch selbstreferentielles Operieren, Eigenkomplexität und vor allem durch selbsterzeugte Unbestimmtheit charakterisiert. Es sind, kann man auch sagen, geschichtliche Systeme, die über ein Gedächtnis verfügen mit der Möglichkeit des Vergessens und des Erinnerns. Jede Operation dieser Systeme diskriminiert immer auch Vergessen und Erinnern und gewinnt durch Vergessen freie Kapazitäten für weitere Operationen. Was für wiederholte Verwendung, Wiedererkennen, Wissen usw. verfügbar ist, beruht konstitutiv auf der Repression von Informationen, die solches Identifizieren behindern würden. Genau diese Doppelorganisation gewinnt intern jedoch keine Transparenz, weil dies dazu führen würde, daß das Vergessen erinnert wird. Folglich braucht die Psychoanalyse komplexe Theorien und gewagte Beweisverfahren, um die Logik dieses Vergessens, die Logik der Repression und Verdrängung nachzuvollziehen. Die Systeme selbst operieren im Horizont einer selbsterzeugten Unbestimmtheit, um sich die Freiheit der Selektion weiterer Operationen plausibel zu machen. Das heißt auch, daß sie als Systeme für sich selbst intransparent sind und daß das bewußte Setzen einer Ich-Identität eine Konstruktion bleibt, die zu sozialer Bewährung angeboten und bei Schwierigkeiten korrigiert oder nicht korrigiert wird.

Angesichts dieser »objektiven« Bedingungen unterliegen die Beobachtungsmöglichkeiten des Lehrers erheblichen Beschränkungen. Er wird Schwierigkeiten haben, festzustellen, ob die Schüler aufpassen oder nur so tun, ob sie »in or out of focus (sind) while sitting at their desks«.[20] Erst recht ist individuelles Verhalten unvorhersehbar, und dies auch bei Individuen, die man zu kennen glaubt. Möglich ist dagegen eine Klassifikation des (erwarteten bzw. bereits abgelaufenen) Verhaltens mit Hilfe von Schemata wie artig/unartig oder Unruhe/aktive Beteiligung am Unterricht; und die Klassifikation kann benutzt werden, um Reaktionen vorzustrukturieren.

Im normalen zwischenmenschlichen Verkehr tritt das Schema

20 So Philip W. Jackson, Life in Classrooms, New York 1968, S. 86.

bekannt/unbekannt an die Stelle einer genauen Kenntnis (Berechenbarkeit) der internen Operationen des anderen Systems. Man kann die Leerformel »bekannt« in gewissem Umfange mit Erfahrungen auffüllen, die durch Wiedererkennen der Person aktiviert werden können. In diesem Sinne hat es der Lehrer mit Schülern zu tun, die ihm bekannt sind. Er mag dieses Bekanntsein für Wissen halten; aber selbstverständlich ist dies kein wissenschaftliches Wissen und auch kein Wissen, das zur Berechenbarkeit des Verhaltens führen könnte. Aber es dient zur Fortschreibung dessen, was mit Bekanntsein assoziiert werden kann. Und es erleichtert die Kommunikation, weil man ein Gedächtnis voraussetzen kann.

Wir können uns hier nicht in weitere Einzelheiten verlieren, sondern kehren zu unserem Ausgangspunkt zurück. Die Frage war, wie das zu begreifen ist, was als Mensch der Erziehung vorgegeben ist. Schon ein sehr sparsamer Einsatz systemtheoretischer Mittel läßt derart komplexe Sachverhalte erscheinen, daß der klassische humanistische Ansatz daran scheitert. (Man kann ihn natürlich trotzdem proklamieren, aber dann wider besseres, in der Gesellschaft verfügbares Wissen.) Weder kann man sagen, daß die Gesellschaft aus Menschen bestehe, denn das würde jetzt heißen, daß alle mikrophysikalischen Operationen ihrer Organismen als gesellschaftliche Operationen ausgewiesen werden müßten. Noch kann man, einen mikrophysikalischen, biochemischen, neurophysiologischen Determinismus einmal unterstellt, daraus ableiten oder gar: damit erklären, wie Menschen in der Gesellschaft zu behandeln sind – zum Beispiel als Gegenstand von Erziehung.[21] Man könnte daraus folgern, jede Theorie der Gesellschaft und jede Theorie der Erziehung sei auf konstitutives Nichtwissen angewiesen oder, in anderen Worten, auf Informationsverluste. In der erkenntnistheoretischen Reflexion könnte man daraus auf die Notwendigkeit einer paradoxen Fundierung aller Erkenntnis schließen: Wissen gründet sich auf Nichtwissen. Eine systemtheoretische Analyse zeigt jedoch, daß

21 Das gleiche Problem des Verhältnisses des mikrophysikalischen Determinismus zur »zufalls«abhängigen Evolution tritt in der Evolutionstheorie auf. Siehe dazu Michael Conrad, Reversibility in the Light of Evolution, in: Ilya Prigogine/Michèle Sanglier (Hrsg.), Laws of Nature and Human Conduct, Brüssel 1987, S. 111-121.

alle Beziehungen zwischen Systemen so gebaut sind. Systeme sind füreinander nur über Ausschnitte zugänglich, weil sie jeweils verschiedenen strukturellen Bedingungen der Reduktion und Steigerung von Komplexität gehorchen. Strukturelle Kopplungen bleiben deshalb latent. Das Bewußtsein hat einige Kenntnis von seinem Körper, es weiß zum Beispiel, daß es seinen Körper bewegen muß, um sein Gesichtsfeld zu ändern. Aber es weiß nicht und könnte auch nicht nachvollziehen, wie sein Gehirn aktuell operiert. Und ebenso[22] kann Kommunikation davon abhängen, daß die gegenseitige Stimulation der Systemzustände des jeweils anderen Systems gelingt.

Vergleicht man dieses Konzept mit traditionellen Begriffen vom Menschen, so fällt auf, daß auf »immaterielle« Komponenten wie »Seele« oder »Geist« verzichtet werden kann. Diese Begriffe, die kaum ohne gesellschaftsbedingte Voreingenommenheit interpretiert werden können, werden ersetzt durch den Begriff der selbsterzeugten strukturellen Unbestimmtheit. »Selbsterzeugt« meint ein Doppeltes, nämlich (1) daß keine Operation des Systems etwas bestimmen kann, ohne im gleichen Zuge einen Horizont des Unbestimmten, vor allem: eine Zukunft, mitzuerzeugen; und (2) daß die Unbestimmtheit nicht darauf reduziert werden kann, daß das System selbst die Umwelt nicht ausreichend kennt und auf Überraschungen gefaßt sein muß. (Technisch gesprochen: es geht nicht um die Abhängigkeit von unabhängigen Variablen.) Das System versetzt sich selbst in den Zustand der Intransparenz und der Unbestimmtheit, um sich selbst Entscheidungsmöglichkeiten zu schaffen und Vergangenheit und Zukunft unterscheiden zu können.

Wenn dies so ist, können soziale Einflüsse, zum Beispiel solche der Machtausübung oder der Erziehung, daran nichts ändern, sondern nur diesen Mechanismus der gleichzeitigen Erzeugung von Bestimmtheiten und Unbestimmtheiten in Gang halten. Und dies, obwohl man gleichzeitig auf der mikrophysikalischen, biochemischen usw. Ebene der Selbstrealisation des Systems Determiniertheit annehmen muß. Daß dies möglich ist, wird durch die Begriffe der operativen Schließung und strukturellen Kopplung erklärt.

22 (Gemeint sein könnte: ebensowenig, D. L.)

Wenn man nun fragt, was der Mensch ist, so kann die Antwort nur lauten: ein hochkomplexes System der laufenden Reproduktion dieser Differenzen.

IV.

Die Gesellschaft braucht Formen des Umgangs mit Menschen, die nicht darauf angewiesen sind, daß man entscheiden kann, ob es sich um deterministische oder nichtdeterministische, zufallsabhängig operierende Systeme handelt. Unterscheidungen wie Ordnung/Chaos oder lineares/nichtlineares Operieren oder triviale/nichttriviale Maschinen[23] können auf das Gesamtsystem Einzelmensch nicht (oder nur nach detaillierten Analysen der jeweils gemeinten Operationen) angewandt werden. Jeder Umgang mit Menschen muß deshalb voraussetzen, daß in einer undurchdringlichen Gemengelage immer beide Seiten dieser und ähnlicher Unterscheidungen eine Rolle spielen. Andererseits: wie kann man, wenn es um Einwirken auf Menschen geht, darauf verzichten, sich auf bestimmte Ausgangsannahmen festzulegen, etwa auf die Annahme linearer Kausalitäten, wo es dann nur noch darauf ankommt, die richtigen Ursachen für bestimmte Wirkungen zu finden? Offensichtlich verfolgen Mediziner und Pädagogen hier ganz unterschiedliche Strategien, und beide Professionen bieten denn auch ganz unterschiedliche Strategien für die Erklärung von Mißerfolgen an.

Die Form, die es ermöglicht, im Zusammenhang gesellschaftlicher Kommunikation von den Systemdynamiken des Einzelmenschen abzusehen, wollen wir als »Person« bezeichnen. Dieser Begriff wird damit durch den Unterschied zum empirischen Menschen definiert. Er wird als Form verwendet, die es ermöglicht, Menschen zu bezeichnen unter Absehen von all dem, was sie als empirische Realität ermöglicht. Der Mensch – das ist die andere, unmarkierte Seite der Form »Person«.[24]

23 In der Terminologie von Heinz von Foerster, Principles of Self-Organization – In a Socio-Managerial Context, in: Hans Ulrich/Gilbert J. B. Probst (Hrsg.), Self-Organization and Management of Social Systems: Insights, Promises, Doubts, and Questions, Berlin 1984, S. 2-24 (8 ff.).

24 Vgl. Niklas Luhmann, Die Form »Person«, in: ders., Soziologische Aufklärung Bd. 6, Opladen 1995, S. 142-154.

Die Wahl dieses Begriffs läßt sich begriffsgeschichtlich rechtfertigen. Zwar liegen als Resultat einer mehr als zweitausendjährigen Geschichte sehr verschiedene Varianten vor, aber immer ist Person etwas, was sich von der körperlichen Realisation des menschlichen Lebens und der bloßen Tatsache des Bewußtseins unterscheiden läßt.[25] Person kann die Maske sein, durch die die Stimme des Schauspielers tönt. Aber schon in der römischen Antike wird der Begriff in einem viel allgemeineren Sinne verwendet. Er kann, ähnlich wie »caput«, zur Bezeichnung von Menschen unter Absehen von ihren individuellen Merkmalen dienen. Oder zur Bezeichnung eines Zurechnungspunktes für Status, Aufgaben und Pflichten des sozialen Lebens.[26] Im Mittelalter setzt sich dann mit dem Sündenkomplex, der Beichte, der Ich-Lyrik und mit einer Reflexion thematisierenden Ethik eine stärkere Individualisierung des Personbegriffs durch, ohne daß dies zu einer Verschmelzung der Begriffe Person und Mensch geführt hätte.[27] Besonders die Rechtstradition hält an einem formalen Personbegriff fest, der es ihr erlauben wird, auch von juristischen Personen zu sprechen, um die Trägerschaft von Rechten und Pflichten zu bezeichnen. Ein Extremfall der Reflexion der Beteiligung an Kommunikation findet sich schließlich, um dies noch zu erwähnen, bei Baltasar Gracián. Person wird jemand, wenn er sich von der Kommunikation so weit distanzieren kann, daß er in allem, was gesagt wird, das Gegenteil vermutet, aber dies nicht erkennen läßt, sondern der Maxime »sehen, hören und schweigen« folgt.[28] Personsein wird hier zur Extremleistung der Vereinzelung durch reflektierte Beteiligung von Kommunikation. In jedem Falle geht es nicht um etwas, was sich als Natur des Menschen begreifen ließe, sondern eher um ein Resultat reflek-

25 Siehe die Artikel s. v. Person im Historischen Wörterbuch der Philosophie Bd. 7, Basel 1989, Sp. 269-338.
26 »Persona est conditio, status, munus, quod quisque inter homines et in vita civili gerit«, heißt es in: Egidio Forcellini, Lexicon totius latinitatis, curante I. Perin, Neudruck Bologne 1965, Bd. III, S. 677.
27 Siehe Hans Rheinfelder, Das Wort »Persona«: Geschichte seiner Bedeutungen mit besonderer Berücksichtigung des französischen und italienischen Mittelalters, Halle 1928.
28 So besonders im Spätwerk El Criticón (1651-57), zit. nach der gekürzten dt. Übers. Hamburg 1957, Zitat S. 49.

tierender Teilnahme an Kommunikation, das sich, eben deshalb, der Entschlüsselung durch andere entziehen muß.

Daß man zwischen empirisch gegebenen Menschen und Personen unterscheiden muß, folgt nicht nur aus der Notwendigkeit einer »Reduktion von Komplexität«. Die Identifikation von Personen ist vielmehr ein Erfordernis von Kommunikation, also eine spezifische Leistung des Kommunikationssystems Gesellschaft, die nur in diesem System und nur für dieses System erbracht werden kann. Denn auch die Gesellschaft ist ein operativ geschlossenes autopoietisches System, das alles, was es an Elementen und Strukturen benötigt, selbst aus eigenen Produkten reproduzieren muß. Personen sind Bedingungen der Fortsetzung von Kommunikation, sind Adressen, Zurechnungspunkte, oft auch Erklärungen für Merkwürdigkeiten im Verlauf von Kommunikation. In diesem Sinne kann man Personen auch als »Eigenwerte« des Kommunikationssystems Gesellschaft bezeichnen. Es sind Konstrukte, die sich aus der Rekursivität der Operationen des Kommunikationssystems Gesellschaft ergeben. Personen entstehen, sie fallen gleichsam als Nebenprodukte an, wenn überhaupt kommuniziert wird; denn man muß schließlich wissen, wer für Mitteilungen verantwortlich ist und an wen man sich mit Rückfragen oder mit Bitten um Erläuterung oder mit Kritik zu wenden hat. Und man muß wissen, wen man verletzt, wenn man einer bereits geäußerten Meinung widerspricht.

Damit ist weder gesagt, daß es letztlich immer Menschen sind, die kommunizieren. Eine solche Kausalzurechnung ist nicht zu rechtfertigen, es sei denn als schematische Vereinfachung für weitere Zwecke der Kommunikation. Noch können wir die These akzeptieren, daß die im Menschen ablaufenden Prozesse zumindest teilweise an Kommunikation mitwirken. Kein Zellaustausch, kein Verdauungsvorgang, kein nervöses Zittern, keine intentionale Aktualisierung von Bewußtsein ist als solche schon Kommunikation. *Nur wenn man dies akzeptiert, wird die Funktion von personalen Identitäten als Eigenprodukt des Kommunikationssystems verständlich.* Die Person kompensiert im Kommunikationssystem und für Zwecke der rekursiven Vernetzung kommunikativer Einheiten für den Ausschluß des empirischen Menschen aus der Kommunikation. Die operative Schließung der psychischen und der sozialen Systeme verhindert eine ständige Konfusion psychischer und sozialer Ereignisse. Eben deshalb muß die Beteiligung von Menschen an der Kommunikation in der Kommunikation mit deren Eigenmitteln symbolisiert werden. Die Form, mit der dies geschieht, haben wir »Person« genannt.

Diese noch sehr abstrakte These eines gesellschaftlichen Eigenwerts von Personen (im Unterschied zu Menschen!) wollen wir in drei Hinsichten etwas näher ausführen, und zwar (1) im Hinblick auf die katalytische Funktion *doppelter Kontingenz*, (2) im Hinblick auf die Notwendigkeit, den Personen ein *Gedächtnis* zu unterstellen, und (3) im Hinblick auf *Motivation* als Schema für die Forderung und das Angebot von Gründen für ein bestimmtes Verhalten (hier: Mitteilung oder Nichtmitteilung von Informationen). All diese Begriffe lassen sich auch psychologisch interpretieren und bezeichnen dann etwas, was im Bewußtsein oder im Nervensystem des Einzelmenschen abläuft, und zwar bei dem einen so, bei anderen anders. Das führt zur völligen Auflösung der Referenz. Um sie wiederherzustellen, muß man den jeweils gemeinten Menschen konkret bezeichnen (Name, Adresse usw.). Entscheidend ist jedoch, daß die Funktion von doppelter Kontingenz, Gedächtnis und Motivation im Kommunikationsprozeß nicht davon abhängt, daß eine psychische Interpretation gelingt, daß sie zutreffend gelingt oder daß sie irgendeinen beachtlichen Grad von Tiefenschärfe erreicht. Allein schon durch ihr Tempo macht die Kommunikation sich unabhängig davon, ob und welches psychologische Verständnis mitläuft. Und hartnäckiges Insistieren der Kommunikation darauf, daß Gedächtnisleistungen oder Motive noch nicht zureichend geklärt sind, wird eher als Störung wirken und die Kommunikation von ihrem zunächst behandelten Sinnprojekt ablenken.

(1) Doppelte Kontingenz ist ein in die Soziologie durch Talcott Parsons eingeführter Begriff.[29] Er meinte zunächst eine zirkuläre Abhängigkeit: In sozialen Systemen trägt jeder Teilnehmer der

29 Vgl. Talcott Parsons/Edward A. Shils (Hrsg.), Toward a General Theory of Action, Cambridge Mass. 1951, S. 16. Es ist nicht unwichtig, an den *sozialpsychologischen* Ursprung des Begriffs (Robert Sears) zu erinnern. In der Soziologie hat er zunächst wie ein unverdaulicher Fremdkörper gewirkt.

Tatsache Rechnung, daß andere auch anders handeln können. Jeder kann sein Verhalten also erst festlegen, wenn er weiß, wie andere ihr Verhalten festlegen; *aber das Umgekehrte gilt ebenso.* Der klassische Ort der Diskussion dieser Paradoxie war die Lehre vom Sozialkontrakt gewesen. Parsons hat sie verdünnt zur Lehre, daß soziale Systeme auf Wertkonsens angewiesen sind. Aber das ist nur eine andere Form der Beschreibung des Zirkels. Denn »Werte« entstehen ja nur als Eigenfunktionen sozialer Systeme, entstehen also nur in der laufenden Auseinandersetzung mit doppelter Kontingenz und sind nicht etwa Prämissen, die a priori gegeben sein müssen, damit es überhaupt zur Bildung sozialer Systeme kommen kann. Anders gesagt: das Problem der doppelten Kontingenz kann nicht externalisiert werden.

Eine andere, »griffigere« Lösung des Problems ergibt sich, wenn man es in die Zeitdimension verschiebt.[30] Doppelte Kontingenz erfordert dann eine Unterbrechung des Zirkels mit Hilfe von Zeit, oder genauer: mit Hilfe der Differenz von Vergangenheit und Zukunft. Ob nun Wertkonsens besteht oder nicht und wie immer er zustandegekommen ist[31]: das System hat sich, wenn es überhaupt operiert, immer schon festgelegt. Es kann nicht vermeiden, etwas zu entscheiden (was nicht schon heißen muß: es als Entscheidung zu kommunizieren). Doppelte Kontingenz wird damit zu einem Begriff für mehrstellige Selektionen und besagt, daß keine Selektion ohne Rücksicht darauf erfolgen kann, daß noch weitere Selektionen notwendig sind, die anderen Konditionierungen folgen werden.

Doppelte Kontingenz ist damit einer jener »strange attractors«, der das System in ein deterministisches (sich selbst determinierendes, völlig »endogenisiertes«) Chaos verwandelt. Der Attraktor ist nichts, was außerhalb des Systems gegeben wäre und auf es mit einer rätselhaften Kraft einwirken würde. Der Begriff bezeichnet eine Eigenart des Systems selbst, und zwar den Umstand, daß die Mehrstelligkeit der Selektionen mit Hilfe der Zeitdifferenz von Vorher und Nachher bei den einzelnen selektiven Selbstfestlegungen des Systems berücksichtigt wird. So läßt eine

30 Hierzu Niklas Luhmann, Soziale Systeme: Grundriß einer allgemeinen Theorie, Frankfurt 1984, S. 148 ff.

31 Heute würden manche »kritische« Theoretiker sagen: welche symbolische Gewalt in ihnen zum Ausdruck kommt.

Kommunikation immer noch offen, ob sie angenommen oder abgelehnt werden wird, *und richtet sich darauf ein.*

Wenn ein System sich dem Regime doppelter Kontingenz unterstellt, heißt das, daß es im Modus selbsterzeugter Unbestimmtheit und entsprechender Unsicherheit operiert. Es gibt sich, anders gesagt, eine Zukunft. Selbsterzeugte Unbestimmtheit heißt vor allem, daß das Problem nicht durch bessere Kenntnis der Umwelt behoben werden kann. Es läßt sich nicht dadurch lösen, daß man Einstellungen und Erwartungen von Individuen immer genauer ermittelt und daraus auf deren künftiges Handeln schließt. Denn wenn dies in der Form der Kommunikation geschieht, wird eben dadurch, ganz abgesehen von dem unerträglichen Aufwand, die Kontingenz ständig erneuert und das Mitspielen anderer Möglichkeiten in uferlose Tiefen getrieben. Der Ausweg liegt nicht in mehr Information, sondern in den Operationen des Systems selbst, das seine Kommunikationen von Moment zu Moment festlegt und damit Themen definiert und Rahmen (»frames«, »schemes«) schafft, auf die sich die weitere Kommunikation voraussichtlich beziehen wird – und sei es durch Ablehnung weiterer Kommunikation.

Wie bei allen Fällen operativer Schließung sind auch hier strukturelle Kopplungen unentbehrlich. Doppelte Kontingenz könnte als endogenes Konstitutionsproblem sozialer Systeme gar nicht auftreten, gäbe es nicht die Umwelt der Menschen, die dank ihrer neurophysiologischen und bewußtseinsförmigen Systeme auf sehr unterschiedliche Weise sich binden und sich wiederfreimachen können. Individuen sind füreinander als noch unbestimmt, als kontingent handelnd wahrnehmbar. Aber daraus ergibt sich keine *doppelte* Kontingenz, sondern nur eine Riesenmenge von individuellen Kalkulationen mit einfacher Kontingenz.[32] Erst wenn sich soziale Systeme gebildet haben, können auch Individuen sich gleichsam privat überlegen: was würde der andere tun, wenn ich dieses oder jenes Verhalten wähle, das er als kontingente, ihn betreffende Selektion interpretieren könnte (nicht: muß!). Denn eine solche Kalkulation setzt voraus, daß die soziale Ordnung die zur Verfügung stehenden Optionen bereits

32 Siehe zu dieser Unterscheidung einfache/doppelte Kontingenz auch James Olds, The Growth and Structure of Motives: Psychological Studies in the Theory of Action, Glencoe Ill. 1956.

weitestgehend reduziert hat. Und sie setzt außerdem voraus, daß die Gesellschaft ihr Problem der doppelten Kontingenz immer und auch dann löst, wenn die Individuen mehr oder weniger ratlos im dunkeln tappen und sich auf Grund von Nichtwissen oder von Fehlspekulationen entscheiden. Denn für die Gesellschaft sind dies Zufälle, die sie ausnutzt, um ihre eigene Unsicherheitsabsorption zu betreiben.

(2) Alle Kommunikation muß voraussetzen, daß die teilnehmenden Personen über ein Gedächtnis verfügen. Sie muß zum Beispiel voraussetzen, daß die Worte der Sprache, die jeweils gesprochen wird, den Teilnehmern bekannt sind und sinngemäß gebraucht und verstanden werden können. Auch im übrigen ist die Kommunikation auf stabile Wahrnehmungskontexte angewiesen. Sie geht davon aus, daß die Welt nicht von Moment zu Moment zerfällt und als komplette Überraschung neu konstruiert werden muß. Man muß annehmen, daß die Beteiligten in ausreichendem Umfange erinnern, was gerade gesagt worden ist, und daß bei Ausfällen ein Hinweis genügt, um eine gemeinsame Basis wiederherzustellen. Wären solche Voraussetzungen neurophysiologisch und psychologisch nicht gedeckt, würde jede Kommunikation sofort zusammenbrechen.

Und trotzdem ist die Kommunikation in ihrem eigenen Verlauf nicht darauf angewiesen, daß in kommunikativen Operationen festgestellt wird, was genau die Teilnehmer konkret erinnern. Damit würde die Kommunikation sich ständig in der Exploration der sehr unterschiedlichen Endloshorizonte der individuellen Bewußtseinssysteme verlieren. Gewiß, es kann auch spezialisierte Interaktionssysteme geben, die sich solchen »kriminalistischen« Aufgaben widmen, aber das müssen abgrenzbare Ausnahmefälle bleiben.

Wenn und soweit psychische Systeme an Kommunikation teilnehmen, regelt die Kommunikation, was jeweils aus dem Individualgedächtnis aktualisiert werden muß. Das Anhören einer Erzählung (zum Beispiel in oralen Kulturen), aber auch das Lesen entsprechender Texte erinnert den Hörer/Leser *an sein eigenes Gedächtnis*[33], und diese Einsicht läßt sich ausweiten auf Teil-

---

33 So z. B. James Fentress/Chris Wickham, Social Memory, Oxford 1992, S. 56, die von Zuhörern der Roland-Legende sagen: »what the audience was remembering were merely their own memories, brought to life in

nahme an Kommunikation schlechthin. Dies Aktivieren individueller Gedächtnisse schließt die Notwendigkeit ein, in der Kommunikation so zu tun, als ob man sich erinnern könnte. Mitmachen erfordert Heuchelei. Jedenfalls kann das Gedächtnis des sozialen Systems nicht als Summe der individuellen Gedächtnisse, nicht als »Kollektivgedächtnis« im Sinne von Halbwachs und der an ihn anschließenden Tradition gegriffen werden.[34] Das wäre einerseits zu viel Material mit zu wenig Ordnung und andererseits zu wenig zugeschnitten auf das, was im Fortgang der Kommunikation gebraucht wird. Das gesellschaftliche Gedächtnis benutzt Schrift und vergißt die Motive, die zum Aufschreiben geführt hatten. Das Gedächtnis der Wirtschaft benutzt Konten und vergißt, von wem aus welchen Gründen etwas auf diese Konten eingezahlt worden ist. Das Gedächtnis des Erziehungssystems benutzt Zensuren und vergißt die Unsicherheiten, die bei der Festlegung einer Zensur überwunden werden mußten. Das Gedächtnis des Kunstsystems benutzt fertige Kunstwerke und vergißt, was bei deren Herstellung hätte anders gemacht werden können. Ein individuelles Gedächtnis mag jeweils abweichende Erfahrungen festhalten, aber es wäre extrem aufwendig, das in die Kommunikation zurückzuführen.[35]

Diese knapp skizzierten Analysen lassen verstehen, daß in der Tradition der Begriff der Person über Gedächtnis definiert worden ist.[36] Dies ist natürlich nur möglich, wenn der Begriff der Person als Kurzformel steht für psychische Systeme, die Erinnern

poetry.« Das erklärt gut, daß in traditionalen Gesellschaften gerade das Anhören des Vortrags *bekannter* Erzählungen genossen wurde und es auf Neuigkeit, Spannung usw. nicht ankam. Die Unterhaltungsliteratur der Neuzeit, vor allem der Roman, wird dann andere, indirektere Formen der Aktualisierung des Gedächtnisses der Leser suchen müssen.

34 Siehe Maurice Halbwachs, Les cadres sociaux de la mémoire, Paris 1925; ders., La mémoire collective, Paris 1950. Kollektives Gedächtnis heißt, daß letztlich nur Individuen erinnern können, aber dies abhängt von ihrer Mitgliedschaft in sozialen Gruppen.

35 Auch das ist in Einzelfällen nicht unmöglich, und die Massenmedien haben dafür eigene Formen erfunden, das Interview zum Beispiel oder den umfangreich recherchierten biographischen Artikel.

36 So von Christian Wolff … (Angabe wurde nicht mehr vervollständigt, D. L.)

und Vergessen als Eigenleistungen erbringen können. Andererseits würde man den Sachverhalt zu stark komprimieren, wollte man unter Person nur eine andere (und dann überflüssige) Bezeichnung für den Einzelmenschen verstehen. Psychische Systeme produzieren und reproduzieren auf der Basis ihres Nervensystems ein jeweils eigenes Gedächtnis, das für niemanden als für das System selbst zugänglich ist. Personen sind dagegen soziale Konstrukte, denen Gedächtnis zugeschrieben wird, weil nur so der Fortgang der Kommunikation in Aussicht gestellt werden kann. Offenbar ist also Gedächtnis eine Komponente im komplexen Gefüge der strukturellen Kopplungen psychischer und sozialer Systeme. Aber eben das setzt die operative Schließung der beiden Systemarten voraus. Durch die Annahme, Personen hätten ein Gedächtnis, macht sich das soziale System im raschen Fortgang seiner Operationen unabhängig davon, was jeweils als psychischer Tatbestand vorliegt.

(3) Dieselbe Zwittergestalt finden wir dort, wo von »Motiven« die Rede ist. Unter Motiv versteht man üblicherweise und auch in der vorherrschenden psychologischen Forschung eine rein interne Wirkursache psychischer Systeme.[37] Auch raffinierten psychologischen Theorien dürfte es jedoch schwer fallen, Motive als Ursachen eines bestimmten Verhaltens zu identifizieren. Man arbeitet statt dessen Zusammenhänge mit anderen, vor allem kognitiven Variablen (Erwartungen, Anspruchsniveaus, Attributionsgepflogenheiten, Kompetenzunterstellungen) aus. Wenn man davon auszugehen hat, daß psychische Systeme selbstreferentielle, operativ geschlossene, eigendynamische Systeme sind, die sich ständig mit selbsterzeugter Unbestimmtheit beschäftigen, wird es sinnlos, in diesen Systemen nach ausschlaggebenden Ursachen des Verhaltens zu suchen. Die Angabe von Motiven wird dann zu einer hochselektiven Form der Selbstbeschreibung,

37 Begriffsgeschichtlich ist diese Internalisierung des Motivbegriffs durch die Unterscheidung von Zwecken und Motiven ausgelöst worden. Ein Beispiel: »l'objet est l'effet que nous nous proposons de produire par cette action, & le motif est le plaisir, ou le bonheur que nous trouvons à produire cet effet«, liest man beim Abbé Pluquet, De la sociabilité, Yverdon 1770, Bd. 1, S. 129. Die Unterscheidung ermöglicht es in heutiger Terminologie, Fremdreferenz und Selbstreferenz zu unterscheiden und aufeinander zu beziehen.

und setzt immer nur retrospektiv ein: Erst wenn man gehandelt hat, kann man sagen warum.[38]

Hier schließt eine zweite Theorielinie an, die Motive von vornherein als Erklärungen und Rechtfertigungen des Handelns auffaßt, also als vorgestellte oder reale Beiträge zur Kommunikation. Ein Motiv ist danach nicht eine Ursache, sondern ein vorzeigbarer Grund des Handelns. Motive werden in der Kommunikation für die Kommunikation erzeugt. Psychische Konzepte für Motive sind nur Reflexe wirklicher oder potentieller Kommunikation: Man überlegt, was man sagen könnte, wenn eigenes Verhalten von anderen zum Problem gemacht wird.[39]

Motive sind demnach für Zwecke der Kommunikation angefertigte Handlungsbeschreibungen. Sie präsentieren das Handeln so, daß es als nicht-willkürlich erscheint und Rückschlüsse auf weiteres Handeln bzw. auf nicht zu erwartendes Handeln zuläßt. Dabei wird das Handeln personabhängig präsentiert, so daß man nicht ohne weiteres von einer Person auf andere schließen kann. Dennoch wird bei der Formulierung von Motiven auf soziale Resonanz Rücksicht genommen[40], und das gleicht die Individualisierung der Motive in gewisser Weise aus. Die Bezugseinheit der Motive ist also immer die Einzelperson, aber daß Motive für

38 Siehe dazu Karl E. Weick, Sensemaking in Organizations, Thousand Oaks Calif. 1995.

39 Aus der Literatur zu diesem Motivbegriff siehe vor allem C. Wright Mills, Situated Actions and Vocabularies of Motive, American Sociological Review 5 (1940), S. 904-913; Kenneth Burke, A Grammar of Motives (1945) und A Rhetoric of Motives (1950), zit. nach der gemeinsamen Ausgabe Cleveland Ohio 1962; Anselm Strauss, Mirrors and Masks: The Search for Identity, Glencoe Ill. 1959, insb. S. 45 ff.; Alan F. Blum/Peter McHugh, The Social Ascription of Motives, American Sociological Review 36 (1971), S. 98-109; George K. Zollschan/Michael A. Overington, Reasons of Conduct and the Conduct of Reason: The Eightfold Route to Motivational Ascription, in: George K. Zollschan/Walter Hirsch (Hrsg.), Social Change: Explorations, Diagnoses, and Conjectures, New York 1976, S. 270-317. Als Vorläufer werden immer wieder Max Weber und Alfred Schütz genannt.

40 Dabei kann die Referenzgruppe sehr eng zugeschnitten sein. Ein rechtsradikaler Jugendlicher mag für ein Verbrechen »Ausländerfeindlichkeit« als Motiv angeben – und gibt damit zu erkennen, daß er sich an einer Gruppe orientiert, in der dieses Motiv anerkannt wird.

Kommunikation konstruiert werden, führt dazu, daß immer ein Appell an soziale Unterstützung, mindestens an Verständnis mitläuft. Obwohl verständliche oder um Verständnis werbende Gründe sind Motive keine Normen. Vielmehr beruhen Normen umgekehrt auf der Möglichkeit, Motive abzulehnen, zu bekämpfen, zu sanktionieren.

Daß Personen motiviert handeln, daß sie ein Gedächtnis haben und schließlich: daß sie sich auf zirkuläre Verhältnisse der doppelten Kontingenz einstellen können, gehört zu den Konstruktmerkmalen des Begriffs der Person, die in der laufenden Kommunikation tagtäglich reproduziert und in immer neuen Situationen neu validiert werden. Dies Validieren ist nicht, um dies nochmals zu unterstreichen, auf Kontrolle psychischer Tatbestände angewiesen. Damit kann die Kommunikation sich nicht belasten. Es genügt, daß diese Unterstellungen im Kommunikationsprozeß als Voraussetzungen weiterer Kommunikation reproduziert werden. Würden Individuen erkennen lassen, daß sie sich nicht auf doppelte Kontingenz einstellen können und daß sie weder über Gedächtnis noch über Motive verfügen, würde ein solcher Fall in der Kommunikation als pathologisch behandelt werden (etwa als Autismus) und nicht dazu führen, daß die Kommunikation ihr Personkonstrukt für widerlegt hält.

Menschen werden geboren. Personen entstehen durch Sozialisation und Erziehung. Wenn man diesen Unterschied vor Augen hat, liegt es nahe, die Funktion der Erziehung auf das Personwerden von Menschen zu beziehen. Besonders in komplexen Gesellschaften kann man dies nicht nur der Sozialisation überlassen. Sie wirkt nicht spezifisch genug und bleibt zu sehr an das Milieu gebunden, in dem sie stattfindet. In beiden Fallen handelt es sich jedoch um die Genesis von Personalität. Eben darin liegt der Spielraum, den die Erziehung nutzen kann, um die Ergebnisse der Sozialisation teils zu korrigieren, teils zu ergänzen. Daß es aber überhaupt zu einem Zusammenspiel von Sozialisation und Erziehung kommt, ergibt sich aus dem Personbezug beider Prozesse. Wie der Mensch mit seinem Personsein zurechtkommt, ist eine ganz andere Frage.

Wenn man umformuliert und sagt: Erziehung diene der Erzeugung personaler Verhaltensprämissen, wird zugleich deutlich, was der individualistische Begriff der Bildung unterschlägt: daß

Bildung oder Ausbildung eine wichtige Verhaltensgrundlage *für andere* ist.[41] Man setzt im sozialen Verkehr schlicht voraus, daß Leute, mit denen man es zu tun hat, lesen und schreiben können. Ein Patient möchte sich darauf verlassen können, daß der Arzt als Arzt ausgebildet ist. Ausbildung wird daher, um dies zu ermöglichen, dokumentiert und symbolisiert. Das muß funktionieren, auch wenn offen bleibt, wie weit das dadurch symbolisierte Können im Einzelfall nachgeprüft wird und der Nachprüfung standhält. Im Unterschied zum konkreten menschlichen Individuum ist die Person ein Verkehrssymbol der sozialen Kommunikation, und die Erziehung hat dazu beizutragen, daß dieses Symbol im Gebrauch nicht zu Enttäuschungen führt.

V.

Bisher haben wir, einem verbreiteten Sprachgebrauch folgend, von »dem Menschen« im Singular gesprochen. In der humanistischen Tradition war dieser Sprachgebrauch begründet durch Annahmen über die Natur des Menschen im Unterschied zum Tier und zu anderen Wesen in der kosmischen Seinshierarchie. Die neuhumanistische Tradition hatte dies mit dem Subjektbegriff reformuliert. Nur »der Mensch« ist ein Subjekt, das sich selbst und allem anderen »zugrundeliegt«. Für die transzendentale Theorie ergaben sich aus der Subjektheit des Menschen sogar bestimmte Merkmale, die jedem Menschen zukommen, bestimmte Syntheseleistungen in den empirischen Beziehungen zur Welt, bestimmte normative Einsichten und nicht zuletzt die Fähigkeit, sich Welt individuell anzueignen und ihr mit dieser inneren Form (Bildung) gegenüberzutreten. Mit den empirischen Analysen des

41 Siehe Talcott Parsons, Some Considerations on the Comparative Sociology, in: Joseph Fischer (Hrsg.), The Social Sciences and the Comparative Study of Educational Systems, Scranton Pa 1970, S. 201-220, 212: »The main point of the immediately preceding comments is to emphasize that the differentiation of the modern educational system has been in mayor part a function of the extensity of its involvement with the populations of modern societies, on the one hand in going through the educational mill, themselves, on the other hand in the role of ›consumers‹ of educational outputs.«

Tatbestandes Mensch zerbrechen diese Annahmen. Die Abstraktionsrichtung wird umgekehrt. Sie kulminiert nicht mehr in Thesen über das (allen Menschen gemeinsame) »Wesen« des Menschen, sondern in Theorievorstellungen wie Autopoiesis, operative Schließung, strukturelle Kopplungen, selbsterzeugte Unbestimmtheit, deren theoretische Reichweite einerseits weit über den Menschen hinausreicht und andererseits in der Anwendung auf den Menschen (auf seine Zellen, sein Gehirn, sein Bewußtsein usw.) sehr unterschiedliche Befunde ergibt. Will man unter diesen Umständen an Annahmen über das Wesen des Menschen festhalten, behält man nur Unwesentliches zurück – oder etwas, was nur über die Teilnahme an gesellschaftlicher Kommunikation erzeugt und erklärt werden kann. Eine Ausnahme gilt jedenfalls nicht für die neurophysiologische Ausstattung und nicht für das, was man auch höheren Tierarten als Bewußtsein zusprechen muß[42], sondern eigentlich nur für die geschlossene, unausweichliche Orientierung am Medium Sinn.

Parallel dazu verlangt die schlichte und unbestreitbare Tatsache Beachtung, daß es auf dem Erdball sehr viele Menschen gibt, im Moment zwischen fünf und sechs Milliarden, Tendenz steigend. Das ist nicht nur ein demographisches Problem, sondern stellt Ansprüche an die Theorie der Gesellschaft. Man kann sich nicht gut vorstellen, daß bei dieser Menge ein einzelner Mensch besondere Bedeutung für die Gesellschaft gewinnt – es sei denn, er sei durch die Gesellschaft selbst dafür ausgewählt. Wenn Einzelmenschen, protegiert durch die Massenmedien, besondere Effekte zu haben scheinen (man denke an Gorbatschow), ist das vom Gesellschaftssystem her gesehen Zufall, und das theoretische Problem läge in der Frage, weshalb ein System in bestimmten Situationen (etwa kurz vor einer Bifurkation) zufallsempfindlich wird. Allein schon die Probleme der Logistik gesellschaftlicher Koordination schließen es aus, die Menschen gleichsam als lokal reizbare Glieder des Gesellschaftssystems anzusehen und die Gesellschaft damit als einen Riesenoktopus, der sich je nach der Reizung seiner fünf Milliarden Glieder bewegt oder, wie es dann wahrscheinlich wäre, nicht bewegen kann.

---

42 Wenn Bewußtsein heißen soll: Externalisierung eines intern erarbeiteten Weltbezugs, also Wahrnehmungsfähigkeit.

Zusätzlich zu derart absurden Vorstellungen über ein Gesellschaftssystem, das aus Menschen besteht, müssen Zeitverhältnisse in Betracht gezogen werden. Die vielen Menschen leben, erleben und handeln gleichzeitig. Selbst wenn man diejenigen außer Betracht läßt, die auf der anderen Seite des Erdballs gerade schlafen, sind es immer noch so viele, daß jede Koordination auf der Basis organischer und bewußtseinsmäßiger Prozesse ausgeschlossen ist. Denn was gleichzeitig geschieht, kann weder beobachtet noch beeinflußt werden. Jeder Kausalplan müßte daran scheitern, daß viele Menschen solche Pläne aufstellen, ohne voneinander wissen zu können. Jede durchgreifende Linearisierung ist dadurch ausgeschlossen. (Das ist im übrigen nur ein anderer Zugang zu der Einsicht, daß das Gesellschaftssystem sich selbst dem Regime der doppelten Kontingenz und des selbsterzeugten Nichtwissens unterstellen muß.)

Die Lösung dieses Problems liegt natürlich in der Verwendung von Kommunikation zur Bildung eines Systems anderen Typs. Damit ist erneut gesagt, daß Kommunikation nicht auf körperliche oder bewußtseinsmäßige Zustände von Individuen zurückgeführt werden kann, sondern Rekursivitäten eigener Art entwickelt, nämlich Rückgriff und Vorgriff von Kommunikation auf Kommunikation. Man sieht die Vorteile jenes gewaltigen Verzichts auf Information über die Zustände von Individuen. Die unbestreitbar gegebenen strukturellen Kopplungen müssen invisibilisiert werden – so wie ja auch das Bewußtsein weder wissen noch kontrollieren kann, was gleichzeitig in seinem Gehirn abläuft.

Umgekehrt gesehen ist das Kommunikationssystem Gesellschaft damit gegen ein Anwachsen oder Abnehmen der Zahl der Menschen relativ unempfindlich. Zu viel oder zu wenig Menschen mag zum Organisations- und Versorgungsproblem werden, besonders wenn eine rasche Veränderung zu verkraften ist. Aber darüber kann dann immer noch kommuniziert werden. Und ohne Kommunikation wäre auch dieses Problem gar kein Problem.

Eine so scharfe Betonung der Autopoiesis und operativen Schließung des sozialen Kommunikationssystems mag fast unbemerkt hingenommen werden, wenn es um Funktionssysteme geht, die primär kommunikative Erfolge suchen. Die Kommunikationsmedien für Wahrheit, Liebe, Geld und Macht kommen zwar auch nicht ohne Bezugnahme auf die körperliche Präsenz von Menschen und die davon ausgehende Irritabilität aus. Sie müssen auf Wahrnehmung, Sexualität, faktische Bedürfnisse und physische Gewalt Rücksicht nehmen. Aber das Ziel solcher Kommunikation ist immer, bei hoher Ablehnungswahrscheinlichkeit (etwa bei *neuem* Wissen) trotzdem Annahme zu erreichen. Wie weit Individuen mitziehen, ist eine zweitrangige Frage, sofern nur die Kommunikation sich selber akzeptiert. Dies scheint in mindestens zwei Fällen von ebenfalls hoher sozialer Relevanz anders zu sein: bei der medizinischen Versorgung von Kranken und bei der Erziehung. Wir haben noch keinen klaren Begriff von Erziehung, aber jedenfalls handelt es sich um ein Einwirken auf einzelne Menschen. Es geht nicht nur um glattflüssige Kommunikation, sondern die Erziehung selbst muß als gescheitert betrachtet werden, wenn der Zögling sich nicht ändert, sondern ungerührt bleibt, wie er war. Auch hier ist natürlich Kommunikation, anders als in der Medizin, dasjenige Mittel, mit dem man die Wirkung zu erreichen sucht. Aber die beabsichtigte Wirkung liegt nicht in der Überwindung von Akzeptanzschwierigkeiten, sondern in der Änderung der Menschen (und es sind jeweils Einzelmenschen), die erzogen werden sollen.

Es muß also nicht erstaunen, daß bei Erziehern »der Mensch« nach wie vor die Aufmerksamkeit okkupiert und daß es hier, wenn irgendwo, schwer fällt, ein humanistisches Berufskonzept aufzugeben. Dieter Lenzen spricht von »Humanontogenese«.[43] Wir können und wollen uns an dieser Stelle nicht genauer festlegen. Aber den weiteren Untersuchungen ist jetzt ein Problem vorgegeben. Wenn wir den Menschen nach modernem empirischem Wissen – sagen wir kurz: systemdynamisch – richtig beschrieben haben: wie ist dann Erziehung möglich?

43 (Veröffentlicht als: Dieter Lenzen, Lebenslauf oder Humanontogenese? Vom Erziehungssystem zum kurativen System – von der Erziehungswissenschaft zur Humanvitologie, in: Dieter Lenzen/Niklas Luhmann (Hrsg.), Bildung und Weiterbildung im Erziehungssystem: Lebenslauf und Humanontogenese als Medium und Form, Frankfurt 1997, S. 228-247, D. L.)

VI.

Angesichts der durchaus bekannten, immer schon berücksichtigten, hier nur theoretisch stringenter formulierten Unterschiede zwischen den körperlich und psychisch individuierten Einzelmenschen und zwischen ihnen und der sozialen Ordnung ihrer Beziehungen hat es sich eingebürgert, die erzieherische Tätigkeit als »Vermittlung« von Wissen und Können zu beschreiben. Wir werden diesem Vorschlag folgen. Er hat den doppelten Vorzug, daß er von weitergehenden pädagogischen Ambitionen (etwa in Richtung auf »Reife« oder »Bildung«) absieht und daß er offen läßt, ob das, was vermittelt werden soll, auch angeeignet wird. Auch Vermittlung setzt natürlich voraus, daß das Vermittelte ankommt; aber man kann bei diesem Begriff noch offen lassen, ob es der pädagogischen Intention entsprechend verwendet wird. Auch Vermittlung kann scheitern. Wir werden das bei der Behandlung des Code des Erziehungssystems berücksichtigen, der diese Möglichkeit reflektiert. Aber es geht hier noch nicht um die Frage, ob die anspruchsvolleren pädagogischen Ziele erreicht werden. Es geht, anders gesagt, nicht um das, was der zu Erziehende aus dem ihm vermittelten Wissen und Können macht.

Der Begriff der Vermittlung abstrahiert zunächst von den Realitäten der Interaktionssituationen, in denen Erziehung durchgeführt werden muß. Er bezeichnet nur die elementare Struktur der Operation, die durchgeführt werden muß, damit überhaupt Erziehung zustande kommt. Faktisch findet jedoch Erziehung, soweit sie Schulen zugemutet wird, in Unterrichtssituationen statt, die es ausschließen, die Vermittlung als Beziehung zwischen einem Erzieher und nur einem Zögling aufzufassen.

Der Lehrer hat es mit einer Vielzahl von Schülern zu tun, die als empirische, für sich und für andere intransparente, eigendynamische, nicht-linear operierende Individuen vor ihm sitzen. Auch hier ist Vermittlung möglich, der Begriff schließt Situationen des Schulunterrichts ein und hat gerade hier seinen eigentümlichen Anwendungsbereich. Aber bei einer Vielzahl von Schülern wird es schwieriger, Vermittlung zu planen und Gelingen oder Mißlingen zu kontrollieren. Wie kann der Lehrer angesichts einer solchen Sachlage eine hilfreiche Berufserfahrung entwickeln? Wie kann er lernen?

Offensichtlich gibt es nur den Weg der Selbsthilfe. Die »cellular organization« der Schulklasse ermöglicht es dem Lehrer, seine Erfolge und die erlebten Belohnungen seiner Tätigkeit selbst zu bestimmen.[44] So kommt es zur Orientierung an selbstgefundenen Kategorisierungen, unter denen dann jeweils eine passende ausgewählt werden muß.[45] Die Beurteilung des jeweils klassifizierten Verhaltens bleibt dabei dem Lehrer überlassen. Es handelt sich um jeweils eigene Erfahrungen (und genau das sagt der Begriff »Erfahrung«). Ein Beobachter wird daher häufig anderer Meinung sein, also zu anderen Urteilen oder Reaktionen tendieren. Davor schützen den Lehrer die Wände des Klassenzimmers und die Möglichkeit, den interessierten[46] Schülern die Urteilskompetenz und die Unvoreingenommenheit abzusprechen.

Im Rückblick gesehen gibt es gelungene und weniger gelungene, schlecht gelaufene Unterrichtsstunden. Aber woran das liegt, ist schwer zu erkennen. Man kann es mit »Stimmung« zu erklären versuchen[47], aber damit ist das Problem nur verschoben und die Frage, welche Verhaltensweisen oder pädagogische Techniken diesen Unterschied auslösen, nicht beantwortet.

An solchen »klassischen« Auskünften soll hier, so wenig sie befriedigen, nichts Grundsätzliches geändert werden. Man kann sie aber mit den Begriffen der neueren kognitiven Psychologie etwas stärker aufgliedern. Man spricht, um dieses Gebiet der Kognition intransparenter oder zukunftsabhängiger Sachverhalte einzugrenzen, inzwischen von Schemata, cognitive maps, frames, scripts.[48] Damit sind Formen gemeint, mit denen die operierende Einheit, hier also der Lehrer, sich sein eigenes Gedächtnis zu-

---

44 Vgl. Dan C. Lortie, Schoolteacher: A Sociological Study, Chicago 1975, S. 138 ff.

45 So Edmund J. Amidon/Ned A. Flanders, The Role of the Teacher in the Classroom: A Manual for Understanding and Improving Teacher Classroom Behavior, Minneapolis, rev. ed. 1971.

46 (Gemeint sein könnte: desinteressierten, D. L.)

47 So nach Lortie a.a.O. S. 173 f. die Lehrer (»mood«).

48 Vgl. z. B. Frederic C. Bartlett, Remembering: A Study in Experimental and Social Psychology, Cambridge Engl. 1932; Roger C. Schank/Robert P. Abelson, Scripts, Plans, Goals and Understanding: An Inquiry into Human Knowledge Structures, Hillsdale N.J. 1977; Robert P. Abelson, Psychological Status of the Script Concept, American Psychologist 36 (1981), S. 715-729.

gänglich macht. Es geht nicht darum, etwas Vergangenes zu erinnern (obwohl dies unter Umständen hilfreich sein kann). Die Frage ist vielmehr, wie man in neuen Situationen Vertrautheit und vor allem: Vertrauen in die eigene Handlungskompetenz wiedergewinnt. Schemata mobilisieren Gedächtnis – nicht im Sinne einer Vorstellung vergangener Sachverhalte, sondern durch die Erzeugung des Eindrucks von Bekanntheit, durch die Projektion informationeller Redundanzen in neuartige Situationen; oder anders gesagt: durch Vermittlung eines Zusammenhangs von Redundanz und Varietät.

Es geht dabei nicht um »sichere« Handlungsanweisungen. Schemata können (anders als das Wort suggerieren könnte) nicht schematisch angewandt werden.[49] Aber sie erleichtern das Finden von Problemlösungen in einem durch sie selbst begrenzten Variationszusammenhang. Das Kausalschema beispielsweise verhindert nicht, sondern ermutigt sogar das Suchen nach weiteren Ursachen und weiteren Wirkungen, mit denen unter Umständen ein Handlungsprojekt blockiert oder doch modifiziert werden könnte. Aber die Überlegungen, die diese Möglichkeiten aktualisieren, haben sich an das Schema zu halten – oder sie springen in einen ganz anderen Themenbereich. Selbst ein »Skript« ist keine Handlungsanweisung. So mag man das Skript »fördere die Selbsttätigkeit des Schülers« akzeptieren und trotzdem nicht bereit sein, jede Art von Selbsttätigkeit hinzunehmen. Legt man dem Unterricht dieses Skript (aber Dasselbe gilt auch für andere) zugrunde, so heißt dies nur, daß man das Unterrichtsgeschehen unter diesem Gesichtspunkt beobachten und beurteilen will.

Was der Lehrer lernen kann, ist demnach nicht als rezeptgenaues, richtiges Handeln aufzufassen. Eher dürfte es darum gehen, mit einem bestimmten, unterrichtstypischen Verhältnis von Redundanz und Varietät zurechtzukommen. Er müßte dann von bestimmten Schemata ausgehen, seinen Situationseindruck danach formen und dann sehen, ob er sein Skript durchziehen oder es der Situation anpassen und modifizieren sollte. Dafür gibt es dann keine weiteren Richtlinien – es sei denn die Reichhaltigkeit

---

49 Speziell hierzu: Joseph W. Alba/Lynn Hasher, Is Memory Schematic?, Psychological Bulletin 93 (1983), S. 203-231.

der verfügbaren Schemata, die sich wechselseitig ablösen, ergänzen, modifizieren können. Unterrichtserfahrung heißt danach auch, daß man durch bestimmte Überraschungen und negative Erfahrungen sich nicht aus der Fassung bringen läßt, sondern auch dafür Schemata aktivieren kann, die es ermöglichen, sinnvoll zu reagieren.

Die Ausbildung für den Lehrberuf wird diese Lernmöglichkeiten nicht vorwegnehmen können, aber sie könnte darauf vorbereiten. Die Klage unzureichender Vorbereitung auf Klassenzimmersituationen ist weit verbreitet.[50] Das mag daran liegen, daß es keine erfolgssicheren Lernrezepte gibt.[51] Auch läßt sich die Lehrerausbildung nicht in eine Sequenz von einfachen zu komplexen Situationen/Handgriffen zerlegen. Aber es könnte schon helfen, wenn man sich die Gründe dafür, die Intransparenzen der eigendynamischen Systeme auf der Ebene der Individuen und des Interaktionssystems Unterricht klar macht und wenn man die Lernmöglichkeiten vor Ort an dem Begriffsangebot der neueren kognitiven Psychologie orientieren würde.

Trotz aller Bedeutung von Interaktion und Unterrichtsmanagement liest der Lehrer den Erfolg seiner Bemühungen nicht am Gelingen der Interaktion und auch nicht an der »Gruppe«[52] seiner Schüler ab, sondern an der Entwicklung der einzelnen Schüler. Das erleichtert es ihm, an Einzelfällen Erfolge abzulesen. Die Frage ist, ob das Bemühen um *Vermittlung* durch *Aneignung* des

50 Von den Lehrern, die Dan C. Lortie, Schoolteacher: A Sociological Study, Chicago 1975, S. 68 nennt, beklagen sich 52 % über »too little preparation in ›classroom management, routines, and discipline‹«. Es gibt danach zu wenig Vorbereitung auf die »relevant uncertainties« des Berufs. Mit einer ähnlichen Formulierung notieren Louis M. Smith/William Geoffrey, The Complexities of an Urban Classroom: An Analysis toward a General Theory of Teaching, New York 1968, S. 100 ff. die Notwendigkeit eines »preparation for contingencies« im Sinne eines Gefaßtseins auf ständig wechselnde, nicht antezipierbare, situationsabhängige Ereignisse. Eine Leitfrage wäre zum Beispiel: welche Möglichkeiten habe ich noch, wenn …

51 Vor allem keine auf eine Arbeitstechnologie bezogenen. Siehe dazu Robert Dreeben, The Nature of Teaching: Schools and the Work of Teachers, Glenview Ill. 1970, S. 116 ff.

52 Dies immerhin zu 29 % nach den Interviewergebnissen von Lortie a. a. O. S. 111 ff., 127 ff.

angebotenen Wissens oder Könnens honoriert wird. Weder die Interaktion noch die Gruppe der gemeinsam unterrichteten Schüler können als »Output« des Erziehungssystems gelten. Sie haben für die gesellschaftliche Umwelt und fürs spätere Leben keine Bedeutung. Insofern ist auch gelingende Kommunikation kein ausreichendes Kriterium für die Bestimmung der Funktion des Erziehungssystems. Es geht tatsächlich nur um die Vorbereitung des Einzelmenschen auf sein späteres Leben, um seinen »Lebenslauf«.

Kapitel 2

Sozialisation und Erziehung

I.

Im klassischen Konzept der Sozialisation ginge es um die Übertragung von Kulturgut von einer Generation auf die nächste.[1] Ähnlich wie in der Evolutionstheorie, die nicht davon ausgehen kann, daß die Zukunft allein genetisch bestimmt ist, wird Transmission zu Auffangformel für ein zunächst unklar definiertes Problem.[2] Auch hier geht es offenbar um die im vorigen Kapitel ausführlich diskutierte Beziehung von Mensch und Gesellschaft. Wie kann man ernsthaft behaupten, die Gesellschaft bestehe aus Menschen, wenn der Bestand innerhalb einer relativ kurzen Zeit, die sich nach der Lebensdauer der Menschen bemißt, komplett ausgewechselt wird? Oder: was sichert die Einheit und den Fortbestand der Gesellschaft, wenn man damit rechnen muß, daß niemand der heute Lebenden in einhundert Jahren zur Gesellschaft beitragen wird? Zauberformeln wie Transmission oder Sozialisation setzen sich an die Stelle dieses Problems, und die empirische Sozialisationsforschung kann denn auch überzeugend nachweisen, daß es kein Zufall ist, unter welchen Einflüssen nachwachsende Generationen aufwachsen. Im Anschluß an Schleiermachers Pädagogik-Vorlesungen wird daher Erziehung häufig als Resultat einer Generationendifferenz aufgefaßt.[3] Sicherlich kommt es zu tiefgreifenden Einstellungsänderungen, zu »Wertewandel« und dergleichen, aber dies liegt offenbar nicht an Defekten des Sozialisationsprozesses, sondern an neuen Schlüs-

---

1 »›Socialization‹ gained currency in the 1930s as a term denoting the process by which culture is transmitted from one generation to the next«, liest man an prominenter Stelle bei John W. M. Whiting, Socialization: Anthropological Aspects, International Encyclopedia of the Social Sciences Bd. 14, New York 1968, S. 545-551 (Zitat S. 545).

2 Vgl. Robert Boyd/Peter J. Richerson, Culture and the Evolutionary Process, Chicago 1985.

3 Als Kritik siehe Rolf Nemitz, Kinder und Erwachsene: Zur Kritik der pädagogischen Differenz, Berlin 1996.

selerfahrungen (zum Beispiel Kriegen) und vor allem an der Wirkungsweise der Massenmedien.

Die Transmissionstheorie ist wegen der unterstellten strukturellen Asymmetrie von Sozialisator und Sozialisand kritisiert worden. Vor allem in verdichteten Sozialisationsverhältnissen wie Familien oder Schulen kann man Wechselwirkungen beobachten, so daß das asymmetrische Modell durch ein zirkuläres ersetzt werden muß, das dann aber die Brechung der Symmetrie berücksichtigen muß. Die Kinder werden, wie immer sie ihre Eltern oder Lehrer tyrannisieren mögen, schließlich doch stärker sozialisiert als die Eltern oder die Lehrer; und jedenfalls wird die Vorstellung einer Kulturguttransmission durch solche Schleifen nicht aufgehoben, sondern nur näher an die empirische Wirklichkeit herangebracht.

Eine weitere Einseitigkeit der Transmissionstheorie liegt darin, daß nur die gelungene Transmission als Sozialisation angesehen wird. Die andere Seite der Form bleibt unbeleuchtet. Es gibt aber durchaus auch die Fälle, in denen ein Angebot Widerstand erregt. Gerade durch die Vorstellung »richtigen« Wissens und »angemessenen« Verhaltens kann die Frage Form finden: warum so, warum nicht anders? Dieser Weg des Widerstandes ist besonders deshalb attraktiv, weil er Chancen bietet, Individualität zu entwickeln. Beim bloßen Copieren von Kulturmustern unterscheidet man sich nicht von anderen; man reproduziert nur, was von allen erwartet wird. Zu den Kulturmustern der Moderne gehört aber nicht zuletzt die hohe Bewertung individueller Besonderheit, ja Einzigartigkeit. Das führt zu der Frage, wie im Sozialisationsprozeß zugleich für Individualisierung gesorgt werden kann unter Einschluß der Verweigerung von Konformität.

Schließlich, und das ist vielleicht der wichtigste Punkt und die wichtigste Korrektur an der klassischen Sozialisationstheorie, hat die Sozialisation es mit Menschen zu tun, von denen man nicht wissen kann, welche Einstellungen sie jeweils aktualisieren und wie sie handeln werden. Sozialisation muß daher auf ein Leben in permanenter Unsicherheit vorbereiten. Das mag eines der Motive sein, die zur Übernahme von Normen anregen, die auch dann gelten, wenn gegen sie verstoßen wird. Man kann dann, bei allen hinzunehmenden Enttäuschungen, wenigstens sicher sein, richtig erwartet zu haben und in seinen Erwartungen die Unterstützung Dritter zu finden.[4] Ebenso vermag ein innen verankertes Selbstbewußtsein zu helfen und nicht zuletzt die Einstellung auf sozial institutionalisierte Individualität, die es als normal erscheinen läßt, daß der eine so, der andere anders denkt und handelt.

Der übliche, in den Schulen gepflegte Ausweg aus dieser konstitutiven Unsicherheit ist: Leistungsschienen bereitzustellen, auf denen man besser sein kann als andere. Das kann durch ein Zensurensystem einprägsam unterstützt werden. Die damit institutionalisierte Komparatistik (es wäre falsch, von Konkurrenz zu sprechen, da Auszeichnungen nicht knapp sind) ist ihrerseits oft kritisiert worden, denn natürlich kommen nicht alle als die besten heraus. Andererseits haben sich keine anderen Formen der Individualisierung entwickeln lassen. Vorzeitiger Abbruch der Schulausbildung oder Weglaufen aus dem Elternhaus werden nicht als Sozialisation anerkannt, weil es nicht zu einer Transmission kommt. Mit etwas mehr Distanz zum Begriff müßte man jedoch anerkennen, daß gerade dies Möglichkeiten sind, im Sozialisationsprozeß Individualität zu behaupten, ja wenn man so will: zu retten. Muß der Begriff der Sozialisation nun so gebildet werden, daß er seine eigene Negation einschließt und auch die Reaktion gegen Transmission als Form der Sozialisation anerkennt? Denn schließlich zeigen solche Fälle, mögen sie schulpolitisch oder familienpolitisch unerwünscht sein, doch ganz unbestreitbar soziale Effekte des Sozialisationsprozesses.

Hier angelangt, dürfte es zweckmäßig sein, auf den Begriff der Transmission zu verzichten und nach einer anderen Grundlage der Sozialisationstheorie zu suchen. Diesen Weg hat Talcott Parsons beschritten. Parsons sieht Sozialisation als Fall von Interpenetration und Interpenetration als Konsequenz der fortschreitenden Differenzierung des allgemeinen Handlungssystems. Kultur und Sozialsystem interpenetrieren in der Form von Institutionalisierung, Sozialsystem und Persönlichkeit in der Form von Sozialisation und Persönlichkeit und verhaltensfähiger Organismus in der Form von Lernen.[5] Nach dem alten Muster von

4 Vgl. Niklas Luhmann, Rechtssoziologie, 2. Aufl. Opladen 1983, S. 40ff.
5 Zur Diskussion siehe Niklas Luhmann, Interpenetration – Zum Verhältnis personaler und sozialer Systeme, Zeitschrift für Soziologie 6 (1977), S. 62-76; Stefan Jensen, Interpenetration – Zum Verhältnis personaler und

Differenzierung und Integration geht es bei Sozialisation also um ein Korrelat der Differenzierung des allgemeinen Handlungssystems oder, noch allgemeiner gesagt, um ein Erfordernis des Zustandekommens von Handlung. Es gibt danach Handlungskomponenten, deren Beschreibung sowohl dem sozialen System als auch dem psychischen System zugerechnet werden kann. Nach Parsons bilden diese Interpenetrationsbereiche sogar eigene Systeme.[6] Da es hier aber nur um eine Analytik des Begriffs von Handlung geht, bleibt völlig offen, wie diese Mischung von Psychischem und Sozialem konkret vor sich geht.

Wenn man zu einer Systemtheorie überwechselt, die von den Operationen ausgeht, die Systeme aus eigenen Produkten reproduzieren, kann diese Abstraktion von den konkreten Operationen nicht länger beibehalten werden. Man wird dann auch die Grundvorstellung von Parsons aufgeben müssen, daß Sozialisation eine Folgenotwendigkeit der Differenzierung des Begriffs von Handlung in seine verschiedenen Komponenten ist. Es bleibt die Einsicht, daß die getrennt operierenden Systeme, hier die psychischen und die sozialen Systeme, eine Innenansicht ihrer wechselseitigen Abhängigkeiten entwickeln müssen, gleichsam eine vereinfachte Version dessen, was in ihrer Umwelt hochkomplex und für sie intransparent abläuft. Auf Seiten des sozialen Systems konstruiert man, wie oben erörtert, »Personen«, um sich eine Erfassung der Details ihrer körperlichen und psychischen Operationen zu ersparen und sich mit einem symbolischen Substitut zu begnügen. Dabei wird natürlich vorausgesetzt, daß die entsprechenden Umweltsysteme auf dem Niveau ihrer Eigenkomplexität operieren. Das entsprechende Korrelat auf Seiten psychischer Systeme dürften die Resultate von Sozialisation sein. Es handelt sich also um Eigenleistungen psychischer Systeme, mit denen diese dem Umstand Rechnung tragen, daß sie ihr Leben in sozialen Zusammenhängen zu führen haben. Das mag dann, je nach internen Konsistenzproblemen, auf eine Mischung von (oft gedankenloser) Konformität und Abweichung hinauslaufen.

sozialer Systeme? Zeitschrift für Soziologie 7 (1978), S. 116-129; Niklas Luhmann, Interpenetration bei Parsons, Zeitschrift für Soziologie 7 (1978), S. 299-302.
6 Siehe Talcott Parsons/Gerald M. Platt, Die amerikanische Universität: Ein Beitrag zur Soziologie der Erkenntnis, dt. Übers. Frankfurt 1990, S. 55.

Will man diesen Gesamtkomplex einer auf beiden Seiten erarbeiteten internen Abspiegelung intransparenter Komplexität bezeichnen und das wechselseitige Angewiesensein auf funktionierende Lösungen zum Ausdruck bringen, kann man den Parsons-Begriff der Interpenetration beibehalten.[7] Man muß dann allerdings berücksichtigen, daß operative Vermischungen ausgeschlossen sind, daß psychische Prozesse nie soziale Prozesse und soziale Prozesse nie psychische Prozesse sein können, sondern daß nur eine wechselseitige Reduktion der Komplexität der jeweils anderen Seite gemeint sein kann. Für die Klärung des Begriffs der Sozialisation genügen aber die bereits eingeführten Begriffe der operativen Schließung und der strukturellen Kopplung. Damit verschiebt sich auch das Bezugsproblem der Sozialisationstheorie. Es geht nicht mehr um die Frage, wie Gesellschaft trotz eines ständigen Austausches ihres Personals kontinuieren kann. Das Problem ist vielmehr, wie operativ geschlossene psychische Systeme auf die strukturelle Kopplung mit dem Gesellschaftssystem reagieren. Und die Antwort lautet: es kommt zu einem »structural drift«, der die psychische Autopoiesis dazu bringt, Strukturen zu wählen, mit denen sie in der Gesellschaft zurechtkommt. Das können Automatismen sein, die den Menschen frei machen für eine andere, situative Disposition über Aufmerksamkeit. Es können Neurosen sein oder alle Arten von Triebsublimierungen, für die Freud den Blick geschärft hat. In jedem Falle ist Sozialisation immer Selbstsozialisation und nicht Import von Kulturpartikeln in das psychische System. So ist denn auch die psychische Funktion von Sprache, die bis in den Wahrnehmungsprozeß hineinreicht, etwas völlig anderes als ihre kommunikative Funktion. Auch wenn es dieselben Worte sind, lösen sie im psychischen System ganz andere Rekursionen aus als im sozialen System. Und dies gilt erst recht bei normativen Regeln, kausalen Schemata oder anderen »frames« oder »scripts«, die für die strukturelle Kopplung benutzt werden können.

Die Rückführung des Begriffs der Sozialisation auf die Begriffe strukturelle Kopplung und structural drift klärt vor allem, daß Sozialisation ein Vorgang ist, der in allem sozialen Verhalten mit-

7 So Niklas Luhmann, Soziale Systeme: Grundriß einer allgemeinen Theorie, Frankfurt 1984, S. 286 ff.

läuft. Diese Automatik der Sozialisation läßt sich nicht verhindern. Jeder Versuch, sie einzuschränken, würde wiederum sozialisierend wirken. Das vor allem muß beachtet werden, wenn es im weiteren um die Frage gehen wird, was zur Sozialisation hinzukommt, wenn Bemühungen um Erziehung einsetzen.

II.

Sozialisation vermittelt natürliche und soziale Verhaltensbedingungen als *Selbstverständlichkeiten*. Das führt jedoch im sozialen System zu Schwierigkeiten und Konflikten, wenn man die Erfahrung machen muß, daß das, was für den einen selbstverständlich ist, bei den anderen keineswegs glatt durchgeht. Erziehung *thematisiert* deshalb das, was sie zu erreichen sucht, und weckt damit einen Sinn für die Kontingenz der Festlegungen: Es ist zwar richtig, aber auch anders möglich. So wird der Nachwuchs besser auf die Varietät von Verhaltensbedingungen vorbereitet, mit der ihn die Gesellschaft konfrontieren wird.

Damit ist zugleich gesagt, daß Erziehung nicht nur Handlungen erfordert (die man nachahmen könnte), sondern Kommunikation. Denn sie erfordert, daß man zunächst lernt, was man *nicht* weiß, und sieht, was man *nicht* sieht, und dann dazu ansetzt, die Lücke zu füllen. Negatives kann aber nur durch Kommunikation, nicht durch Handlung, vermittelt werden. Kommunikation hebt etwas hervor, was sich nicht von selbst versteht.[8] Mit der Angewiesenheit auf Kommunikation ist Erziehung zwangsläufig ein gesellschaftlicher Prozeß, während Sozialisation über Handlung und Nachahmung laufen kann. Damit ist aber noch nicht ausgemacht, *welche* Kommunikation als Erziehung aufgefaßt wird.

Der Begriff der Erziehung kann nicht inhaltlich definiert werden – weder durch Angabe bestimmter Erziehungsziele noch durch Angabe bestimmter Lernstoffe. Teleologische Definitionen haben (hier wie in allen Fällen) die unangenehme Konsequenz, daß eine Erziehung, die ihr Ziel nicht erreicht, gar keine

8 Vgl. Jerome Bruner, Actual Minds, Possible Worlds, Cambridge Mass. 1986, S. 84.

gewesen ist. Darauf hat man mit dem Begriff der vorgestellten Ziele reagiert. Das läuft aber auf den Vorschlag hinaus, den wir im folgenden aufgreifen und ausarbeiten werden, nämlich: auf die Absicht des Erziehens abzustellen.

Auch die Abgrenzung des Begriffs durch Bestimmung der Lernstoffe genügt nicht. Man müßte dann bestimmte Lernstoffe – rassistische, militaristische usw. – ausschließen, aber das hieße nichts anderes als eine erziehungspolitische Entscheidung als Begriffsentscheidung zu verkleiden. Jede inhaltliche Festlegung des Erziehungsbegriffs führt zu der Frage, was durch sie ausgeschlossen wird und wie sich diese Ausschließung weltweit und für die Geschichte der Erziehung begründen läßt.

Wir ersetzen deshalb inhaltliche Definitionen durch eine formale, quasi tautologische Definition. Als Erziehung haben alle Kommunikationen zu gelten, die in der Absicht des Erziehens in Interaktionen aktualisiert werden.[9]

Damit ist klargestellt, was durch den Begriff der Erziehung ausgeschlossen werden soll, nämlich absichtslose Erziehung, also Sozialisation. Die andere, mit der Form Erziehung nicht beleuchtete, unmarkiert bleibende Seite ist zunächst die stets mitlaufende Sozialisation.[10] Erziehung wird eingerichtet, um das zu ergänzen oder zu korrigieren, was als Resultat von Sozialisation zu erwarten ist. Damit ist zugleich gesagt, daß es sich im gesellschaftlichen Kontext um einen Vorgang der Differenzierung handelt, der sich selbst durch Bezugnahme auf eine Absicht kenntlich macht. Alles weitere kann hinzugefügt werden als einschränkende Bedingung dafür, daß eine solche erzieherische Absicht plausibel kommuniziert werden kann.

Die Absicht zu erziehen, dient als kognitives Symbol, das es ermöglicht, Kommunikationen (und zwar: des Erziehers wie des

9 Vgl. grundsätzlich Niklas Luhmann, System und Absicht der Erziehung, in: Niklas Luhmann/Karl Eberhard Schorr (Hrsg.), Zwischen Absicht und Person: Fragen an die Pädagogik, Frankfurt 1992, S. 102-124, sowie die darauf bezogene Diskussion in diesem Band.

10 Im Rückblick sieht man hier erneut, daß der Begriff der Transmission von Kulturgut sich wenig eignet, da er keine klare Abgrenzung von Sozialisation und Erziehung ermöglichen würde, sondern Erziehung unter den Begriff der Sozialisation subsumieren würde. Damit wären viele der im folgenden zu behandelnden Problemstellungen blockiert.

Zöglings) einem System zuzuordnen. Wie schon aus unseren Ausführungen über Motive[11] ersichtlich sein dürfte, handelt es sich nicht um einen Kausalfaktor, der im Bewußtsein des Erziehers wirksam ist und das Zustandekommen von Erziehung bewirkt. Es geht vielmehr um eine quasi tautologische Beschreibung der erzieherischen Interaktion, die mit sehr verschiedenen Bewußtseinszuständen der Erzieher und der Zöglinge kompatibel sein kann. Das Symbol »Absicht zu erziehen« erfüllt seine Funktion, wenn es der Definition eines Interaktionssystems zugrundegelegt wird, und dazu bedarf es keiner psychischen Tests. Der Plausibilität dieses Symbols liegt die Erfahrung zugrunde, daß man, wenn man handelt und erst recht: wenn man kommuniziert, nicht gut behaupten kann, dies ohne Absicht zu tun – so als ob das, was als Verhalten sichtbar geworden ist, einem bloß passiert ist. Es ist eine ganz andere Frage, ob man das, was man tut, vorher überlegt hat und nach Plan ausführt. Entscheidend ist, daß man retrospektiv keine andere Wahl hat, als sich zu einer eigenen Absicht zu bekennen, und im erzieherischen Milieu ist das eben die Absicht zu erziehen.

Obwohl diese über Absicht laufende Definition des Begriffs der Erziehung quasi tautologischen Charakter und darin eine eigentümliche Robustheit und Unwiderlegbarkeit hat, gibt es strukturelle Implikate, die vorausgesetzt sein müssen, damit eine solche Absicht plausibel in Anspruch genommen und zugeschrieben werden kann. Das wichtigste dürfte die Rollenasymmetrie sein, die sich in einer als Erziehung verstandenen Interaktion nicht umkehren läßt. Es muß geklärt sein, wem die Absicht zugeschrieben wird und wem nicht. Damit ist zugleich das Problem der doppelten Kontingenz gelöst. Der Erzieher mag damit rechnen, daß der Zögling sich seiner Einwirkung zu entziehen sucht, nicht aber damit, daß der Zögling mit Gegenerziehung reagiert. Erziehung verträgt, anders gesagt, keine Rückkehr zur offenen Situation der doppelten Kontingenz. Sie ist, um dies auszuschließen, auf ausreichende Vorverständigungen und das heißt nicht zuletzt: auf gesellschaftliche Institutionalisierung angewiesen.

Ein weiteres Implikat ist, daß die Absicht zu erziehen eine gute Absicht sein muß. Dies schließt nicht nur Feindseligkeit und

---

11 Vgl. Kap. 1, ... (Angabe wurde nicht mehr vervollständigt, D. L.)

Schädigungsabsicht aus, sondern auch ein eigensüchtiges, den eigenen Vorteil voransetzendes Verhalten.[12] Man sieht leicht, daß auch diese Darstellungserfordernisse sind, die keinen Aufschluß geben über die gemischte und instabile psychische Befindlichkeit des Erziehers. Als Darstellungserfordernisse haben sie jedoch weitreichende, geradezu bindende Folgen, die zu Ergebnissen führen, die Pädagogen nicht mehr ohne weiteres als gut anerkennen würden. Denn die gute Absicht muß sich explizieren, sie muß die Erziehungsziele als gut und die Lernprogramme als richtig und nützlich vorstellen. Auf den Zögling projiziert, heißt das aber, daß sein Verhalten entsprechend bewertet und vom Erziehungsschema aus als gut oder schlecht, als lobenswert oder als ungenügend beurteilt werden muß. Der Lehrer kann nicht gut sagen: so ist es richtig, aber es ist mir gleich, wie ihr euch dazu einstellt. Wir kommen darauf unter... zurück. (Angabe wurde nicht mehr vervollständigt, D. L.)

Schließlich wird üblicherweise eine Kommunikation nur dann als Erziehung angesehen, wenn sie in einem System der Interaktion unter Anwesenden stattfindet.[13] Damit ist garantiert, daß die Erziehung nicht nur verbale Kommunikation ist, sondern zugleich immer auch im Modus der Wahrnehmung des Wahrgenommenwerdens abläuft.[14] Das erlaubt den Gebrauch von »indexical expressions«[15] (»wir« zum Beispiel) und Bezugnahmen auf die im Moment aktuelle Situation, die keiner weiteren Erläuterung bedürfen, weil allen Beteiligten klar ist, was gemeint ist.

12 Wir finden uns hier in der Nähe des Grundgedankens der Professionssoziologie, den Talcott Parsons ins Gespräch gebracht hat. Siehe: The Professions and Social Structure, Social Forces 17 (1939), S. 457-467.

13 Die Pädagogik spricht allerdings üblicherweise nicht von Interaktion sondern von »Praxis«. Das hat fatale Konsequenzen. Die Aufmerksamkeit wird auf das Verhalten des Lehrers eingeschränkt. (Wie steht es um die »Praxis« eines erfahrenen Schülers?) Und das Problem wird im Verhältnis von Theorie und Praxis, das heißt in den Chancen einer wissenschaftlichen Ausbildung der Pädagogen gesehen.

14 Wir kommen darauf in Kap.... zurück. (Angabe wurde nicht mehr vervollständigt, D. L.)

15 Der Begriff stammt von Peirce. Siehe z. B. Charles S. Peirce, Semiotische Schriften Bd. 1, Frankfurt 1986, S. 206ff. Soziologen zitieren zumeist Harold Garfinkel, Studies in Ethnomethodology, Englewood Cliffs N. J. 1967, S. 4ff.

Der Wahrnehmungskontext ermöglicht, ja erzwingt bei allen Beteiligten Selbsteinschränkungen, die sich nicht in der Form von Kommunikation äußern und deshalb nicht der Bifurkation von Annahme oder Ablehnung einer Mitteilung ausgesetzt sind. Die Reflexivität des Wahrnehmens führt zu einer besonderen Art von Disziplinierung, die freilich auch ihre eigenen provokativen Verstöße kennt. Auf beiden Seiten entstehen Informationsüberschüsse, die reflexiv nicht kontrolliert werden können. Die Schüler sehen mehr vom Lehrer, als dieser sieht, daß sie es sehen; und umgekehrt. Aber es fällt schwer, das auf diese Weise erreichte Wissen in Kommunikation umzusetzen. Auch kondensiert es nicht zu einer Art sozialem Gedächtnis, auf das man jederzeit zurückgreifen könnte. Es versickert in nur psychisch verfügbaren und typisch höchst ambivalenten Erinnerungen. Aber das Wahrnehmen des Wahrgenommenwerdens sichert eine eigentümliche und eigentümlich evidente Art von Sozialität, die es ermöglicht, die explizite Kommunikation auf den Unterricht zu konzentrieren.

Mit Interaktion ist im übrigen nicht nur der Fall gemeint, daß der Lehrer sich (wie es in Deutschland, aber auch in Japan üblich ist) an die gesamte Klasse wendet und Einzelne allenfalls stellvertretend für alle mit Fragen und Antworten herausgreift. Eine andere Form, die in Schulen der USA viel praktiziert wird, ist eine intensive Beschäftigung der Lehrerin mit einzelnen Schülern, während die anderen mit Aufgaben beschäftigt oder als Beobachter engagiert werden. Auch das ist Interaktion unter Anwesenden.

Die Absicht zu erziehen, an der sich Erziehung als Erziehung erkennt, findet sich also eingebettet in Interaktionssysteme, die auch die über das kommunikative Geschehen weit hinausreichenden Wahrnehmungsleistungen der Teilnehmer in Anspruch nehmen, um Sozialität zu konstituieren. Das heißt nicht, daß sich das soziale System bereits im Medium des reflexiven Wahrnehmens bildet. Die Teilnehmer kommen nicht zusammen, um sich wechselseitig anzustarren. Erst die Kommunikation gibt der Zusammenkunft einen Sinn und eine zeitliche, prozessuale Struktur. Erst sie konstituiert die Interaktion als soziales System. Aber daß dies auch wahrgenommen und über Wahrnehmung mit Informationsüberschüssen ausgestattet wird, ist gleichwohl eine sich penetrant aufdrängende Komponente der Situation. Sie hat zur Folge, daß niemand der Teilnehmer sicher weiß, was eigentlich vor sich geht, und daß man das, worauf andere reagieren, retrospektiv aus ihrem Verhalten erschließen muß. Man wird zwar davon ausgehen können, daß sich bei Lehrern (wie auch bei Schülern) aus der Teilnahme an Unterrichtsinteraktionen gewisse Erfahrungen ergeben und als Grundlage für weiteres Verhalten kondensieren. Aber typisch handelt es sich dabei nicht um Wissen, das man formulieren und anderen weitergeben könnte. Wer sich auf seine Erfahrung beruft, nimmt Autorität in Anspruch.

Die Absicht zu erziehen symbolisiert die Einheit des Erziehungssystems. Die Einheit des Systems kann aber weder im System noch in seiner Umwelt gefunden werden. Weder im System, weil es sonst im System neben seiner Einheit noch etwas anderes geben müßte.[16] Noch in der Umwelt, weil es sonst nur die Konstruktion eines Beobachters wäre und davon abhinge, welchen Beobachter man beobachtet. Diese Ambivalenz und Unauffindbarkeit der Absicht macht sie im System inkommunikabel.[17] Verstöße werden bemerkt. Man kann sich zum Beispiel fragen, ob ein bestimmtes Lehrerverhalten noch Erziehung ist oder vielmehr politische Werbung; aber dann wird nur die Frage gestellt, zu welchem System die Kommunikation gehört und eventuell: ob das Klassenzimmer dafür der richtige Ort ist. Die andere Seite der Form Erziehungsabsicht ist also einerseits eine markierte Seite, nämlich Sozialisation, und andererseits eine unmarkierte Seite, nämlich alles andere, was die Gesellschaft sonst noch an Kommunikation zuläßt. Diese Ambivalenz kommt in der quasi tautologischen Struktur der Absicht zum Ausdruck und auch darin, daß die Absicht gleichsam externalisiert wird, nämlich als Disposition des Erziehers beschrieben wird. Die logische Problematik des »weder innen noch außen« also »nirgendwo« wird durch »Gödelisierung« gelöst, nämlich durch eine

16 Wir kommen auf dieses Thema im Kapitel über Selbstbeschreibung zurück.
17 Wir müssen hier vorgreifend anmerken, daß sich diese Bemerkungen auf das Funktionssystem Erziehung beziehen. Sobald es zur Organisationsbildung kommt, kann sehr wohl diskutiert und eventuell geregelt werden, ob bestimmte Kommunikationen in den Bereich des erzieherisch Sinnvollen fallen oder nicht. Damit verschiebt sich unser Problem in den Beobachtungsstandpunkt der Dienstaufsicht.

externe Referenz, die das System von seiner eigenen Unentscheidbarkeit erlöst.

III.

Die Absicht zu erziehen ist vor allem an Handlungen erkennbar, mit denen der Erzieher versucht, Wissen und Können an jemanden zu vermitteln, der darüber *noch nicht* verfügt. Dies »noch nicht« ist als in die Zeitdimension aufgelöstes Paradox erkennbar.[18] Es beruht auf der Annahme, daß ein und dieselbe Person etwas nicht-können und können kann. Oft wird dies auch mit dem Begriff der »Anlage« beschrieben, die wie ein ontologisches Faktum vorhanden sei, aber vom Erzieher erst noch entfaltet werden muß. So kann auch die Tätigkeit des »Vermittelns« als Auflösen einer Paradoxie begriffen werden. Der Erzieher, der die Zukunft nicht kennen kann, kann nicht wissen, ob es geht. Er versucht es einfach.

Eine andere Auflösung dieser Paradoxie findet man in der Unterscheidung von »vermittelbar« und »nicht-vermittelbar«. Diese Unterscheidung kann in bezug auf Themen, aber auch in bezug auf Zöglinge spezifiziert werden. Nach einem sehr überzeugenden Vorschlag von Jochen Kade dient sie zugleich als Code des Erziehungssystems.[19] Der Positivwert »vermittelbar« bezeichnet die Operationen des Systems, der Negativwert bezeichnet ihr Scheitern und dient somit als Reflexionswert des Codes. Im Code selbst liegt noch keine Festlegung auf bestimmte Arten von Zöglingen (etwa nach Maßgabe von Schichtung) oder bestimmte Arten von Themen. Er ist formal definiert und offen für alles,

---

18 Siehe dazu Dieter Lenzen, Handlung und Reflexion: Vom pädagogischen Theoriedefizit zur Reflexiven Erziehungswissenschaft, Weinheim 1996, S. 169 ff. im Anschluß an Dietrich Benner, Allgemeine Pädagogik, Weinheim 1987. Vgl. auch Jerome Bruner, Actual Minds, Possible Worlds, Cambridge Mass. 1986, S. 75 f.

19 So Jochen Kade, Vermittelbar / nicht-vermittelbar: Vermitteln: Aneignen. Im Prozeß der Systembildung des Pädagogischen, Ms 1/1997. (Veröffentlicht in: Dieter Lenzen / Niklas Luhmann, Bildung und Weiterbildung im Erziehungssystem: Lebenslauf und Humanontogenese als Medium und Form, Frankfurt 1997, S. 30-70, D. L.)

was in Betracht kommt. Er ist zugleich universell und spezifisch insofern, als er einen Hinweis darauf enthält, was zu überlegen ist. Die Spezifikation liegt einerseits in der Methode, die es darauf anlegt, den Bereich des Vermittelbaren zu vergrößern (immer unter der Voraussetzung, daß nicht alles geht). Und er setzt andererseits voraus, daß nachträglich noch zu prüfen ist, ob es gelungen ist oder nicht. Er verweist also, ohne sich auf Voraussicht stützen zu können, auf retrospektive Ergebnisse, die über Zensuren und Prüfungen festzustellen sind. Aber er ist nicht identisch mit dem Code der Selektionsverfahren[20] und er beruht deshalb auch nicht auf einer Charakterisierung der Zöglinge nach ihren guten bzw. schlechten Leistungen. Sein Bezugspunkt ist die Operation des Vermittelns.

IV.

Keine Gesellschaft wird auf Erziehung ganz verzichten können. Auch in einfachsten Gesellschaften wird man finden, daß die Kinder darauf hingewiesen werden, daß sie zum Pinkeln die Hütte verlassen müssen. Es wäre unangebracht, darauf zu warten, daß Sozialisation das ihre tut. Einerseits würde das zu lange dauern und andererseits würde man sich nicht selten mit Effekten konfrontiert finden, die schwer wieder auszubügeln sind. Aber die Einheit von Sozialisation und Erziehung ist zunächst durch die Kleingruppe gewährleistet, in der beides geschieht *und nicht unterschieden wird*.

Trotzdem ist die Absicht zu erziehen die Keimzelle einer Differenzierung. Sie wird mehr und mehr in Anspruch genommen, wenn man sieht, daß man nicht einfach hinnehmen kann, was die Sozialisation beschert. Auch ohne institutionelle Veränderungen kann die zunehmende Komplexität der Gesellschaft zunächst durch eine solche Gewichtsverlagerung aufgefangen werden. Ein weiterer Schritt wird notwendig, wenn die Kinder etwas lernen sollen, was die Eltern nicht können; oder was sie, gerade wegen des vertrauten Umgangs mit ihnen, nicht so gut präsentieren können. In Adelskreisen wurden Jungen als Pagen in vorneh-

20 Dazu unten … (Angabe wurde nicht mehr vervollständigt, D. L.)

mere Häuser vermittelt. In der städtischen Mittelschicht werden sie als Lehrlinge einem Meister übergeben. Die Institution des apprenticeship ist sicher eine pädagogische Institution, aber sie führt zunächst nur in einen anderen Sozialisationskontext.

Spätestens nach der Verbreitung des Buchdrucks und nach dem Sichtbarwerden des Umfangs und der Komplexität des vorhandenen Wissens liegt auf der Hand, daß das Leben im Hause nicht ausreicht. Die Väter müssen einen Schock bekommen haben. Man kann einen Hauslehrer einstellen, der unter der Aufsicht des Vaters für Unterricht sorgt. Der Lehrer handelt dann anstelle des Vaters.[21] Entsprechend werden educatio und institutio unterschieden. Oder man kann die Heranwachsenden auf Lateinschulen schicken, dann auf Collegien, schließlich auf inländische oder sogar ausländische Universitäten – jeweils mit Vorteilen und Nachteilen der jetzt unbeaufsichtigten Sozialisation.[22] All das wird aber bis weit ins 18. Jahrhundert hinein als Ergänzung der häuslichen Erziehung behandelt. Literatur über Erziehung wendet sich an die Väter.[23] Sie bietet eine Mischung aus Maximen und Optionen, zeigt aber deutlich, daß die Absicht (der Väter), dem Nachwuchs eine möglichst gute Erziehung angedeihen zu lassen, der Ausgangspunkt ist für die Verselbständigung der Reflexionen über Erziehung.

Dies wird nochmals prinzipiell anders, wenn Lehrer selbst mit pädagogischen Ambitionen auftreten und mehr zu sein und zu können beanspruchen als bloße Handlanger der Häuser. Wir werden unter dem Gesichtspunkt der Professionalisierung darauf zurückkommen. An dieser Stelle interessiert nur, daß die Lehrer nicht Väter ihrer Schüler sind und nichts anderes haben als ihre guten Absichten, auf die sie sich stützen können. Alles andere muß von da aus neu aufgebaut werden. Das Symbol,

21 »Maestro gli è in luogo di padre«, so Matteo Palmieri, Vita civile, zit. nach der kritischen Ausgabe (auf Grund von Manuskripten aus dem 15. Jahrhundert) Florenz 1982, S. 26.

22 Vgl. für eine Abwägung François de La Noue, Discours politiques et militaires (1587), Neuausgabe Genf 1967, S. 133 ff. Der Verfasser zieht sogar deutsche Bildungsanstalten in Betracht, meint allerdings, daß die Söhne dann, wenn sie zurückkämen, einer Resubtilisierung bedürften (S. 147).

23 Siehe z.B. John Locke, Some Thoughts Concerning Education (1693), zit. nach Works, London 1823, Neudruck Aalen 1963, Bd. IX, S. 1-205.

an dem man Erziehung als Erziehung erkennt, ist ganz allgemein und unspezifisch verfügbar. Es dient als Ausgangspunkt für eine schwierige und langwierige institutionelle Entwicklung, die von der guten Absicht ausgehen, einen entsprechenden gesellschaftlichen Bedarf unterstellen kann und das dazu Notwendige – aufgabengerechte Ausbildung, Gehälter, Unabhängigkeit vom Sozialstatus der Schüler, Gebäude, Unterrichtsmaterial usw. – anmahnen kann. In systemtheoretische Begrifflichkeit übersetzt, ist die erzieherische Absicht eine Autonomieformel, mit der ein Überschuß an Kommunikationsmöglichkeiten legitimiert werden könnte. Deshalb ist jetzt, und erst jetzt, das Erziehungssystem auf Selbstdisziplinierung verwiesen: auf Selbstorganisation, Methodik und professionelles Selbstbewußtsein der Pädagogen.

Unter evolutionstheoretischen Gesichtspunkten ist dies ein extrem unwahrscheinlicher gesellschaftsstruktureller Umbau. Das 18. Jahrhundert betont die gesellschaftliche Bedeutung von Erziehung, es ist geradezu als das pädagogische Jahrhundert beschrieben worden. Und dann soll man dies Geschäft der guten Absicht der Pädagogen überlassen? Ohne Rückhalt in Verwandtschaft und sozialer Schichtung? Man versteht dies nur unter der Voraussetzung, daß diese Absicht nichts mit psychischen Befindlichkeiten zu tun hat, sondern als Symbol für einen Differenzierungsvorgang dient, der eine neuartige Systembildung erzwingt.

V.

Die gute Absicht gebärt aus sich selbst heraus zwei recht ungleiche Kinder, nämlich Erziehung und Selektion. Die Pädagogik hat beide Sprößlinge ungleich beurteilt. Sie hat Erziehung als ihr eigenstes Anliegen geliebt, Selektion dagegen als staatlich aufgezwungenes Amt abgelehnt.[24] Und wenn nicht abgelehnt, dann

---

24 Vgl. Ulrich Teichler, Struktur des Hochschulwesens und »Bedarf« an sozialer Ungleichheit: Zum Wandel der Beziehungen zwischen Bildungsplan und Beschäftigungssystem, Mitteilungen aus der Arbeitsmarkt- und Berufsforschung 7 (1974), S. 197-209 (206 ff.). Die nächste Frage wäre natürlich, warum die Selektionsfunktion eigentlich ins Wirtschaftssystem gehört.

sieht man doch funktionale und dysfunktionale Rückwirkungen auf das Geschäft der Erziehung.[25] Die Reformüberlegungen der 60er und 70er Jahre hatten sich vornehmlich an diesem Gegensatz orientiert.[26] Sie hatten versucht, die Kinder und Heranwachsenden die Selektion so wenig wie möglich spüren zu lassen, alle Vorselektion durch Herkunft und Elternhaus auszuschalten und denen, die weniger gut abgeschnitten oder Prüfungen nicht bestanden, zweite und dritte Chancen zu geben. Aber selbst wenn man die Mindererfolgreichen mit besonderen Maßnahmen förderte, stellte sich das Problem auch in dieser Gruppe ein: die einen erweisen sich gleicher als die anderen; die einen schafften es, die anderen nicht.

Wir müssen deshalb davon ausgehen, daß Selektion sich nicht vermeiden läßt, wenn Erziehung sich als gute Absicht vorstellt und das Richtige markiert. Auch die Schüler übernehmen die Ergebnisse der Selektionsverfahren als Qualitätszeugnisse in ihre wechselseitige Einschätzung. Auch in der Schülerkultur ist daher Selektion etabliert.[27] Weder Sprachen noch Naturwissenschaften, weder Geschichte noch Mathematik lassen sich unter der Voraussetzung unterrichten und lernen, daß es gleichgültig ist, wie der Lernende mit dem Stoff umgeht. In der familialen Erziehung sieht es nicht anders aus. Hier mögen die Eltern schneller motiviert sein, auf die Durchsetzung ihrer Standards zu verzichten. Aber das heißt dann: auf Erziehung zu verzichten und die Sache der Schule oder dem Leben zu überlassen. Im Erziehungsauftrag liegt daher auch eine Kommentierung des Lernverhaltens und eine Bestätigung oder Korrektur, denn anders kann

25 Vgl. Richard P. Boyle, Functional Dilemmas in the Development of Learning, Sociology of Education 42 (1969), S. 71-90.

26 Vgl. Giancarlo Corsi, … (gemeint sein könnte: Reform als Syndrom: Organisatorischer Wandel im deutschen Erziehungswesen 1965-1975, Bielefeld 1994, D. L.)

27 Siehe Kurt Holm, Soziale Schicht und Schulverhalten, in: Günter Hartfiel/ Kurt Holm (Hrsg.), Bildung und Erziehung in der Industriegesellschaft: Pädagogische Soziologie in Problemübersichten und Forschungsberichten, Opladen 1973, S. 417-436 (427 ff.); Klaus Hurrelmann, Unterrichtsorganisation und schulische Sozialisation: Eine empirische Untersuchung zur Rolle der »Leistungsdifferenzierung« im schulischen Selektionsprozeß, 2. Aufl. Weinheim 1973, S. 115 ff.

kaum verdeutlicht werden, daß es ernst gemeint ist. Dabei zwingt das Zensurgeben den Lehrer dazu, sich mit dem einzelnen Schüler zu befassen und ihn zu vergleichen[28], was man vom professionellen Ethos des Pädagogen nicht mit gleicher Sicherheit erwarten könnte. Es mag zunächst um bloße Korrekturen gehen, aber schon sie sind kaum ohne codierte Bewertung im Schema von gut und schlecht (besser und schlechter) möglich. Das gilt verstärkt, wenn die Formen des Lobens und Tadelns gewählt werden, was sich anbietet, wenn man die Leistungen vergleicht mit dem, was vom Zögling zu erwarten ist. Weitere Formalisierungen fügen sich an, vor allem das System der Zensurgebung und der Prüfungen, die bestanden oder nicht bestanden werden können. In der Handhabung dieser Selektionsverfahren geraten die Agenten unter Konsistenzdruck. Sie können nicht gut das, was sie gelobt hatten, als unzureichend zensieren oder Prüfungen mit »durchgefallen« enden lassen bei Leistungen, die bisher immer positiv bewertet worden sind. Es wird Gerechtigkeit erwartet, und zwar im sozialen Vergleich ebenso wie im Stabilhalten der Kriterien, und Verstöße werden als Willkür gebrandmarkt und auf persönliche Abneigungen zugerechnet.

Gerechtigkeit setzt Vergleichsmöglichkeiten voraus. Vergleichsmöglichkeiten werden durch Zahlen begünstigt. Man sieht dann mit einem Blick, ob etwas mehr oder weniger ist oder, wenn die Zahlen auf einer Bewertungsskala liegen, besser oder schlechter. Insofern dienen zahlenförmig fixierte Zensuren dem Vergleich. Allerdings verschiebt sich das Problem damit auf die Frage, wie die Zahlen (Zensuren) zustandegekommen sind; und weiter auf die Frage, in welcher Reichweite Zensuren verschiedener Herkunft noch vergleichbar sind; oder wie weit ein zu weit gespannter Vergleich den gemeinten Sachverhalt, nämlich die Schulleistungen, noch greift. Mit gutem Recht mag daher gesagt werden, daß ein Zensurenvergleich auf die Schulklasse eingeschränkt werden sollte, die denselben Unterricht genossen hat.[29] Wenn

---

28 Siehe Jörg Ziegenspeck, Zensur und Zeugnis in der Schule: Darstellung der allgemeinen Problematik und der gegenwärtigen Tendenzen, Hannover 1973, S. 74.

29 So Andreas Flitner, Das Schulzeugnis im Lichte neuerer Untersuchungen, Zeitschrift für Pädagogik 6 (1966), S. 511-533; Karlheinz Ingenkamp, Sind Zensuren aus verschiedenen Klassen vergleichbar? betrifft: erziehung 2/3

man darüber hinausgeht, vergleicht man möglicherweise nur die Notengebungspraxis der Lehrer. Jeder Vergleich muß sich daher die Frage gefallen lassen, wozu er benutzt wird. Seine Resultate können nur mit Reflexion auf seine Bedingungen verwendet werden; oder anders gesagt: nicht nur die Gleichheit, sondern auch die Ungleichheit des Verglichenen ist zu berücksichtigen.

Man darf vermuten, daß diese reflexive Logik der Konsistenz und der Gerechtigkeit (im Sinne der gleichen Behandlung des Gleichen und der ungleichen Behandlung des Ungleichen) seit eh und je zum Geschäft des Erziehens gehört hat. Außerdem wird »Objektivität« erwartet, das heißt: ein Sicheinlassen auf die Voraussetzung, daß andere zum gleichen Urteil kommen würden.[30] Wie anders sollte der Erzieher seine Absicht als sachlich richtig und gut darstellen? Was erklärt aber dann die vehemente Kritik der Selektion als Belastung und als abträgliche Einwirkung auf die eigentliche Aufgabe des Erziehens?

Als erstes fällt auf, daß ein ausgearbeitetes Netzwerk von formalisierten Beurteilungen relativ jungen Datums ist, dann aber eine eigentümliche Dynamik entfaltet hat und vor allem: laufend Entscheidungen erfordert, die ihrerseits beurteilt, kritisiert und als ungerecht empfunden werden können.[31] An die Stelle von Personkenntnis, die in Interaktionen gewonnen ist, tritt ein organisatorisches Artefakt[32], das auch von Unbeteiligten nachvollzogen werden kann. Aber das allein ist noch kein Grund für ein

(1969), S. 11-14. Vgl. auch ders., Zur Problematik der Jahrgangsklasse, Weinheim 1969.

30 Streng genommen würde dies erfordern, daß man nicht »in Kenntnis der Person« zensiert, über die man als Klassenlehrer verfügt. Ob dies pädagogisch sinnvoll ist, ließe sich diskutieren. Vgl. dazu Peter Orlik, Kritische Untersuchungen zur Begabtenförderung, Meisenheim 1967, S. 25 ff. Einmal mehr zeigt sich an diesem Beispiel die Diskrepanz von Erziehung und Selektion.

31 Neben einer wohl überwiegenden, oft aber ideologisch (Herrschaftskritik!) bestimmten Skepsis findet man aber auch positive Urteile über die Beurteilungsleistungen, die den Zensuren zugrundeliegen, und zwar gerade in methodisch sorgfältigen Untersuchungen. Vgl. Lilly Kemmler, Schulerfolg und Schulversagen: Eine Längsschnittuntersuchung vom ersten bis zum fünfzehnten Schulbesuchsjahr, Göttingen 1976, S. 170 f.

32 Siehe Aaron V. Cicourel/John I. Kitsuse, The Educational Decision-Makers: An Advanced Study in Sociology, Indianapolis 1963.

ablehnendes Urteil. Die Entwicklung beginnt im 19. Jahrhundert. Die Einführung des Systems der Jahrgangsklassen erfordert Entscheidungen über Versetzung oder Nichtversetzung nach einem streng digitalen Schema: entweder – oder. Diese Entscheidungen stützen sich auf Zensuren (Zensurenspiegel), die während des Jahres in den einzelnen Fächern gegeben und zu Zeugnissen zusammengestellt werden.[33] Nur Grenzfälle werden noch eigens diskutiert. Ergänzend dazu gibt es das streng ritualisierte Verfahren der Prüfungen, die man entweder bestehen oder nicht bestehen kann und im Falle des Bestehens wiederum mit mehr oder weniger guten Zensuren. Seit dem 19. Jahrhundert wird die Aufnahme in die Universität von Abschlußprüfungen in höheren Schulen abhängig gemacht, um sicherzustellen, daß nicht allein schon die Herkunftsfamilie und ihr sozialer Status den Ausschlag gibt. Ebenso wird der Abschluß des Universitätsstudiums durch Prüfungen – seien es rein akademische, seien es Staatsprüfungen – dokumentiert. In manchen Fällen sind solche Prüfungen unumgehbare Voraussetzungen für die Zulassung zu bestimmten Berufen. Als Alternative zu diesem System der Abschlußprüfungen gibt es auch Systeme, die Aufnahmeprüfungen bevorzugen. Auch dann, und dann erst recht, richtet sich der Unterricht nach dem, was in solchen Aufnahmeprüfungen verlangt wird.

Die oft zu hörende Kritik, die Beurteilungen seien nicht objektiv, sie fielen je nach dem Beurteiler (und oft auch zu verschiedenen Zeitpunkten der Beurteilung durch denselben Lehrer) verschieden aus, ist empirisch nicht anzuzweifeln. Fraglich ist aber, ob dies als Fehlleistung gewertet werden muß, was Aussichten auf Verbesserung eröffnen würde. Der Grund dürfte letztlich darin liegen, daß auch die Leistung selbst, die beurteilt wird, ein Konstrukt ist, das erst im Beurteilungsprozeß erzeugt und daher von vorgestellten Urteilen nicht unabhängig ist. Diese gleichsam zirkuläre Struktur der Gesamtkonstruktion von Leistung und Urteil dürfte den Bemühungen um Verbesserung in Richtung auf mehr Objektivität Grenzen setzen. Vermutlich wird dies nur die Artifizialität des Gesamtvorgangs deutlicher herauspräparieren.

33 Dies Vorgehen wird auch kritisch beurteilt, so von Helmut Weck, Leistungsermittlung und Leistungsbewertung im Unterricht, Berlin 1976, S. 72 ff.

Was sich als Ergebnis dieses Aufbaus eines Netzwerkes formalisierter Selektionen abzeichnet, läßt sich mit wenigen Strichen kennzeichnen:

- Die Selektion wird stärker als in aller davorliegenden Tradition *von sozialer Schichtung abgekoppelt*. Man kann Prüfungen nicht unter Berufung auf Herkunft bestehen oder umgehen. Allerdings wird dieses Ziel der Herkunftsneutralisierung nur unvollständig erreicht; denn die Statistiken zeigen, daß die Kinder aus besseren Familien trotzdem bessere Chancen haben, im Selektionssystem zu reussieren.

- Die Resultate der Selektion werden notiert und bilden damit ein *Systemgedächtnis*, das es ermöglicht, *anderes zu vergessen*. Vergessen werden nicht nur all die psychischen Befindlichkeiten der Sorge und der Unsicherheit; vergessen wird auch, wenn nicht besonders notiert, mit welchem Wissen und Können die Leistungen erbracht worden sind, deren Zensuren vorliegen.

- Sehr typisch ist für ein Systemgedächtnis die Leistung des Vergessens, wichtiger als die Leistung des Erinnerns. Im Falle des Zensurengedächtnisses wird die natürliche Alternative, alle Geschehnisse auf die Person zuzurechnen und mit deren Identität in die Zukunft zu transportieren, zurückgestellt, zumindest abgeschwächt. Die Person erhält die Chance, eine andere zu werden – freilich nur im Schema der besseren oder schlechteren Zensuren. Das System macht über dies formalisierte Gedächtnis Kapazitäten für Änderung frei, während ein System mit nur personbezogenem Gedächtnis dazu neigen würde, Personen mit ihrer Vergangenheit zu identifizieren und »schlechte Schüler« mit den entsprechenden Eigenschaften auszustatten.

- Die Ergebnisse des Selektionsprozesses dienen als Ersatzindikatoren für Erfolge bzw. Mißerfolge der Erziehung, die sich erst in einer fernen, gegenwärtig noch nicht bestimmbaren Zukunft herausstellen werden. Sie ermöglichen es außerdem dem Lehrer, seine eigene Unterrichtstätigkeit in ihren Ergebnissen kritisch zu beobachten, etwa festzustellen, ob die Anforderungen zu leicht oder zu schwer waren.[34]

34 Speziell hierzu Herbert Kalthoff, Das Zensurenpanoptikum: Eine ethnographische Studie zur schulischen Bewertungspraxis, Zeitschrift für Soziologie 25 (1996), S. 106-124.

– Das Netzwerk der Selektionen überzieht das Erziehungssystem mit *selbsterzeugter Ungewißheit*. Jeder Einzelne wird seine Erfahrungen und Vermutungen haben. Wenn er immer gut war, wird er nicht plötzlich schlecht sein. Aber die Faszination, die das Selektionswesen ausübt, besteht darin, daß man es doch nicht genau weiß.[35] Ähnlich wie in vielen Errungenschaften der Moderne, dem Roman und den juristischen Verfahren zum Beispiel, ist diese Unbestimmtheit des Ausgangs nur temporär gegeben und muß durch das System selbst beendet werden – in unserem Falle durch die beurteilenden Entscheidungen.

– Während die Erziehung im Schutze des Guten und Richtigen operiert, macht sich die Selektion als *Entscheidung* sichtbar. Sie mag mehr oder weniger gut begründbar sein, aber sie kann nicht vermeiden, als Auswahl aus mehreren Möglichkeiten aufzutreten. Diese Belastung wird jedoch abgeschwächt durch eine zeitliche Streckung des Selektionsprozesses. Er greift rekursiv auf die eigene Geschichte der bereits erteilten Noten und Versetzungs- und Prüfungsentscheidungen zurück und er greift vor auf die Aussicht, daß sich die Resultate verbessern lassen. Auch insofern arbeitet die Selektion mit ihrem eigenen Gedächtnis.

– Die Ergebnisse der Selektion beruhen auf der Auflösung einer eigentümlichen Paradoxie. Die Transparenz der Resultate ist nicht umsonst zu haben. Sie beruht auf der Intransparenz des Entscheidungsvorgangs. Man mag Begründungen fordern, aber Gründe sind leicht zu formulieren; damit wiederholt sich nur das Problem und gibt der Kritik der Selektion immer neue Nahrung.

Dieser auffällige Ausbau eines Netzwerkes von Selektionsentscheidungen und dessen Einbau in das moderne Erziehungssystem verlangen nach einer Erklärung. Häufig wird gesagt, Selektion sei eine Anwendung von Macht oder gar »Gewalt«. Das ist jedoch keine Erklärung, sondern nur eine irreführende, gleich-

---

35 Wer an »Säkularisationsthemen« interessiert ist, könnte hier ein Säkularisat vermuten, nämlich eine Neufassung der alten sakralen Einheit des fascinosum und des tremendum, zugeschnitten auf die Sonderprobleme des Erziehungssystems.

sam anklagende Verwendung dieser Begriffe. Nicht jede Verursachung von Zuständen (etwa das Parken eines Wagens an einem freien Platz mit der Folge, daß dort niemand anderes mehr parken kann) ist schon Anwendung von Macht; und so auch nicht die einfache Kommunikation von Zensuren oder Entscheidungen über Versetzung/Nichtversetzung. Der Lehrer wäre auch gar nicht frei, die Herstellung solcher Fakten zu vermeiden. Von (politisch bedenklicher, kontrollbedürftiger) Macht sollte man nur sprechen, wenn mit negativen Sanktionen (hier: schlechten Zensuren) gedroht wird, um ein damit nicht zusammenhängendes Verhalten zu motivieren.[36] Das ist jedoch bei den Selektionsentscheidungen des Erziehungssystems faktisch ausgeschlossen. Der Lehrer kann nicht mit schlechten Zensuren drohen für den Fall, daß ein Schüler ihm nicht in bestimmten außerschulischen Dingen behilflich ist, etwa Rasen mäht oder die Straße fegt. Auch an dieser Differenz zu politisch kontrollbedürftigem Gebrauch von Macht, die auf der Drohung mit negativen Sanktionen beruht, ist die Ausdifferenzierung des Erziehungssystems mitsamt seiner Selektionsmechanismen zu erkennen.

Selektion ist zunächst einmal die zwangsläufige Folge der Absicht, richtig, lebensförderlich, sozial akzeptabel zu erziehen. Trotzdem genügt es nicht, zu sagen, dies sei die Logik (oder »Dialektik«?) der guten Absicht, die sich unter den Bedingungen zunehmender Systemkomplexität entfaltet. Das ist zwar nicht falsch, verschiebt aber nur das Problem in die Frage, weshalb es, historisch gesehen, zu einem derart drastischen Komplexitätsschub kommt und weshalb dabei die Unterscheidung Erziehung/Selektion eine solche Bedeutung erhält. Wir vermuten, daß auch hier die Unterscheidung von Sozialisation und Erziehung herangezogen werden kann. Aus Gründen, die mit dem Umbau der Gesellschaft von einem Primat stratifikatorischer Differenzierung zu einem Primat funktionaler Differenzierung zusammenhängen, verliert die Sozialisation in Familien, die Herkunft erkennen läßt (Man muß dann zusätzlich nur noch den Namen nennen), an Bedeutung und wird zurückgedrängt durch intentional gesteuerte Erziehung. Die Entwicklung beginnt schon im 16. Jahrhundert mit einem neuen System der Erziehung in Colle-

36 Ausführlicher Niklas Luhmann, Macht, Stuttgart 1975.

gien und Universitäten, die auf den Staatsdienst vorbereitet und auch vom Adel in Anspruch genommen wird.[37] Sie ist gegen Ende des 18. Jahrhunderts mit der Verdrängung häuslicher Erziehung durch Erziehungskonzepte, die nationale Schulen und Universitäten übergreifen, praktisch abgeschlossen.

Es wäre sicher übertrieben, wollte man behaupten, daß Sozialisation in Familien damit an Bedeutung verliert. Aber sie ist immer weniger ausschlaggebend für den sozialen Status, den man im späteren Leben erwarten und einnehmen kann. Die Positionsvergabe erfolgt nicht mehr an Hand von Kriterien der Herkunft, sondern sie wird durch Karrieren vermittelt. Gerade das hat aber zunächst zu der Frage geführt, warum der Staat Karriereinteressen finanzieren sollte.[38] Die Integration von Individuum und Gesellschaft (»Integration« im Sinne einer wechselseitigen Einschränkung von Freiheitsgraden) wird jetzt mehr und mehr einer Sequenz von Selektionen überlassen, die einander wechselseitig voraussetzen, aber den nächsten Erfolg nicht garantieren, sondern der künftigen Entscheidung überlassen.[39] Damit wird die Schule zur zentralen Dirigierungsstelle für Chancen im späteren Leben[40], obwohl sie natürlich nicht determinieren kann, wie spätere Karrieren laufen, und vor allem Großorganisationen (aber zum Beispiel auch die Massenmedien oder der Sport) sich ein eigenes Karrieremanagement vorbehalten.

Dieser Umbau des Modus der sozialen Integration von Herkunft auf Karrieren, also auf Zukunft, ist nicht durch das Erziehungssystem ausgelöst worden, obwohl Pädagogen und Reformer ihr Möglichstes getan haben, um ihm zuzuarbeiten. Der Legitimitätsverlust von Herkunft (und damit: von Sozialisation

---

37 Mit vielen Vorbehalten, die symbolisch zum Ausdruck bringen, daß man dies eigentlich nicht nötig hat, und zum Beispiel zur Gründung besonderer Ritterakademien führen.

38 So Auxiron, Principes de tout gouvernement, ou examen des causes de la splendeur ou de la foiblesse de tout Etat considéré en lui-même, et indépendamment des moeurs, Paris 1766, Bd. 2, S. 308 f.

39 Hierzu ausführlicher Niklas Luhmann/Karl Eberhard Schorr, Reflexionsprobleme im Erziehungssystem, Neuausgabe Frankfurt 1988, S. 277 ff.

40 Darauf hat vor allem Helmut Schelsky nachdrücklich aufmerksam gemacht. Siehe: Schule und Erziehung in der industriellen Gesellschaft, Würzburg 1957.

in den guten Familien oder in der guten Gesellschaft) ist durch die Umstellung des Gesellschaftssystems auf einen Primat funktionaler Differenzierung bedingt, der alle festen, durch Geburt bestimmten Positionszuweisungen auflöst und die Qualität der Inklusion der Individuen in die Gesellschaft, also Glanz und Elend ihres Lebensschicksals, den Kriterien der einzelnen Funktionssysteme überläßt. Das wird in der Moderne durch einen emphatisch betonten Individualismus positiv gewertet. Dabei bleibt jedoch die andere, die dunkle Seite der Karrieren unbeleuchtet.[41] Und vor allem setzt die Gesellschaft sich selbst und die von ihr abhängigen Individuen einer im System selbst erzeugten Ungewißheit aus, deren differentielle Auswirkungen erst noch geklärt werden müssen.

Die Abfolge der Selektionsentscheidungen und die laufende Notierung von besser oder schlechter in bezug auf eigene frühere Leistungen ermöglichen es dem Schüler/Studenten, seinen Aufenthalt im Erziehungssystem als Teil einer Karriere anzusehen. Karriere heißt unter anderem, daß frühe Stadien für spätere wichtig sind. Die Last der Karriererelevanz wird daher auf das Erziehungssystem verschoben, auch wenn eigentlich nur die spätere berufliche Karriere interessiert. Man muß sich schon in der Schule bzw. der Universität bewähren, um günstige Ausgangslagen für eine spätere Karriere zu schaffen.[42] Allerdings sind die Selektionsweisen im Erziehungssystem und im Wirtschaftssystem der beruflichen Arbeit ganz verschieden. In Schulen und Universitäten gibt es keine Knappheit von Zensuren und Prüfungserfolgen, so wie es später eine Knappheit von Stellen gibt. Das heißt unter anderem, daß die Gefahr der Arbeitslosigkeit wie ein Schatten die Schulausbildung und das Studium

---

41 Vgl. Giancarlo Corsi, ... (gemeint sein könnte: Die dunkle Seite der Karriere, in: Dirk Baecker (Hrsg.), Probleme der Form, Frankfurt 1993, S. 252-265, D. L.)

42 Siehe D. N. Ashton, The Transition from School to Work: Notes on the Development of Different Frames of Reference among Young Male Workers, The Sociological Review 21 (1973), S. 101-125. Hier S. 106 ff. über Demotivation in der Schule, die sich im späteren Arbeitsleben fortsetzt. Vgl. ferner Martin Kohli, Studium und berufliche Laufbahn: Über den Zusammenhang von Berufswahl und beruflicher Sozialisation, Stuttgart 1973.

begleiten kann, ohne daß es möglich wäre, im Erziehungssystem schon Sicherheit zu schaffen. Insofern wirkt die Systemgrenzen übergreifende Karriereorientierung sowohl motivierend als auch demotivierend je nach dem, wie der Einzelne diese Situation der Ungewißheit verarbeitet. Man wird kaum hoffen dürfen, daß im Normalfall das Streben nach bestmöglichen Leistungen im Erziehungssystem als Ausweg überzeugt.

In beträchtlichem Umfange verlassen Schüler und Studenten das Erziehungssystem vorzeitig und ohne Abschluß. Man könnte vermuten, daß dies eine Reaktion auf ein schlechtes Abschneiden im Selektionssystem ist. Empirische Untersuchungen scheinen dies jedoch nicht zu bestätigen.[43] Entsprechend wäre es unberechtigt, die Aussteiger (drop-outs) als Schulversager zu charakterisieren. Vermutlich spiegelt sich in diesem Problem die im Verhältnis zur Lebensreife und zu Möglichkeiten, die die Gesellschaft bietet, zu lange Dauer der in Schulen und Hochschulen formalisierten Erziehung. Die Schulen/Hochschulen müßten daher eher auf sich selbst zurückschließen als auf ein Versagen ihrer Klienten. Nicht jede gesellschaftliche Karriere wird über formalisierte Abschlüsse des Erziehungssystems strukturiert.

VI.

Wenn Erziehung und Selektion, Lernstoffe und Zensuren sich unterscheiden lassen, konkurrieren sie um Aufmerksamkeit. Das hat die Pädagogen dazu geführt, die Ablenkung durch Zensuren auf Kosten des »eigentlichen« Sinns der Erziehung zu bedauern. Aber: könnten die Erzieher mit Erziehung allein glücklich werden? Oder anders gefragt: wie stark könnte die Motivation sein, wenn man allein auf das Interesse am Thema angewiesen wäre? Auch die Hoffnung, man könne etwas davon später brauchen, ist ja ein externes Motiv, das sich allerdings ins Ungewisse verliert. Zensuren schaffen darüber hinaus die Möglichkeit von kurzfristigen Erfolgs-/Mißerfolgserlebnissen und außerdem eine Art Risikobewußtsein, das darin besteht, auszuprobieren, wie weit

---

43 Vgl. Hannelore Gerstein, Erfolg und Versagen im Gymnasium, Weinheim 1972, S. 115.

man ohne allzuviel Aufwand und Anstrengung kommt. Sie dienen außerdem als eine symbolische Bestätigung dafür, daß man einen bestimmten Lebensabschnitt erfolgreich hinter sich gebracht hat (wenn es denn gut gelaufen ist). Es könnte sehr wohl sein, daß das, was die Erziehung eigentlich erreichen will, sich epigenetisch als ein Nebenertrag des Selektionswesens einstellt. Jede andere Erwartung würde sich im übrigen stärker als zumeist gesehen von vorschulischer oder Schule begleitender Sozialisation abhängig machen. Das Streben nach Symbolen erfolgreicher Selektion ist zumindest ein schichtneutrales Motiv (was nicht heißt, daß unterschiedliche Sozialisation in Familien nicht die Erfolgschancen beeinflußt).

Zu den wichtigsten Systemeffekten dieses ausgebauten Selektionswesens gehört die Möglichkeit einer Zweitcodierung des Gesamtsystems nach dem Schema besser/schlechter. Die Erziehung selbst läßt sich nur nach dem Code vermittelbar/nicht-vermittelbar bewerten[44] und daraus ergibt sich kein Anhaltspunkt für die Beurteilung ihrer Erfolge. Die Primärcodierung wird daher ergänzt durch ein retrospektives Verfahren, das festzustellen sucht, ob die Vermittlung gelungen ist oder nicht.

Im einzelnen ist die Sachlage in den Selektionsverfahren komplex, weil sie den erzieherischen Intentionen gerecht zu werden sucht. Es gibt einerseits die harten binären Entscheidungen wie Aufnahme/Nichtaufnahme in weiterführende Schulen, Versetzung/Nichtversetzung oder Prüfung bestanden/nichtbestanden. Es gibt zusätzlich jedoch das System der Zensuren, das dazu dient, diese Härten abzupuffern. Auch dem liegt zwar letztlich, wie allen Zahlensystemen, eine strikt binäre Struktur zugrunde. Ein »gut« ist kein »sehr gut«, aber auch kein »befriedigend«. Aber zusätzlich eröffnet das Zensurensystem Vergleichsmöglichkeiten – sei es mit eigenen früheren Leistungen des Schülers (er hat sich verbessert bzw. verschlechtert), sei es mit den Leistungen anderer Schüler, mit Klassendurchschnitten oder mit Schwellen, wie sie offiziell zum Beispiel für die Zulassung zu Prüfungen vorgegeben sein können. Die Einheit des Selektionscodes ergibt sich erst aus der Integration dieser beiden Formen, also, wie oben bereits notiert, aus dem Gebot der Konsi-

44 Vgl. oben S.... (Angabe wurde nicht mehr vervollständigt, D. L.)

stenz in der Beurteilung im Verhältnis von Prüfen und Zensieren.

Diese Besonderheit des Erziehungssystems zeigt sich auch darin, daß es hier anders als in anderen Funktionssystemen keine klare Unterscheidung von Codierung und Programmierung gibt (wie zum Beispiel: wahr/unwahr einerseits und Theorien und Methoden andererseits). Die Erziehungsziele, die Unterrichtsstoffe usw. lassen sich nicht als Entscheidungsprogramme des Selektionscodes begreifen. Sie erschöpfen sich nicht darin, Direktiven für richtiges oder falsches Zensieren zu geben, sondern sind die unmittelbaren Funktionsträger des Systems. Die Selektion entnimmt die Kriterien zwar den Unterrichtsstoffen: Wenn schon Latein gelernt werden soll, kann man den A. c. i. richtig oder falsch verwenden. Aber das heißt nicht, daß diese Kriterien eingeführt sind, um Selektionsentscheidungen zu ermöglichen. Man sieht nur, daß Erziehung und Selektion im selben System operieren und daher aufeinander Rücksicht nehmen müssen.

Das ungeregelte, aber irgendwie komplementäre (aus gemeinsamen Ursprung entsprungene) Verhältnis von Erziehung und Selektion prägt auch die Ebene der Interaktion. Die Erziehung, die eine freie Aufnahme ihrer Anregungen erreichen möchte, aber zugleich auch Wirkungen anstrebt, operiert unter dem Gebot der Schonung der Selbstachtung des Zöglings. Im normalen Umgang würde man von »Takt« sprechen. Das weist uns auf ambivalente Formen der Kommunikation hin.[45] Taktvolle Kommunikation darf natürlich nicht erkennen lassen, daß sie davon ausgeht, der taktvoll Behandelte habe dies nötig; es sei etwas zu verbergen. Dies Problem kann durch gesellschaftliche Konventionen entschärft werden, wie sie vor allem in 17. und 18. Jahrhundert ausgearbeitet worden sind. Das setzt aber schichtspezifische Interaktionssysteme voraus[46] und läßt sich auf Interaktionen in Funktionssystemen nicht übertragen. Die thera-

45 Hierzu ausführlicher Niklas Luhmann, Takt und Zensur im Erziehungssystem, in: Niklas Luhmann/Karl Eberhard Schorr (Hrsg.), Zwischen System und Umwelt: Fragen an die Pädagogik, Frankfurt 1996, S. 279-294.

46 Vgl. Niklas Luhmann, Interaktion in Oberschichten: Zur Transformation ihrer Semantik im 17. und 18. Jahrhundert, in: ders., Gesellschaftsstruktur und Semantik: Studien zur Wissenssoziologie der modernen Gesellschaft Bd. 1, Frankfurt 1980, S. 72-161.

peutischen Bemühungen um gestörte Familien haben dies Problem als paradoxe Kommunikation aufgefaßt und darunter eine Kommunikation verstanden, die auf zwei verschiedenen Ebenen widersprüchliche Botschaften aussendet.[47] Chris Argyris spricht von »designed inconsistency«.[48] Das Problem ist, daß es nicht immer gelingt, die Hinterhältigkeit der guten Absicht zu verdecken. Die Schüler mögen ahnen, daß das Wohlwollen, die Freundlichkeit und die Nachsicht des Lehrers strategische Konzepte sind. Selbst dann mag es gelingen, die Äußerungen in ihrem Wortsinn aufzufassen und die Interaktion auf der Ebene durchschauter Fiktionalität fortzusetzen. Aber damit gerät das Interaktionssystem vor den Punkt einer Bifurkation, an dem unvorhersehbar wird, auf welcher Ebene die Interaktion weiterlaufen wird: der des Vertrauens in den Direktsinn der Kommunikationen oder der des Mißtrauens.

Auch paradoxe Kommunikation ist relativ stabil. Sie kann den Verdacht, etwas sei anders gemeint, als gesagt, leicht abwehren; und im Blick darauf fällt es schwer, eine solche Provokation überhaupt einzubringen. Typisch erscheinen die Folgeprobleme (und deshalb sprechen Systemtherapeuten von *System*therapie) nicht dort, wo sie verursacht werden, sondern an anderer Stelle. Die Therapie muß auf das Entstehen von Pathologien warten, ohne sie voraussehen zu können; und auch dies kann als Hinweis darauf gelten, daß Bifurkationen im Spiel sind.

Ob und wie weit man individuelle Reaktionen auf Erfahrungen in Schulen und Universitäten, etwa das hohe Maß an Abbrechern, auf die verdeckt paradoxe Kommunikation zurückführen kann, ist meines Wissens nie untersucht worden. Jedenfalls unterscheiden sich Schulen und Hochschulen in wesentlichen Hinsichten von Familien. Während in Familien die typische Parado-

47 Siehe Paul Watzlawick/Janet Helmick Beavin/Don D. Jackson, Pragmatics of Human Communication: A Study of Interactional Patterns, Pathologies, and Paradoxes, New York 1967. Vgl. auch Jurgen Ruesch/Gregory Bateson, Communication: The Social Matrix of Psychiatry, New York 1951.

48 So in: Chris Argyris, Crafting a Theory of Practice: The Case of Organizational Paradoxes, in: Robert E. Quinn/Kim S. Cameron (Hrsg.), Paradox and Transformation: Toward a Theory of Change in Organization and Management, Cambridge Mass. 1988, S. 255-278.

xie im Verhältnis von Liebe und Beherrschung zu suchen ist und deshalb die Funktion des Systems (auch der Ehe übrigens) zentral betrifft, bietet die Schule die Möglichkeit, die pädagogischen Freundlichkeiten zu ignorieren und sich auf den Erwerb von Zensuren und das Bestehen von Prüfungen zu konzentrieren. Die Ausfaltung der guten Absicht in Erziehung und Selektion macht das System inhärent bistabil. Die Kommunikation kann zwischen taktvollen, sozial sensitiven, förderungswilligen Formen auf der einen Seite und der Verteilung der Selektionssymbole auf der anderen oszillieren. Zensuren können nicht taktvoll sein, und das wird auch nicht erwartet. Man kann sie nicht aus pädagogischen Gründen anheben oder absenken je nach dem, was man sich davon als erzieherischen Effekt verspricht; denn das würde das Gebot der Konsistenz und der gerechten Handhabung der Bewertungskriterien verletzen. Das System läuft also auf zwei Schienen, einer paradoxiegefährdeten und einer eher technischen. In diesem Widerspruch liegt keinerlei Garantie für Erfolg oder gar Rationalität. Er bietet den Operationen des Systems aber die Möglichkeit, vom einen zum anderen Kommunikationsmodus überzugehen, zum Beispiel Prüfungsversagen oder schlechte Zensuren im Gespräch zu erläutern.

Anders als in der Parsonsschen Differenzierungstheorie vorgesehen führt die Differenzierung von Erziehung und Selektion nicht zur Entwicklung stärker generalisierter Prinzipien. Aber sie ermöglicht es dem System, zwischen beiden Formen der Kommunikation zu oszillieren und sich nicht den Nachteilen der einen oder der anderen Kommunikationsweise ganz auszuliefern.

VII.

Wenn die Absicht zu erziehen die Absicht impliziert, richtig zu erziehen, hat das Konsequenzen, die über das gespannte Verhältnis von Erziehung und Selektion hinausgehen. Wenn Standards für Richtigkeit vorgegeben sind, ist das anschließende Verhalten entweder richtig oder nicht richtig. Das gilt auch dann, wenn die Kriterien mehrere konkurrierende Möglichkeiten richtigen Verhaltens zulassen – etwa bei Schulaufsätzen oder im Bereich der

»hermeneutischen« Disziplinen, sofern nur zwei Bedingungen gewährleistet sind, nämlich (1) es muß auch erkennbar nicht richtiges Verhaltes geben und (2) das richtige Verhalten muß auch dann, wenn es wiederholt wird, richtig bleiben. Mit einer Unterscheidung, die von Heinz von Foerster stammt, nämlich der von trivialen und nichttrivialen Maschinen[49], können wir daher auch sagen, daß die Erziehung zu richtigem Wissen und richtigem Verhalten zu einer Trivialisierung der Zöglinge führt.

Trivialmaschinen sind solche, die auf einen bestimmten Input mit Hilfe einer eingebauten Funktion (der »Maschine«) einen bestimmten Output produzieren. Ein anderer Input würde, sofern im Resonanzbereich der Maschine liegend, zu einem anderen Output führen. 2 mal 2 ist .... 4; 2 mal 3 ist .... 6. Die Maschine kann durch geeignete Programmierungen zu hoher Komplexität ihrer möglichen Inputs und Outputs gebracht werden. Das ändert nichts an ihrer Trivialität. Entscheidend ist, daß die Wiederholung der Operation zum selben Ergebnis führt. Wenn das nicht geschieht, ist die Maschine kaputt und muß repariert oder ersetzt werden. Man muß nicht damit rechnen, daß Trivialmaschinen aus irgendeiner Laune heraus plötzlich 2 mal 2 ist .... 7 rechnen oder ein Bla-Bla ausstoßen. Trivialmaschinen sind zuverlässige Maschinen.

Das Gegenteil gilt für nichttriviale oder selbstreferentielle Maschinen. Sie operieren mit Hilfe einer eingebauten Reflexionsschleife, die alle Input/Output-Transformationen an der jeweiligen Befindlichkeit der Maschine ausrichten; oder genauer gesagt: an dem jeweiligen historischen Zustand, in den die Maschine sich selbst versetzt hat. Da sich dies mit jeder Operation ändert, verfügen solche Maschinen über ein praktisch unendliches, jedenfalls unausrechenbares Repertoire an Reaktionsmöglichkeiten. Solche Maschinen sind unberechenbare, also unzuverlässige Maschinen.

In den Ohren der Pädagogen mag es schrecklich klingen, wenn man ihr Geschäft als Trivialisierung der Menschen beschreibt. Wenn man den Begriff definitionsgenau (und nicht abwertend) verwendet, liegt er jedoch genau auf der Linie dessen, was man

49 Vgl. Heinz von Foerster, Wissen und Gewissen: Versuch einer Brücke, Frankfurt 1993, z.B. S. 206 ff., 244 ff.

als Erziehung beobachten kann. Es geht sicherlich um eine Steigerung der Komplexität möglicher Beziehungen zwischen Input und Output, wenn dem Schüler zugemutet wird, sich mit Möglichkeiten der Reaktion auf Fragen oder, allgemeiner, auf die Anforderungen praktischer Situationen zu versorgen. Er mag Englisch lernen, aber dann geht es darum, die Sprache richtig zu sprechen bzw. zu verstehen. Eine nichttriviale Maschine könnte vielleicht Gefallen daran finden, die englischen Sätze mit türkischen Vokabeln zu garnieren – sei es wegen des besseren Klanges oder aus rhythmischen Gründen, sei es um nebenbei zu zeigen, daß sie auch die türkische Sprache beherrscht. Das wird jedoch in der Schule weder gelehrt noch gelernt.

Ein guter Indikator für diese Tendenz zur Trivialisierung ist die im Unterricht und dann in Prüfungen verwendete Fragetechnik. Der Lehrer bzw. Prüfer stellt eine Frage, *obwohl er die Antwort schon weiß*. Das ist im sozialen Alltag unüblich und, wenn es herauskommt, peinlich. In der Schule ist dies ein Standardverfahren der Kontrolle der Trivialisierung. Dieselbe Frage müßte, wenn wiederholt, die gleiche Antwort erhalten. Dabei gerät der Gefragte nicht selten in die schwierige Lage, nicht nur die richtige Antwort finden zu müssen, sondern auch noch herausbekommen zu müssen, was der Fragende für die richtige Antwort hält. Extremformen dieser humorlosen Form des quasi maschinellen Trivialisierens sind die heute viel benutzten Tests. Wer ihre Formblätter auszufüllen hat, darf weder unerwartete (aber ebenfalls richtige) Antworten geben noch die Fragen kommentieren oder ändern. »Tests sind Instrumente, um ein Maß der Trivialisierung festzulegen. Ein hervorragendes Testergebnis verweist auf vollkommene Trivialisierung: der Schüler ist völlig vorhersagbar und darf daher in die Gesellschaft entlassen werden. Er wird weder irgendwelche Überraschungen noch auch irgendwelche Schwierigkeiten bereiten.«[50]

Man könnte versucht sein, von hier aus ein Gegenmodell der Erziehung zur Unzuverlässigkeit, zur überraschenden Kreativität, zur Unsinnsproduktion, die etwa gemeinten Sinn erraten läßt, zur ironischen Behandlung von Situationen oder zur ständigen Dekonstruktion der gerade verwendeten Schemata zu ent-

50 Heinz von Foerster a.a.O. S.208.

werfen. Das hätte nicht nur wenig Aussicht auf Realisierung, sondern würde auch dem berechtigten Interesse der Gesellschaft an Vorhersehbarkeit widersprechen. Faktisch hilft sich das Erziehungssystem selbst.

Denn selbstverständlich sind und bleiben Menschen trotz Schulbesuch nichttriviale Maschinen. Was geschieht aber, wenn nichttriviale Systeme sich in Situationen finden, in denen sie der Trivialisierung ausgesetzt sind? Sie stellen sich durch Selbstsozialisation darauf ein. Oder anders gesagt: sie lernen damit umzugehen. Sie bauen eine Reflexionsschleife ein, die ihnen Bedingungen verdeutlicht, unter denen es empfehlenswert ist, sich wie ein triviales System zu verhalten.

Die Lösung des Problems liegt deshalb in einer Umkehrung des Verhältnisses von Erziehung und Sozialisation. Die Interaktionssysteme, die auf Erziehung ausgerichtet sind, wirken selbst sozialisierend. Man hat immer schon beobachtet, daß Schüler eine eigene Schülerkultur entwickeln, daß sie ironische Distanz zum Lehrpersonal pflegen und Gelegenheiten für ein »karnevalistisches« Ausleben dieser Distanz suchen und finden. Abiturzeitschriften sind dafür ein gutes Beispiel. Das setzt freilich klare Verhältnisse voraus, hängt vom Akzeptieren der Rollenasymmetrie ab und wird gefährdet (ohne so leicht eine andere Lösung zu finden), wenn Schüler offiziell zur »Partizipation« aufgefordert werden. Mock culture hält Distanz und richtet sich daran auf. Partizipation wirkt dagegen vereinnahmend, ohne wirklich Erfolgschancen zu bieten und vor allem: ohne dem einzelnen, nicht als Funktionär beteiligten Schüler die Chance zu bieten, in der Distanz zu sich selbst zu finden.

Um Sozialisation in Erziehungssystemen geht es auch in der Diskussion über den sogenannten Heimlichen Lehrplan. Was man in der Schule lernt, ist nach Robert Dreeben[51] vor allem: mit

51 Siehe Robert Dreeben, On What is Learned in School, Reading Mass. 1968, dt. Übers. Frankfurt 1980. Vgl. auch als Anreger Talcott Parsons, The School Class as a Social System: Some of Its Functions in American Society, Harvard Educational Review 4 (1959), S. 297-318. Auch Robert K. Merton, Some Preliminaries to a Sociology of Medical Education, in: Merton et al. (Hrsg.), The Student-Physician: Introductory Studies in the Sociology of Medical Education, Cambridge Mass. 1957, S. 3-79 (41) unterscheidet »direct learning through didactic teaching of one kind or

Organisationen dieser Art zurechtzukommen, also: sich auf Leistungsanforderungen, auf Vergleich mit anderen unter angeblich sachlichen, jedenfalls universalistischen und spezifischen Kriterien und auf karriereförmige Selektion einzustellen. Wer das in der Schule gelernt hat (unabhängig davon, ob er gleichsam nebenbei auch noch Mathematik, Geschichte, Deutsch usw. gelernt hat), wird beim Übergang in andere Organisationen keine großen Schwierigkeiten haben, während umgekehrt die rekrutierenden Instanzen der beruflichen Organisationen davon ausgehen können, daß, wer die Schule geschafft hat, auch auf andere Formen organisierter Arbeit vorbereitet ist.

Dies Konzept ist nach einem damals üblichen Muster als affirmativ und als funktionalistisch kritisiert worden. Man wünschte sich eine gesellschaftskritische, emanzipatorische Erziehung, und dies besonders deshalb, weil das Leistungsprinzip Ungleichheit reproduziert.[52] Diese gesellschaftspolitische Konfrontation können wir sich selbst überlassen. Unsere Frage ist eher, ob die Sozialisationseffekte der Teilnahme am Schulunterricht damit zureichend erfaßt sind. Ein tieferliegendes Problem scheint zu sein, wie nichttriviale Systeme lernen können, nach Maßgabe von Anlässen wie triviale zu handeln, ohne sich mit dieser Möglichkeit zu identifizieren. Es gelingt offenbar in den meisten Fällen, zugespielte Konditionierungen zu erkennen, aber zugleich die innere Souveränität in der Wahl zwischen intern verfügbaren Reflexionsformen zu behalten. Unter den Bedingungen doppelter Kontingenz, aber auch unter den Bedingungen einer persönlichen Identitätspolitik wird es typisch als empfehlenswert erscheinen, sich als zuverlässig zu geben. Was Bildung hinzutut, ist dann die Vermehrung der Input/Output-Relationen, in denen die Trivialmaschine sich aktualisieren kann. Die in der Schule gelernte Distanz zu den »gelernten« Anforderungen lehrt aber zugleich, daß man auch anders könnte. Allein schon die Tatsache, daß man es gelernt hat, macht bewußt, daß es um kontingente

---

another, and indirect learning, in which attitudes, values, and behavior patterns are acquired as byproducts of contact with instructors and peers, with patients, and with members of the health team.«

52 Zu dieser Diskussion siehe Jürgen Zinnecker (Hrsg.), Der heimliche Lehrplan: Untersuchungen zum Schulunterricht, Weinheim 1975.

Schemata geht; und die Frage ist dann vor allem, wieviel Kultur für Abweichungen zur Verfügung steht.

VIII.

Will man genauer wissen, weshalb es sinnvoll ist und in komplexen Gesellschaften notwendig wird, mit Erziehung über Sozialisation hinauszugehen, wird es notwendig werden, die Funktion der Erziehung zu klären. Die normal zu erwartende Antwort wird wahrscheinlich lauten, daß Erziehung den Bereich des Könnens vergrößert. Erziehung ermöglicht einen Zugewinn an Komplexität. Das wäre eine sehr aufs Individuum bezogene Antwort. Als Alternative dazu könnte man vorschlagen, daß Erziehung die Möglichkeit vergrößert, sich vorzustellen, was in den Köpfen anderer vor sich geht. Sich vorzustellen – das muß nicht heißen, daß man wahre Einsichten gewinnt, denn was im Inneren eines anderen vor sich geht, bleibt (zum Glück, könnte man sagen) undurchsichtig. Was man aber durch Erziehung gewinnt, könnte die Möglichkeit sein, sich darüber Vorstellungen zu bilden, auf die man sich bei der Wahl eigenen Verhaltens stützen kann; und dies auch dann, wenn man den anderen nicht oder nicht gut genug kennt. So stützen sich soziale Interaktionen denn auch weniger auf Voraussicht als vielmehr auf eine laufende Interpretation des bereits sichtbaren Verhaltens, auf retrospektive Sinngebung. Dafür ist es wichtig, daß man bei aller Intransparenz und Ungewißheit in einem Rahmen bleibt, der weitere Kommunikationen nicht ausschließt, sondern ermöglicht. Konsens (im Sinne einer Übereinstimmung der Bewußtseinszustände) zu erwarten, wäre utopisch. Aber gespielter Konsens (wenn man so formulieren darf) ist unerläßlich, wenn die Autopoiesis sozialer Systeme fortgesetzt werden soll. Und durch Erziehung (wir können jetzt auch sagen: Bildung) läßt sich erreichen, daß dies auch in nichtstandardisierten Situationen möglich wird, während Sozialisation sehr stark an ihren Ursprungskontext gebunden bleibt.

Kapitel 3

Medium und Form

I.

Wenn man individuelle Menschen als Konglomerat autopoietischer, eigendynamischer, nichttrivialer Systeme begreift, gibt es keinen Anlaß zu der Vermutung, man könne sie erziehen. Wie ist es möglich, daß man es trotzdem versucht, und dies seit Jahrtausenden mit einem immensen Aufwand an Energie und Intelligenz, Zeit und Interaktion? Ist dies ein grandioser, sich selbst ernährender Irrtum, während in Wirklichkeit doch alles über Sozialisation läuft? Wenn Erziehung eine bloße, sich an ihrem eigenen Aufwand festbeißende Illusion wäre, wäre aber kaum zu erklären, daß Schüler, die 8 Jahre Lateinunterricht erhalten, am Ende besser Latein können als andere Schüler, denen ein solcher Unterricht versagt bleibt.

Wir wählen zunächst ein zweites Beispiel, um zu zeigen, daß diese Frage nicht nur das Erziehungssystem angeht. Wie ist es möglich, daß ein Bildhauer damit beginnt, einen Marmorblock zu bearbeiten in der Annahme, da stecke eine Statue drin, obwohl dies offensichtlich nicht der Fall ist? Man könnte hier, wie auch im Falle der Erziehung, eine subjektive Erklärung versuchen, die mit Begriffen wie Imagination, Phantasie, Vorstellungsvermögen arbeitet. Das ist nicht ganz falsch, kann aber den institutionellen Erfolg dieser Imagination nicht erklären, sondern gibt allenfalls einen Hinweis auf unterschiedliche persönliche Begabungen und unterschiedliche Erfolge in Tätigkeiten, die gesellschaftlich als Möglichkeiten eingerichtet sein müssen und nicht ständig in Blamagen enden. Es scheint sich um Ergebnisse sozialen Lernens oder sozialer Evolution zu handeln, die in einer langen Geschichte Mißgriffe bereits ausgeschieden haben. Es gibt Vorbilder. Aber das erklärt uns immer noch nicht, wie es möglich ist, in einer Welt, die so ist, wie sie ist, Möglichkeiten zu sehen, die »noch nicht« realisiert sind.[1]

---

1 Das erfordere »consciousness for two«, meint Jerome Bruner, Actual

Die Antwort suchen wir mit Hilfe der Unterscheidung von Medium und Form.[2] Diese Unterscheidung hat zunächst den Vorteil, daß sie von Zeit abstrahiert und damit das Problem des »noch nicht« löst. Medien und Formen werden immer miteinander, also gleichzeitig reproduziert. Das Medium ist nicht die noch unbestimmte Zukunft möglicher Formen. Es wird vielmehr mit jeder Form appräsentiert. Das Medium Geld zum Beispiel mit der quantitativ fixierten Zahlung. Das erklärt nicht zuletzt, daß man einen Rückblick auf vergangene Formbildungen, also Gedächtnis braucht, um zu erklären, wie man Medien zu Formen kondensieren kann (oder in unserem Beispiel: wieso man damit rechnen kann, daß an sich unbrauchbares Geld angenommen wird). Die Unterscheidung von Medium und Form ist daher immer eine historisch bewährte Unterscheidung. Sie legt aber damit noch nicht fest, welche Formen künftig gebildet werden (mit welchen Absichten Kinder künftig erzogen werden). Sie ist, anders gesagt, selber eine Form im allgemeinen Medium von Sinn, mit der die Gesellschaft es möglich macht, Bestimmtheit (Form) und Unbestimmtheit (Medium) zu reproduzieren und dabei selbstgeschaffene Ungewißheit auszuhalten.

Das vielleicht griffigste Beispiel für den gesellschaftlichen Gebrauch der Unterscheidung von Medium und Form ist die Sprache. Sie besteht aus einer ziemlich großen Menge von Worten und einigen Kombinationsregeln, also einer Grammatik. Die Worte sind aber nicht die Formen des Mediums, sondern sind seine Elemente, die im Gebrauch des Mediums als nicht weiter auflösbare Komponenten vorausgesetzt werden.[3] Zur Formbildung kommt es erst, wenn Sätze gebildet werden, denn nur Sätze artikulieren Kommunikation. Sprachlernen vollzieht sich daher nicht in der Weise, daß zuerst die Worte gelernt werden, dann die

Minds, Possible Worlds, Cambridge Mass. 1986, S. 75. Aber das bleibt eine nur psychologische Antwort, die im übrigen schlecht greifbar ist.

2 Vgl. für andere Anwendungsfälle Niklas Luhmann, Die Wissenschaft der Gesellschaft, Frankfurt 1990, S. 53 ff., 181 ff.; ders., Die Kunst der Gesellschaft, Frankfurt 1995, S. 165 ff.

3 Das soll nicht ausschließen, daß Worte auch Formen sind, und zwar für die akustischen bzw. (im Falle von Schrift) optischen Wahrnehmungsmedien psychischer Systeme im Sinne von Fritz Heider, Ding und Medium, Symposion 1 (1926), S. 109-157.

Kombinationsregeln und schließlich Sätze gebildet werden. Vielmehr wird Sprache unmittelbar als Einheit der Differenz von Medium und Form gelernt. Man versucht die Bildung von Formen (Sätzen, satzäquivalenten Ausrufen) und erweitert, wenn kommunikativ erfolgreich, allmählich das verfügbare Repertoire. Auf diese Weise entsteht Sprachkompetenz als Fähigkeit des selektiven, situationsangepaßten Umgangs mit dem Medium.

Das Beispiel Sprache zeigt auch, daß das Medium bei allem Sprechen vorausgesetzt und zugleich reproduziert wird. Das Medium wird also nicht »konsumiert«. Es wird durch Gebrauch nicht verbraucht, sondern im Gegenteil erneuert und wieder verfügbar gemacht.

Auch ist die Sprache, begriffen als Medium, keine unabhängig vom Sprechen bestehende strukturelle Ebene, die ihre eigenen Bestandsgarantien in sich trägt, sondern sie existiert nur in der Produktion und Reproduktion ihrer Formen und entwickelt sich daher in einem Prozeß des Erinnerns und Vergessens, der darüber entscheidet, was für Wiederholung in Betracht gezogen wird und was nicht. Man kann die Unterscheidung Medium/Form bzw. Sprache/Sätze daher nicht nach dem Muster von Struktur/Prozeß oder Struktur/Ereignis interpretieren. Die Unterscheidung Medium/Form gehört zu einer Theorie dynamischer Systeme, die von den Operationen ausgeht, die das System in seiner Operationsfähigkeit reproduzieren.

Wie das Beispiel Sprache verdeutlichen kann, hält das Medium eine derart gigantische Zahl von Kombinationsmöglichkeiten bereit, daß jeder Gedanke an eine logische oder mathematische Auslese verworfen werden muß. Selbst die mächtigsten Computer könnten nichts ausrichten, wenn ausgerechnet werden soll, was als Nächstes zu sagen ist. Wie bei nichttrivialen Maschinen kann das System nur von seinem gegenwärtigen, durch es selbst herbeigeführten Zustand ausgehen, um etwas von da aus Naheliegendes zu wählen. Dafür braucht es ein Gedächtnis und außerdem Sinnformen, die darauf eingestellt sind, daß alles, was gewählt wird, auch anders möglich wäre. Die Normalform des Umgangs mit diesem Problem scheint in der Unterscheidung von Vergangenheit und Zukunft zu bestehen. Die Gegenwart, in der das System sein Medium auf Formen bringen muß, ist dann beides, nämlich Resultat einer unabänderlichen Vergangenheit und eine

Ausgangslage, die kontingente Selektionen (rationale und weniger rationale, gute und schlechte, richtige und falsche) ermöglicht. Bedeutende Differenzierungsschübe in der soziokulturellen Evolution scheinen mit der Einführung neuer Medien für neue Formbildungen zusammenzuhängen. Das gilt zu allererst für die evolutionäre Errungenschaft der Sprache als Bedingung für das Entstehen eines autopoietisch-rekursiven Gesellschaftssystems. Es gilt für das Auftauchen des (gemünzten) Geldes als eines Mediums, das noch unbestimmte Zahlungsvorgänge allein durch die Aussicht auf Wiederverwendung desselben Geldes und unabhängig vom religiösen oder politischen Status des Geldwertgaranten garantiert.[4] Es gilt, in engem Zusammenhang damit, für die Entstehung von politischer Amtsmacht, die sich in ihren Entscheidungen reproduziert unabhängig davon, wer jeweils das Amt innehat. Es gilt für die Entstehung verschiedener Medien in einem Bereich, der dann später zur schönen Kunst zusammengefaßt wird; hier als Ablösung von einem lediglich ornamentalen, Eindruck verstärkenden, auf Verborgenes hinweisenden Kunstverständnis älterer Gesellschaften, unabhängig also von der Unterscheidung Oberfläche/Tiefe, die die ältere Kunst nicht zuletzt an Religion zurückverwiesen hatte.

Wie es zu »kataklysmischen« Entwicklungen dieser Art, die jeweils fest institutionalisierte Kulturen außer Kraft setzen, gekommen ist, bleibt letztlich unerklärt. Die Evolutionstheorie würde auf eine Zufallskomponente zurückgreifen, die Theorie nichtlinearer dynamischer Systeme auf geschichtliche Lagen, die einer solchen Bifurkation eine Chance geben. Weder kann man generell von einer Überlegenheit differenzierterer, komplexerer Formen ausgehen; noch kann man behaupten, daß ein neues Schema Medium/Form erfunden und durchgesetzt wird. Wohl aber läßt sich ausmachen, daß Prozesse der Ablösung aus bisherigen historischen und institutionellen Bindungen (disembedding[5])

4 Siehe dazu Michael Hutter, Signum non olet: Grundzüge einer Zeichentheorie des Geldes, in: Waltraud Schelkle/Manfred Nitsch (Hrsg.), Rätsel Geld: Annäherungen aus ökonomischer, soziologischer und historischer Sicht, Marburg 1995, S. 325-352.

5 Ein viel zitierter Ausdruck von Karl Polanyi, The Great Transformation: Politische und ökonomische Ursprünge von Gesellschaften und Wirtschaftssystemen (1944), zit. nach der dt. Übers. Frankfurt 1978.

die Orientierung an einem neuen Medium voraussetzen, das ihre Formbildung von bisherigen Bedingungen unabhängig macht. Es geht, zusammenfassend gesagt, um einen Zusammenhang von evolutionären »Katastrophen«, Ausdifferenzierung von Systemen und der Entwicklung eines Mediums, das die Formenbildung zugleich ermöglicht und begrenzt und sie auf Selbstorganisation und eigene rekursive Sinngebung verweist.

Wenn dies für eine Reihe von Fällen – wir haben Wirtschaft, Politik und Kunst genannt, wir hätten auch Wissenschaft nennen können – nachgewiesen werden kann, führt das vor die Frage, ob auch die Ausdifferenzierung eines Erziehungssystems demselben Muster folgt und, wenn so, was dann ihr Medium ist. Es darf nicht irritieren, wenn wir dabei erhebliche Zeitdistanzen zu überbrücken haben. Die Einführung des Münzgeldes und der Amtsmacht (zunächst in der Form der Tyrannis) revolutioniert im 6. Jahrhundert vor Christus den östlichen Mittelmeerraum. Von einer entsprechenden Katastrophe der häuslichen Erziehung kann man erst im 18. Jahrhundert sprechen.

II.

Nach Forschungsergebnissen der neueren historischen Semantik ändert sich im 18., wenn nicht schon im 17. Jahrhundert, die Beschreibung des Kindes.[6] Vor dieser Zeit hatte man durchaus realistisch Kinder als kleine, hilfsbedürftige, aufwachsende Menschen gesehen und behandelt. Ihre Schwäche war aufgefallen, auch ihre Verführbarkeit zum Bösen, und Erziehung, gedacht als häusliche Erziehung, hatte eine darauf bezogene korrektive Funktion. Die Aufgaben des Erziehers waren durch die Natur vorgegeben.[7] Schon im Erziehungsprogramm der Jesuiten war

6 Siehe Philippe Ariès, L'enfant et la vie familiale sous l'ancien régime, Paris 1960, dt. Übers. München 1975, und, weniger bekannt, Georges Snyders, La pédagogie en France aux XVIIe et XVIIIe siècles, Paris 1965, dt. Übers. Paderborn 1971.

7 »Il faut s'approcher des berceaux pour connoître ce que veut la nature«, heißt es bei Baudot de Juillet, Dialogues entre Messieurs Patru et d'Ablancourt sur les plaisirs Bd. 1, Amsterdam 1714, S. 92. Bemerkenswert im übrigen und ein Beleg für die geringe Ausdifferenzierung des Erziehungssy-

der Erzieher gemahnt worden, die Kinder nicht zu überfordern, sondern sie ihren jeweiligen Fähigkeiten entsprechend zu erziehen. Damit kam man zu einem das natürliche Heranwachsen begleitenden Erziehungskonzept. Vorausgesetzt war, daß Kinder und Erwachsene denselben Normen zu folgen hätten. Im Rahmen der »civilité chretienne« konnte man jedoch die strikt religiösen Inhalte um mehr weltliche Anforderungen ergänzen und die Gewichte, zum Beispiel im Hinblick auf die Anforderungen des Staatsdienstes, verlagern.

Von hier aus war es kein weiter Schritt, zu fordern, das Kind müsse nach Maßgabe der für es zugänglichen Welt erzogen werden. Folglich müsse der Erzieher sich in der Umwelt (im »Milieu«, wie man damals sagte) des Kindes verständlich machen. Daraus folgt vor allem, daß der Erzieher das Kind nicht nur in erster Linie als handelndes, sondern als erlebendes Wesen auffassen sollte, also nicht sein Handeln sanktionieren, sondern das es motivierende Erleben rekonstruieren und erst von da her entscheiden sollte, ob und welche Sanktionen das Kind dazu bringen können, Situationen anders zu erleben. Das Kind muß also anders behandelt werden als andere Menschen – ein Indikator für Ausdifferenzierung. Damit wird auch das alte Naturverständnis gebrochen. Die Natur des Kindes wird durch eine System/Umwelt-Unterscheidung ersetzt. Ein komplexeres, zunächst paradoxes Argument entwickelt Rousseau im Emile: Man müsse mit der Natur gegen die Natur erziehen. Das ergibt sich aus der Unterscheidung von Mensch und Bürger oder Natur und Zivilisation. Die Zivilisation verlangt vom Erzieher, den Menschen zu denaturieren.[8] Aber wie das, und vor allem: nach welchen Kriterien? Und nicht zuletzt: wie ist ein solches Denaturieren überhaupt möglich?

stems, daß ein Text mit diesem (modischen) Thema Ausführungen über Erziehung enthält.

8 »Les bonnes institutions sociales sont celle qui savent le mieux dénaturer l'homme, lui ôter son existence absolue pour lui en donner une relative, et transporter le *moi* dans l'unité commune«, heißt es im Emile, zit. nach: Jean-Jacques Rousseau, Œuvres complètes Bd. IV, Paris 1969, S. 249. In systemtheoretische Begrifflichkeit übersetzt, könnte das heißen: den Menschen aus der reinen Selbstreferenz zu erlösen und ihn mit der Unterscheidung von Selbstreferenz und Fremdreferenz auszustatten.

Das 18. Jahrhundert hat dafür die Antwort schon bereit. Der Mensch wird als noch nicht bestimmtes Wesen geboren. Er saugt daher an, was ihm zur Selbstbestimmung geboten wird. Er betritt die Welt »capable d'apprendre, mais ne sachant rien, ne connoissant rien.«[9] Die Theorie verschiebt das Problem damit in eine modaltheoretische Fassung. Der Mensch wird inhaltsleer, sogar ohne Selbstbewußtsein und mit unfertigen Organen geboren. Aber mit der Möglichkeit, das Nötige hinzuzuerwerben. Auch an anderen Stellen findet man diese Umstellung auf Modalbegriffe. Lamarck zum Beispiel ersetzt die alte Lehre der typenfesten Reproduktion der Lebensformen durch den Zentralbegriff der Irritabilität, die umweltgünstigen Neuerungen Rechnung tragen kann.[10] Aber: wie kann man feststellen, daß es diese Möglichkeiten überhaupt gibt und welchen Beschränkungen, welchen »Bedingungen der Möglichkeit« sie unterliegen?

Aber auch die Modaltheorie ändert sich im 18. Jahrhundert, am deutlichsten greifbar an Kants Versuchen, eine transzendentaltheoretische Begründung für Bedingungen der Möglichkeit zu finden. Bereits Leibniz hatte traditionelle Probleme auf diese Ebene verschoben und mit der Unterscheidung von Kompossibilität/Inkompossibilität eine an Newton angepaßte Theodizee zu formulieren versucht: Gott überwacht diese Differenz und sichert die Kompossibilität der Welt gegen das Eindringen anderer, inkompossibler Welten (die eben deshalb als andere *Welten* aufzufassen sind).[11] Vollends wird der ontologische Status des Möglichen problematisiert, wenn man mit der kybernetischen

9 So der Einleitungssatz des Manuskripts Favre zum Emile – Siehe Œuvres a. a. O. Bd. IV, S. 61. In der Endfassung heißt es zum Beispiel: »Nous naissons sensible« – a. a. O. S. 248

10 Siehe Jean-Baptiste Pierre Antoine de Monet de Lamarck, Philosophie zoologique, Paris 1809, Nachdruck Weinheim 1960, insb. Bd. 1, S. 82 ff.

11 Zu den Traditionshintergründen siehe Ingetrud Pape, Tradition und Transformation der Modalität Bd. I, Hamburg 1966; dies., Von den »möglichen Welten« zur »Welt des Möglichen«: Leibniz im modernen Verständnis, Studia Leibnitiana Supplementa, Akten des Internationalen Leibniz-Kongresses Hannover, 14.-19. November 1966, Bd. I, Wiesbaden 1968, S. 266-287.

Systemtheorie die Operationen eines Systems auf Konditionierungen und diese Konditionierungen ihrerseits auf Konditionierungen zurückführt.[12] Denn das heißt, daß Konditionierungen ihrerseits nur wirken, wenn die dafür notwendigen Bedingungen gegeben sind. Ein solches System kann mit allgemeinen Potentialbegriffen (zum Beispiel Denken) beschrieben werden, aber dieses Potential steht nie komplett zur Verfügung, sondern nur wenn und nur soweit es durch eigene Konditionierungen freigegeben ist. Man könnte dies auch mit der Unterscheidung von Inhibierung und Desinhibierung beschreiben:[13] Das System schafft sich ein Überschußpotential, dessen Aktualisierung gehemmt wird. Es kann dann seine Möglichkeiten mit sehr geringem Energieaufwand freigeben, wenn es dazu einen Anlaß sieht. Es gewinnt damit die Möglichkeit, auf vorübergehende Situationen vorübergehend zu reagieren.

Es wird nun leicht fallen, diese systemtheoretischen Einsichten in das Schema Medium/Form zu übersetzen. Mit Hilfe dieses Schemas externalisiert das System die hochkomplexen internen Verhältnisse der konditionierten Konditionierungen. Es »objektiviert« gewissermaßen die intern erbrachten Leistungen, indem es sich vorstellt, unter gegebenen Möglichkeiten die eine oder die andere zu wählen – bei einem Schachspiel zum Beispiel angesichts einer bestimmten, im Spiel selbst erzeugten Stellung einen bestimmten Zug zu ziehen. Es sieht den Möglichkeitsraum mit seinen bereits erfolgten Einschränkungen als das Spiel und entscheidet daraufhin über den nächsten Zug; es realisiert im Medium des Spiels die eine oder die andere Form.

Mit der Semantik des unfertigen Kindes definiert die Erziehung gewissermaßen ihr eigenes Spiel. Das Kind ist deshalb für die Pädagogik, solange sie ihre Aufgaben an Heranwachsenden und

12 Vgl. W. Ross Ashby, Principles of the Self-Organizing System, in: Heinz von Foerster/George W. Zopf (Hrsg.), Principles of Self-Organization, New York 1962, S. 255-278; neu gedruckt in: Walter Buckley (Hrsg.), Modern Systems Research for the Behavioral Scientist: A Sourcebook, Chicago 1968, S. 108-118.

13 Vgl. Alfred Gierer, Socioeconomic Inequalities: Effects of Self-Enhancement, Depletion and Redistribution, Jahrbücher für Nationalökonomie und Statistik 196 (1981), S. 309-331. Vgl. auch ders., Die Physik, das Leben und die Seele, München 1985, insb. S. 137ff.

an Schulen orientiert, das Medium der Erziehung.[14] Offensichtlich geht es um ein durch die Eigenentwicklung des Kindes immer schon eingeschränktes Medium; nicht um die platonische Wachstafel, auf die man Beliebiges einzeichnen könnte. Es geht um konkrete Kinder. Aber die konkreten Kinder werden nicht als strukturdeterminierte Systeme gesehen, die in jedem Moment ihres Leben so sind, wie sie sind, und nicht anders. Auch in fast aussichtslosen Fällen hofft der Pädagoge noch auf die Möglichkeiten dieses Mediums, die es ihm ermöglichen, Formen zu wählen, die im Kind »noch nicht« realisiert sind.

Dies sind keineswegs unrealistische Annahmen, geschweige denn bloße Fiktionen, mit denen die Pädagogik sich Mut macht, etwas Unwahrscheinliches zu beginnen. Wenn und soweit Menschen als selbstreferentielle Systeme operieren (also jedenfalls auf der Ebene ihres Bewußtseins), sind sie auch nichttriviale Maschinen. Sie erzeugen eine interne Unbestimmtheit, die sie als Ungewißheit ihrer Zukunft vor sich herschieben. Das zeigt sich zunächst an einer Art innerer Unruhe der Kinder, die unbewußt Formen sucht.[15] Für die Heranwachsenden wird genau das ein Problem. Sie wissen, daß sie noch nicht wissen, wie sie kommenden Anforderungen begegnen werden. Und sie wissen auch, daß die in ihrem gegenwärtigen Zustand akkumulierte Vergangenheit sie darin zwar führt, aber nicht festlegt. Die Umwelt der Zöglinge kommt also der Pädagogik entgegen. Aber sie ist den selbstreferentiellen Systemen zunächst in der Form von Intransparenz gegeben. Intransparenz und Zukunftsungewißheit mögen sich dann bei Heranwachsenden (und natürlich bei deren Eltern) zu Motiven verdichten, sich erziehen zu lassen. Mindestens insofern entspricht die »Natur des Menschen« den Absichten der Erzieher. Aber selbst wenn dies von einem gewissen Alter

---

14 Vgl. auch Niklas Luhmann, Das Kind als Medium der Erziehung, Zeitschrift für Pädagogik 37 (1991), S. 19-40.

15 Diese Unruhe fällt dann in Unterrichtssituationen auf und wird, vom Standpunkt der Aufrechterhaltung von Klassendisziplin und entsprechend den Unterrichtsanforderungen klassifiziert als Eifer oder als Störung. Siehe dazu Karl Eberhard Schorr, Erziehung: Zwischen Unruhe und Absicht, in: Niklas Luhmann/Karl Eberhard Schorr (Hrsg.), Zwischen Absicht und Person: Fragen an die Pädagogik, Frankfurt 1992, S. 155-175.

an unterstellt werden kann, ist damit noch nicht gesagt, wie auf dem Projektionsschirm des Erziehungssystems die Unterscheidung von Medium und Form in Formselektionen umgesetzt wird. Die Erziehung findet sich also nicht mit einer harten, unabänderlichen Realität konfrontiert, die ist, wie sie ist, und tut, was sie tut, so daß man allenfalls mechanisch eingreifen könnte. Sie kann die interne Überschußproduktion, die Unruhe und Beweglichkeit, schließlich die Selbstintransparenz und selbsterzeugte Unbestimmtheit ihrer Klienten als eigene Chance auffassen, indem sie Kinder als ein Medium ansieht, das Formbildungen ermöglicht.

All diese Überlegungen ändern nichts daran, daß das Medium Kind eine Konstruktion ist[16], die erst im praktischen Vollzug des Erziehens benötigt und als Hintergrundgewißheit vorgesehen wird. Der Erzieher kann sich selbst nicht daran erinnern, wie es war, als er Kind war; wie es war, als er noch nicht gehen, noch nicht sprechen, noch nicht Radfahren, noch nicht rechnen konnte. Der Gedächtnisprozeß des Erinnerns/Vergessens orientiert sich an dem erworbenen Können und läßt die davorliegenden Zustände unrückrufbar versinken. Das Medium muß also aus den aktuellen Erfahrungen im Umgang mit Kindern jeweils neu konstruiert werden. Oder genauer: die Unterscheidung Medium/Form entsteht im kontinuierlichen Testen dessen, was an Erziehung gelingt und was nicht. Sie kann sich auch nicht auf einen Direktzugang zu dem stützen, was im Zögling, der als Kind behandelt wird, vor sich geht. Das Medium Kind ist kein Kind. Es ist eine soziale Konstruktion, die es dem Erzieher ermöglicht, daran zu glauben, man könne Kinder erziehen.

16 Damit soll nicht ausgeschlossen sein, daß auch das Lebewesen Kind ein Konstrukt ist, das man von anderen Kindern, anderen Lebewesen, anderen Dingen und nicht zuletzt von dem Ort unterscheiden kann, an dem es sich jeweils befindet. Das Unterscheiden ist in all diesen Fällen die Leistung eines Beobachters. Dies zur Kritik von Rolf Nemitz, Kinder und Erwachsene: Zur Kritik der pädagogischen Differenz, Berlin 1996, S. 13 ff.

III.

Das Medium der Erziehung wurde am Kind entdeckt und mit dessen besonderem Wesen identifiziert. Der Begriff des Kindes aber wurde am Gegenbegriff des Erwachsenen definiert.[17] Ein Kind ist noch nicht erwachsen, ihm fehlen wichtige Merkmale dafür, daß es als Erwachsener mit Erwachsenen in Interaktion treten kann.

Diese Unterscheidung teilt die Bevölkerung ein in Kinder und Erwachsene. Die Konsequenz ist, daß das Erziehungssystem, anders als andere Funktionssysteme, zum Beispiel das Wirtschaftssystem und das Rechtssystem, nicht von einer Inklusion der Gesamtbevölkerung ins eigene Funktionssystem ausgehen kann. Die Inklusion aller nimmt eine andere Form an. Da niemand Erwachsener werden kann, ohne vorher Kind gewesen zu sein, kann das Erziehungssystem trotzdem eine Vollinklusion aller anstreben, wenn auch nur bezogen auf eine bestimmte Lebensphase. Daß dieser Standard weltweit nicht erreicht ist, mag dann als Rückständigkeit bestimmter Regionen des Erdballs angesehen werden. Außerdem ist die dauernde Inanspruchnahme des Systems dadurch garantiert, daß Kinder immer wieder nachwachsen. Es gibt keine Zeiten, in denen die Erziehung mangels Nachfrage aussetzen müßte. All dies mag es den *Päd*agogen erlauben, ihre Berufsbezeichnung beizubehalten.

Diese anscheinend stabile Lösung wird jedoch durch das Erziehungssystem selbst unterlaufen. Es hat zunächst einmal den Erziehungsbedarf in ein immer höheres Alter verlängert, es hat die Universitäten geschluckt, es beansprucht Zuständigkeit für Weiterbildung, für Erwachsenenbildung, selbst für Bemühungen, Senioren »geragogisch« zu betreuen. Daß die damit einbezogene Klientel nicht mehr als Kinder bezeichnet werden kann, versteht sich von selbst. Ein Ersatzausdruck steht aber nicht zur Verfügung. (Man wird sich hüten, von »Demagogik« zu sprechen.) Auch der Begriff der Erziehung wird unangemessen (weniger

17 Wir lassen hier außer Acht, weisen nur nochmals darauf hin, daß auch die Kindheit differenziert gesehen werden muß, zum Beispiel an Hand der Unterscheidung von Unruhe und Ungewißheit, die bereits reflektiert, daß der Heranwachsende nicht weiß, wie es sich in kommenden Situationen verhalten wird, verhalten kann, verhalten soll.

anscheinend im Englischen education). Hier kann man mit »Bildung« aushelfen. Dies mögen auf den ersten Blick rein terminologische Probleme sein. Man könnte dann erwarten, daß sich gebrauchsfähige Lösungen einspielen werden. Damit ist aber die tiefergreifende Frage nicht beantwortet, an welchem Medium dieses erweiterte, »Bildung« anbietende Verständnis des Erziehungssystems sich orientiert, wenn nicht an der Vorstellung des noch nicht lebenstüchtigen Kindes.

Viel spricht dafür, daß im Laufe des 20. Jahrhunderts die Vorstellung des Kindes in der Funktion eines Mediums durch die Vorstellung des Lebenslaufs ersetzt worden ist.[18] Auch hier ist das Medium nicht die konkrete Realisation im einzelnen Fall, nicht also das, was biographisch retrospektiv erfaßt und erzählt werden kann. Vielmehr findet sich das Medium in der merkwürdigen Vorstellung, daß jeder Teilnehmer an Gesellschaft einen Lebenslauf zustandezubringen, das heißt mit konkreten, je individuellen Ereignissen auszufüllen hat.

Jean Paul hat hierfür, mit Bezug auf sich selbst, den Begriff der Konjektural-Biographie geprägt.[19] Allerdings geht es ihm dabei nicht um seine Erziehung, die er offenbar für abgeschlossen hält[20], sondern um ein erhofftes Landgut, um eine Frau, zu der erst noch die Braut zu finden ist, um viel (literarisch auswertbares) Naturerleben, um Greisenalter und um Tod. Immerhin exponiert der Autor seine Zukunft, wie er sie sich wünscht. Er weiß natürlich nicht, ob er sie so erleben wird, aber, wenn nicht, hat er wenigstens »halb Europa die Beschreibung«[21] geliefert. Wenn man den Lebenslauf als Medium begreifen will, zu dem Formen zu finden sind, muß man sich jedoch einer strengeren Begrifflichkeit fügen.

Ein Lebenslauf ist eine Verkettung von nicht selbstverständ-

18 Vgl. Niklas Luhmann, Erziehung als Formung des Lebenslaufs, in: Dieter Lenzen/Niklas Luhmann (Hrsg.), Bildung und Weiterbildung im Erziehungssystem: Lebenslauf und Humanontogenese als Medium und Form, Frankfurt 1997, S. 11-29.

19 Vgl. Jean Paul, Konjektural-Biographie, zit. nach Sämmtliche Werke XXXV, 7. Lieferung, 5. Band, Berlin 1827, S. 125-198.

20 Um den Fortschritt des 19. Jahrhunderts zu ermessen, vergleiche man diesen Text mit The Education of Henry Adams, New York 1918.

21 A.a.O. S.127.

lichen, kontingenten Ereignissen, die am Individuum aufgefädelt werden können. Am unwahrscheinlichsten ist die Geburt, mit der der Lebenslauf beginnt und die deshalb genannt werden muß. Wenn man aber einmal als Mädchen oder als Junge geboren ist (wie immer es dazu gekommen sein mag), sind die weiteren Möglichkeiten durch das Faktum des Existierens eingeschränkt. Alles, was dem Lebenslauf Form gibt, ist durch ihn selbst (zumindest: durch die Geburt) konditioniert und wirkt zugleich als Bedingung für das, was daraufhin geschehen kann. Der Lebenslauf ist insofern ein Paradefall für die kybernetische These, daß in geschlossenen Systemen nur Konditioniertes konditionieren kann. Nichts wird dadurch selbstverständlich, aber alles erhält seinen Platz in der Sequenz, die den Lebenslauf konkretisiert. Alle beitragenden Ereignisse schränken weitere Möglichkeiten ein, können sie aber auch ausweiten. Eben das macht den Lebenslauf, um es in einem Begriff des 18. Jahrhunderts zu formulieren, »interessant«, spannend, literaturfähig. Kein Lebenslauf ist wie der andere, aber jeder ist eine im Medium des Lebenslaufs gewonnene Form.

Die Einzelereignisse, die einem Lebenslauf Form geben, können durchaus andere Individuen einbeziehen. Auch die Kausalzurechnung bleibt von Fall zu Fall verschieden. Gebären kann man sich natürlich nicht selbst, aber ob man selbst schuld ist, wenn man eine Prüfung nicht besteht, oder der Prüfer, kann diskutiert werden. Die Individualisierung der Lebensläufe ergibt sich also weder aus der Alleinherrschaft des Individuums über sich selbst noch daraus, daß die Ursache der jeweils formgebenden Ereignisse im Individuum liegt. Sie ist ausschließlich auf die Verkettung der Ereignisse, also auf die je einmalige Sequenz zurückzuführen. Deshalb kann ein Lebenslauf weder erklärt noch begründet werden. Aber er kann erzählt werden. Erzählung ist ein funktionales Äquivalent für Argumentation. Wenn dargestellt werden kann, wie sich eins aus dem anderen ergibt (ergeben hat, ergeben kann), liegt darin eine überzeugende Präsentation von Ordnung. Da die Geschichte auf der Ebene der Formen und nicht auf der Ebene der kombinatorischen Möglichkeiten des Mediums erzählt wird, entsteht der Eindruck einer festen Kopplung von etwas, was gleichwohl als Zufall angesehen werden könnte. Der erzählte Lebenslauf derandomisiert seine Kompo-

nenten. Wer dann noch nach Begründungen fragt oder gar teleologische Strukturen, Lebensziele usw. hervorzuheben sucht,
setzt sich dem Verdacht aus, etwas zu verschweigen.

Wir können den Begriff der »Erzählung« gegen den Begriff der
»Beschreibung« auswechseln. Damit läßt sich formulieren, daß
ein Lebenslauf zu ständigen Neubeschreibungen Anlaß gibt. Der
Sohn, in diesem Falle Robinson Crusoe, der die väterlichen Rat-
schläge in den Wind schlägt, hat es schließlich doch zu etwas
gebracht. (Die Beschreibung wird von Kontinuität auf Profit
umgestellt.) In anderen Fällen kann man seine ursprünglichen
Lebensziele nicht erreichen, korrigiert dann aber sein An-
spruchsniveau und findet sich nicht nur mit dem Erreichten ab,
sondern ist damit auch zufrieden. Selbst wenn Fakten in Rechnung zu stellen sind, gibt das Medium immer noch Spielraum für
Variationen und vor allem für Inkonsistenzbereinigungen. Man
hat jedenfalls ausreichende Möglichkeiten, einem Lebenslauf
Sinn zu geben, und sei es unter Inanspruchnahme von Hilfen des
Religionssystems.[22]

Das alles erklärt noch nicht befriedigend, wie es dazu gekommen
ist, daß ein solches Medium überhaupt erfunden und in die
moderne Gesellschaft eingeführt worden ist. Wir können dieser
Frage hier nicht weiter nachgehen, wollen aber auf auffällige Parallelen zum modernen Individuenroman hinweisen. Die Parallele liegt vor allem in der Fiktionalität des Textes und in der durch
den Text selbst erzeugten Ungewißheit. Fiktionalität heißt vor
allem, daß keine Punkt-für-Punkt Übereinstimmung mit Real-
geschehen erwartet wird[23], aber andererseits auch nicht offensichtlich Unwahrscheinliches zusammenphantasiert wird. Der
Roman muß, obwohl jeder weiß, daß es keine wahre Geschichte
ist, so ausstaffiert werden, daß er glaubwürdig bleibt und daß der
Leser oder die Leserin Rückschlüsse auf Möglichkeiten ihres

---

22 Ein eher extravaganter Fall wird im brasilianischen Spiritismus praktiziert, in dem mit Hilfe eines Reinkarnationsglaubens die gegenwärtigen
   Obsessionen und Widerfährnisse als Konsequenz eines früheren Lebens
   interpretiert und dadurch abgeschwächt und verständlich gemacht werden.
23 Zu den Schwierigkeiten, ein lesendes Publikum an eine instruktive Differenz von Fakten und Fiktionen zu gewöhnen, siehe Lennard J. Davis,
   Factual Fictions: The Origins of the English Novel, New York 1983.

eigenen Lebens ziehen kann.[24] Und er muß Spannung erzeugen, die durch den Text selbst produziert und durch den Text selbst wiederaufgelöst wird. Anders gesagt: die selbsterzeugte Ungewißheit muß ohne externe (textfremde) Referenzen entwirrt werden. Auch insofern dient der Roman als Modell eines sich selbst erklärenden Lebenslaufs.

Der Begriff eines Lebenslaufs als Medium auf der Suche nach Formen löst jede Vorstellung von etwas »zu Grunde Liegendem« (hypokeimenon) auf. Das nimmt dem Begriff des Subjekts (subiectum) seine klassische Selbstsicherheit. Das Subjekt wird ersetzt durch die Vorstellung, eine Person habe sich selbst zu lernen.[25] Ähnliche Veränderungen kann man im übrigen am Begriff der Materie beobachten. Ein Subjekt kann man nicht *sein*, und Materie ist nicht etwas, was man *haben* oder worauf man *stehen* kann. In beide, häufig als strenge Gegensätze behandelte Begrifflichkeiten dringt Zukunftsunsicherheit ein. In der Subjekttheorie sieht man das am terminologisch mißglückten und daher unergiebigen Reden über Identität (so als ob man ein Subjekt schon sei und nun noch Identität hinzugewinnen müsse). Im Bereich der Materie ist vor allem an die Unsicherheit im Bezug auf die Auswirkungen chemischer Veränderungen zu denken. Wir können uns auf eine weitere Diskussion hier nicht einlassen, halten jedoch fest, daß mit dem Begriff des Lebenslaufs auf Veränderungen reagiert wird, die sich in der modernen Gesellschaft an vielerlei Stellen abzeichnen und generell auf das Problem einer im System selbst erzeugten Zukunftsungewißheit hinauslaufen.

24 Eine der Konsequenzen, daß Leser (Don Qijote) oder Leserinnen (Emma Bovary) ihr Leben nach der Art eines Romans zu gestalten versuchen und daran scheitern, wird dann wiederum zum Thema von Romanen. Siehe dazu Hans-Georg Pott, Literarische Bildung: Zur Geschichte der Individualität, München 1995.

25 Von l'apprentissage de lui-même spricht Bernard Ancori, Mémoire et apprentissage de la neurobiologie à l'autoorganisation, in: ders., (Hrsg.), Apprendre, se souvenir, décider: Une nouvelle rationalité de l'organisation, Paris 1992, S. 51-104 (98).

IV.

Wir hatten bisher nur über den Lebenslauf als Medium gesprochen und noch nicht über die Formen, die das Medium mit Leben füllen. An früherer Stelle hatten wir bereits bemerkt[26], daß wir das, was die Erziehung produziert, als *Wissen* bezeichnen wollen. Jetzt können wir ergänzend hinzufügen, daß Wissen die Form ist, die im Medium Lebenslauf dieses Medium reproduziert. Denn auf der Basis von Wissen gewinnt man andere Möglichkeiten, dem weiteren Lebenslauf eine Richtung zu geben.

In einer zielorientiert denkenden Pädagogik findet man oft eine Abwertung des bloßen Wissens. Er wird für notwendig gehalten, »aber immer so, daß die Kenntnisse das Sekundäre sind, nur Mittel, das Leben zu kennen[27]....«. Diese teleologische Struktur, die sich in der Unbestimmtheit ihrer Zielvorstellungen auflöst, wird hier durch die Unterscheidung von Medium und Form ersetzt, mit der betont wird, daß Medien und Formen einander wechselseitig bedingen und nur bezogen aufeinander Sinn reproduzieren können. Man sollte daher nicht mehr fragen, »wozu« Wissen erworben wird. Ausschlaggebend ist vielmehr, daß Sinn, oder spezieller: ein eigener Lebenslauf, auf keine andere Weise Form gewinnen kann.

Aber was ist Wissen? Wenn man von der Gesellschaftstheorie ausgeht und selbst wenn man die moderne Gesellschaft als »Wissensgesellschaft« bezeichnet, findet man keinen brauchbaren Begriff des Wissens. Unterscheidungen wie kognitiv/normativ oder kognitiv/emotional reichen nicht aus, da auch auf der Seite des Normativen und auf der Seite des Emotionalen Wissen involviert ist. Man muß schließlich die Normen kennen und seine eigenen Gefühle erkennen können. Man kann daher Wissen nur ganz allgemein gegen Nichtwissen abgrenzen (was nicht viel hilft, da man fast alles nicht weiß) oder konkreter gegen Information, das heißt: gegen überraschende Transformation von Nichtwissen in Wissen.

Diese Unbestimmtheit mag damit zusammenhängen, daß ver-

---

26 Vgl. oben Kap.... (Angabe wurde nicht mehr vervollständigt, D. L.)
27 Diese Formulierung bei Herman Nohl, Die pädagogischen Gegensätze (1914), zit. nach ders., Pädagogische Aufsätze, 2. Aufl. Langensalza o. J., S. 100-110 (102).

schiedene Funktionssysteme verschiedene Wissensbegriffe verwenden. Die Wissenschaft erkennt nur geprüftes Wissen an, also Wissen, dessen mögliche Unwahrheit getestet ist. Die Massenmedien transportieren Wissen nur als Voraussetzung für das Verstehen von Information. Für das Erziehungssystem ist Wissen immer individuelles Wissen und in diesem Sinne eine Form, die dem Lebenslauf Chancen gibt oder auch, wenn sie fehlt, Chancen verbaut.

Wie immer der Wissensbegriff präzisiert wird: Wissen ist immer ein *sozial validiertes* Verhältnis von Organismus bzw. psychischem System und Umwelt. Wer den Begriff der Kultur schätzt, könnte auch sagen: Wissen erfordere kulturelle Kohärenz und sei nicht isoliert validierbar. Darin besteht in der neueren Soziologie des Wissens Einverständnis.[28] Dies gilt auch für Wissen, das in der Form von Geräten, Maschinen, Technologien externalisiert ist, denn auch Technologien sind »a socially accepted way of insuring against uncertainty«.[29] Oder wie man auch sagen könnte: sie befreien von der Notwendigkeit, über die Art des Umgangs mit ihnen Konsens auszuhandeln. Soziale Validierung heißt auch, daß Wissen nicht allein durch die Übereinstimmung von Konzept und Realität begründet werden kann. Diese Übereinstimmung muß im alltäglichen sozialen Verkehr unterstellt werden. Sie kann nicht, das wäre viel zu umständlich, Thema werden.

Die soziale Validierung des Wissens ist nicht nur Angelegenheit des Wissenschaftssystems, das selbst einer solchen Validierung bedarf. Sie wird in weitem Umfange, ja primär durch die Massenmedien geleistet. Dabei bleibt aber noch viel Spielraum für Selektionen je nach dem, was für ein bereits begonnenes Leben interessiert. Insofern ist Wissen immer auch Form eines Lebenslaufs, und die Erziehung im Elternhaus, vor allem dann aber in Schulen trägt der Notwendigkeit sozialer Validierung Rechnung.

Ungeachtet dieser Notwendigkeit sozialer Validierung wird Wissen im Erziehungssystem als Wissen von Individuen gepflegt und damit auf Organismen und psychische Systeme bezogen.

28 Vgl. David Bloor, Knowledge and Social Imagery, London 1976; Barry Barnes, T. S. Kuhn and Social Science, New York 1982.

29 So Norman Clark/Calestous Juma, Long-Run Economics: An Evolutionary Approach to Economic Growth, New York 1987, S. 79.

Auf etwas rätselhafte Weise stellt man sich vor, daß dies Wissen »in« diesen Systemen vorhanden sei bzw. in sie hineingebracht werden könne. Mit dem Bezug auf Individuen ist zugleich festgelegt, daß es sich um gewußtes Wissen handelt. Wissen ist also durch Gedächtnis bedingt und präsentiert sich vor allem als Bekanntsein oder als Wissen eines Könnens. Trotz dieser Reflexivität werden an die Reflexion keine großen Anforderungen gestellt. Es wäre viel zu aufwendig, wollte man sich bei jeder Inanspruchnahme von Wissen bewußt machen, daß man es weiß. Solche Reflexionsschleifen werden nur eingeschaltet, wenn man auf Widerstand trifft und Zweifel am Realitätsbezug des Wissens aufstoßen. Normalerweise genügt, daß man weiß, daß man schwimmen kann, Englisch sprechen kann oder sich an einer Unterhaltung über das Mittelalter beteiligen kann. Schwierigkeiten, die auftauchen, können dann ad hoc bewältigt werden.

Mit der Diversifikation von Formen wird die Welt interessant. Denn alle Formen des Wissens verweisen auf das, was man nicht weiß und was einen überraschen könnte. Anders gesagt: wenn man etwas weiß, gewinnt man damit die Fähigkeit, Informationen zu erzeugen und zu verarbeiten. Einerseits kann man auf der Seite des Wissens Sicherheit finden. Das Wissen garantiert wiederholte Verwendbarkeit, also Redundanz. Andererseits, und in der modernen Welt viel wichtiger, ermöglicht es auch das Erkennen von Variationen, Neuheiten, Überraschungen. So gesehen ist die Absicht der Erziehung auf Steigerung von Redundanz *und* Varietät gerichtet.

Daß dies möglich ist, wird klarer, wenn man sich den Begriff der Form genauer ansieht. Jede Form dient der Bezeichnung von etwas durch sie Bestimmtem und damit der Unterscheidung von allem, was im Moment unbeachtet bleibt. Wissen bewährt sich erst als eine Zwei-Seiten-Form: mit der Seite des Vertrauten und Wiederverwendbaren und mit dem darum herumliegenden, unbeachteten »unmarked space«.[30] Die Form bleibt auf das durch sie Bezeichnete, in unserem Falle also das Gewußte gerichtet und legt dessen Wiederholung, Kondensierung, Konfirmierung, Generalisierung nahe. Dabei bleibt das Nichtbezeichnete, eben der

---

30 Im Sinne von George Spencer Brown, Laws of Form (1969), Neudruck der 2. Aufl. New York 1979.

unmarked space, ausgeschlossen, *aber als ausgeschlossen einge-schlossen*. Deshalb kann sich jederzeit etwas Nichtgewußtes be-merkbar machen, sei es, daß es sich aufdrängt, sei es, daß es als Horizont für die Suche nach Information fungiert. Das Wissen selbst ist, für sich genommen, also kein geschlossenes System. Es erreicht Geschlossenheit nur als Einheit der Unterscheidung einer markierten (gewußten) und einer unmarkierten (im Augen-blick unbeachteten) Seite. Nur die Unterscheidung ist eine (mit welchen Besetzungen immer) vollständige Schematisierung der Welt.[31]

Wissen in diesem weit gefaßten Sinne erweitert den Aktionsra-dius der Individuen. Es gibt ihnen eine Ausrüstung, mit der sie sich auf unvertrautes Gelände wagen können in dem Bewußt-sein, daß sie angesichts von Überraschungen sich zu helfen wis-sen werden. Wenn man »Bildung« als Vorzeigewissen interpre-tieren darf, dann ermöglicht Erziehung den Zugang zu einer Gesprächskultur, an der man teilnehmen kann, ohne hilflos zu wirken.[32] Auch wenn man etwas nicht weiß, kann man dies in der Art, wie man danach fragt, als Bildung präsentieren und dabei zeigen, daß man über genug Kontextwissen verfügt, um das, was erklärt wird, rasch verstehen und in eigenes Wissen transformie-ren zu können. Dasselbe gilt für jeden beruflichen Arbeitszu-sammenhang. Der Arzt weiß zunächst nicht, was dem Patienten fehlt. Dessen braucht er sich nicht zu schämen. Er läßt sich mit wenigen Informationen ins Bild setzen und kann dann sicher sein (oder so tun), daß er Rat und Hilfe zu geben weiß.

Jedes Wissen erneuert sich selbst, indem es sich ins Gedächtnis einkerbt und für Wiederverwendung verfügbar hält; und auch dadurch, daß es regelt, welche Situationsmerkmale vergessen werden können, weil sie sich anscheinend für Kondensation und Generalisierung nicht eignen. Wissen führt mithin zu riesigen Informationsverlusten und kann nur so Kapazitäten für neue Situationen freimachen. Der Rahmen, der diese kontinuierliche

31 »Distinction is perfect continence«, heißt es bei George Spencer Brown a.a.O. S.1.

32 Hier drängt sich im übrigen ein Vergleich mit der Adelskultur einer bereits bürgerlichen Epoche auf. Das funktionale Äquivalent für Bildung liegt in der (durch Sozialisation erworbenen) Sicherheit, unter keinen Umständen einen faux pas zu begehen.

Interferenz von Erinnern und Vergessen zusammenhält, ist der jeweils individuell geformte Lebenslauf. Das legt, fast unvermeidlich, die Erstarrung im einmal bewährten Wissen nahe. Die Grenze zum »unmarked space« wird nicht mehr gekreuzt. Man arrangiert sich mit dem, was auf der operativ anschlußfähigen Seite rasch verfügbar ist. Wenn man Erziehung als eine Phase des Lebenslaufs auffaßt, in der der Erzieher bewährbare Formen anbietet, läßt sich diese Bewährungserstarrung kaum vermeiden. Der Gebrauch des Mediums sichert nicht automatisch, wie etwa bei Geldzahlungen, die Regeneration des Mediums. Darauf reagieren Angebote der Weiterbildung für Erwachsene. Wenn man sich jedoch die Dimensionen dieses Problems vor Augen führt, wird man sehen, daß letztlich nur ein Konzept der Selbsterziehung oder des lebenslangen Lernens Abhilfe schaffen kann.

Die Erziehung schreibt keinen Lebenslauf vor. Sie kann nicht beanspruchen, die Lebensführung ihrer Zöglinge zu kontrollieren. Das wäre »totalitäre« Erziehung und mit gesellschaftlicher Differenzierung, also auch mit der Ausdifferenzierung des Erziehungssystems, nicht zu vereinbaren. Erziehung kann nur mit der *Differenz* von Medium und Form arbeiten. Sie kann sehr spezielle Ausbildungen für bestimmte Berufe anbieten und damit Möglichkeiten eines Lebenslaufs erschließen, die ohne solche Ausbildungen nicht gegeben wären. Auch das kann aber nicht in der Form der Determination künftigen Verhaltens geschehen, sondern nur als Bereitstellung von Wissen, das es ermöglicht, sich auf bestimmte Verhaltensanforderungen einzulassen mit einer ausreichenden Sicherheit; jeweils die Informationen gewinnen zu können, die für das Verhalten in bestimmten Situationen sinnvoll sind.

Kapitel 4

Interaktionssystem Unterricht

I.

Soweit Erziehungsleistungen auf Schulen und Hochschulen übertragen werden, finden sie in der Form von Unterricht statt. Im auslaufenden 18. Jahrhundert hatte man damit begonnen, die alte Trennung von Erziehung (educatio) und Unterricht (institutio) aufzugeben und unter Schlagworten wie »Erziehungslehrer« oder »erziehendem Unterricht« Erziehungsleistungen auch von den Interaktionssystemen der Schulklassen zu erwarten und die Lehrer entsprechend zu engagieren.[1] Von Anbeginn wurde zwar gesehen (und noch heute wird beklagt), daß dies zu einer primär kognitiven Ausrichtung der Erziehung führen würde, aber offenbar sah man für die geplante »nationale« (das heißt: nicht mehr nur häusliche) Erziehung keine Alternative.

Mit der Ausrichtung von Schulklassen als Systemen der Interaktion unter Anwesenden sind weittragende Konsequenzen verbunden, die sich aus den Formen des Systembaus der Interaktion ergeben. All die besonderen Merkmale der Interaktion unter Anwesenden werden damit ins Erziehungssystem überführt. Das gilt vor allem für das Reflexivwerden des bewußten (also rein psychischen) Wahrnehmens. Die Teilnehmer nehmen wahr, daß sie wahrgenommen werden. Darin (und nicht im Einfluß auf

1 Siehe für die Initiative zu einem »wahrhaft erziehenden Unterricht« vor allem Friedrich Eberhard von Rochow, Sämtliche pädagogische Schriften, 4 Bde. Berlin 1907-1910. Man findet allerdings auch nachhaltigen Widerstand gegen diese Verschmelzung und die damit verbundene kognitive Ausrichtung der Erziehung. Siehe z. B. Johann Heinrich Gottlieb Heusinger, Beytrag zur Berichtigung einiger Begriffe über Erziehung und Erziehungskunst, Halle 1794, S. 67 ff. oder B. M. Snethlage, Ueber den gegenwärtigen Zustand der niedern Schulen und ihre zweckmäßigere Einrichtung, nebst einigen Bemerkungen über Aufklärung in Rücksicht der Bestimmung der Grenzen derselben für die niedern Schulen, Münster 1798, S. 17. Ein anonymer Autor (Über die Erziehung, Schleswigsches Journal 3 (1793), S. 1-16, läßt Erziehung im Unterricht jedenfalls insoweit zu, als die Kinder dazu gebracht werden müssen, keinen Unfug zu treiben (S. 42 f.).

Entscheidungen, was die Kompetenzfrage aufwerfen würde) besteht die Teilnahme (Partizipation) am Erziehungssystem.[2] Vom
Wahrnehmen des Wahrgenommenwerdens geht eine gewisse,
aber für Unterrichtszwecke oft unzureichende Disziplinierung
aus, die ihrerseits einen Anreiz dazu geben mag, Unfug zu treiben oder den Lehrer auf andere Weise zu provozieren. Jeder
Schüler gewinnt damit die Möglichkeit, den Unterricht zu stören
und das zu genießen.[3]

Vor allem garantiert das laufende Wahrnehmen des Wahrgenommenwerdens eine basale Gleichzeitigkeit des Beobachtens und
Verhaltens verschiedener Teilnehmer. Von da ausgehend kann in
gewissem Umfange eine Synchronisation des Verhaltens erfolgen. Man verlängert die gegebene Gleichzeitigkeit in die in Aussicht stehende Zukunft, die ihrerseits als Abfolge von neuen Ge-
genwarten mit jeweils eigener Gleichzeitigkeit angenommen
wird. Aber dies sind allgemeine Merkmale der Interaktion unter
Anwesenden[4], die schon gelernt und bekannt sind, wenn Kinder
zur Schule kommen.

Für die jeweils Anwesenden ist die Differenz zwischen Anwesenden und Abwesenden, zwischen »innen« und »außen« und
damit die Grenze des Interaktionssystems Unterricht offensichtlich. Sie kann im Klassenzimmer auch kaum (oder allenfalls
»durch die Tür«) variiert werden. Das heißt: es wird gar nicht in
Zweifel gezogen, daß es in der Umwelt des Unterrichtssystems

2 Bei aller fundierenden Bedeutung dieser vorprädikativen Struktur wech-
selseitig-reflexiver Wahrnehmung unterscheidet sich der Schulunterricht
jedoch von Systemen, die sich nahezu ausschließlich auf diese Weise koor-
dinieren, zum Beispiel das Fußballspiel.

3 Vgl. Karl Eberhard Schorr, »Peter stört« – »Sicht und Einsicht« in erzieherischen Situationen, in: Dirk Baecker et al. (Hrsg.), Theorie als Passion,
Frankfurt 1987, S. 669-693. Üblicherweise wird dies aus der Sicht des Lehrers als Disziplinproblem behandelt. Das erspart es dem Lehrer, die Unterscheidung von Unruhe und lebhafter Unterrichtsteilnahme als Unterscheidung zu reflektieren. Siehe z.B. Klaus Hurrelmann, Soziale Koordinaten
des Disziplinproblems, betrifft: erziehung 8 (1975), S. 34-40; Jacob S. Kou-
nin, Techniken der Klassenführung (Originaltitel: Discipline and Group
Management in Classrooms), Bern – Stuttgart 1976.

4 Vgl. hierzu Thomas Luckmann, The Constitution of Human Life in Time,
in: John Bender/David E. Wellbery (Hrsg.), Chronotypes: The Constitution of Time, Stanford Cal. 1991, S. 151-166.

andere Menschen und andere soziale Verhältnisse gibt, zum Beispiel die Elternhäuser oder die jeweiligen Verkehrsverhältnisse des Schulorts – bis hin zu den fernerliegenden Verhältnissen, über die in der Schule unterrichtet wird. Das Verhältnis zur Umwelt ist weder positiv noch negativ vorqualifiziert; es ist analytisch nur als Einschluß des Ausschließens zu verstehen und damit ein Moment der Selbstorganisation und des rekursiven, an eigene Resultate anschließenden Operierens des Systems.

Da das System sowohl operativ geschlossen als auch selbstreferentiell operiert, erzeugt es eine interne strukturelle Unbestimmtheit und einen Überschuß an Beobachtungsmöglichkeiten psychischer Systeme, die schon bei wenigen Teilnehmern nicht mehr integriert, geschweige denn durch soziale Operationen, also durch Kommunikationen kontrolliert werden können. Die laufende Kommunikation ist ein *zusätzlicher* Attraktor für Aufmerksamkeit, und sie ist selbst eine Art des Beobachtens (Unterscheidens und Bezeichnens); aber sie ist nicht ohne weiteres in der Lage, freie psychische Kapazitäten zu binden.[5] Auch Interaktionssysteme sind mithin Systeme mit einer selbsterzeugten Ungewißheit. Kein Teilnehmer und erst recht nicht die Kommunikation selbst kann erkennen, was vor sich geht. Das gilt natürlich auch für den Lehrer. Würde er alles sehen, was geschieht, würde er die Übersicht und die Kontrolle über die Situation verlieren.[6] Aber: was folgt daraus für die Pädagogik?

Die im System selbsterzeugte Ungewißheit heißt nicht zuletzt, daß Voraussicht kaum möglich ist und daß das System sich retrospektiv im Blick auf das, was gerade geschehen ist, also mit dem Rücken zur Zukunft reproduziert.[7] Die Schritte, die zum Erfolg führen, sind nicht im vornhinein spezifizierbar. So sorgfältig und systematisch die Vorbereitung sein mag: Unterrichten ist ein opportunistischer Prozeß, und je mehr er sich nach den Gelegen-

5 Das steckt hinter der Forderung, Unterricht solle spannend sein, solle die Aufmerksamkeit fesseln. Aber die Erfahrung zeigt auch, wie schwer es ist, dieser Forderung nachzukommen und wie schnell die Künstlichkeit solcher Bemühungen erkennbar wird.

6 Vgl. Ernst Christian Trapp, Versuch einer Pädagogik (1780), zitiert nach der Neuausgabe Leipzig 1913, S. 38 f., 99 f.

7 Siehe dazu Karl E. Weick, Sensemaking in Organizations, Thousand Oaks Cal. 1995.

heiten richtet, desto besser ist er. Eine weitere Konsequenz ist, daß Unterrichtsstunden einen guten und einen schlechten Verlauf nehmen können. Woran das liegt, ist kaum zu erklären; und wenn es plausible Erklärungen gibt, lassen sie sich nicht verallgemeinern. Aber es scheint, daß der Verlauf sich selbst konditioniert, die einmal eingeschlagene Bahn wirkt selbsterklärend und ist schwer zu korrigieren.

Daß Absichten und Pläne eine Rolle spielen, soll damit nicht bestritten sein. Sie verhelfen vor allem dazu, nicht-eindeutige Situationen zu interpretieren und weitere Schritte zu tun, wenn Kapazität dafür frei ist.

Die Festlegung einer Rolle des Lehrers dient zugleich dazu, in der Mikrosoziologie des Unterrichts makrosoziologische Bezüge sichtbar zu machen.[8] Auch wenn das Interaktionssystem autonom, das heißt: aus sich selbst heraus operiert und damit stets seine eigene Geschichte fortsetzt, fehlt es ihm nicht an Referenzen auf Organisation und Gesellschaft. Das ist kein Widerspruch zur These eines autonomen, autopoietischen Interaktionssystems, denn diese Referenzen können nur in der Interaktion und nur durch die Interaktion sichtbar gemacht werden.

Kommunikation im Felde wechselseitiger Wahrnehmung erfordert *gleichzeitiges* Reden und zuhörendes Schweigen. Angesichts der Größe und Komplexität des Systems muß daher die Beteiligung an der Kommunikation geregelt werden. Dies geschieht mit Hilfe der Rollendifferenzierung von Lehrer und Schülern. Der Lehrer darf immer. Die Schüler müssen sich auf das Wahrnehmen des Wahrgenommenwerdens stützen; sie müssen sich melden. Das allgemeine Verbot des Dazwischenredens, das auch in Familien beachtet werden muß, genügt nicht.

Die Kontrolle des Interaktionsverlaufs und damit der Darstellungschancen der Schüler wird durch Anweisungen und vor allem durch Fragen des Lehrers ausgeübt. Für die Schüler bleiben nur korrespondierende Erfahrungen übrig: Warten, Zurückweisung, Unterbrechung, Geduld, Resignation.[9] Kurze Episoden der Interaktion des Lehrers mit nur einem Schüler sind

8 Siehe dazu Jeff Coulter, Human Practices and the Observability of the ›Macrosocial‹, Zeitschrift für Soziologie 25 (1996), S. 337-345.
9 Siehe Philip W. Jackson, Die Welt des Schülers, in: Wolfgang Edelstein/ Diether Hopf (Hrsg.), Bedingungen des Bildungsprozesses, Stuttgart 1973;

möglich[10], aber sie können nicht ignorieren, daß sie während des Unterrichts im Klassenzimmer stattfinden und von anderen Schülern beobachtet werden. Sie finden, könnte man sagen, klassenöffentlich statt.

Diesen allgemeinen Merkmalen der Interaktion unter Anwesenden fügen die besonderen Bedingungen der Interaktion in Schulklassen *Einschränkungen* hinzu, die der *Ausweitung* der Leistungsfähigkeit auf dem Gebiete der Erziehung dienen. Die Schulklasse bewährt sich also nach dem allgemeinen Muster der *Steigerung* von Komplexität durch eine spezifische *Reduktion* von Komplexität. So kann der Ort und der Zeitpunkt der Zusammenkunft der Teilnehmer vorher bestimmt werden, und diese Bestimmung reagiert nicht auf den Verlauf der Unterrichtsinteraktionen. Wenn jemand fehlt, fällt das auf und kann registriert werden. Auf Grund der in Bezug auf Zeitpunkt, Treffpunkt und Personen »pünktlichen« Regulierung können Interaktionsketten gebildet werden. Man unterscheidet deshalb Schulstunde und Schulklasse. Die Interaktion Unterricht hört auf und hört doch nicht auf, wenn es zur Pause klingelt. Sie kann zu einem anderen Zeitpunkt fortgesetzt werden. Das ermöglicht es, eine zeitunabhängige Themenkontinuität herzustellen, ohne daß man, wie zum Beispiel beim Lesen, auf Interaktion verzichten müßte. Die Interaktion garantiert (wie immer es psychologisch darum bestellt sein mag) Teilnehmer mit Gedächtnis, nämlich »Personen«[11], so daß die Kommunikation an die »letzte Stunde« anknüpfen kann.

Da Personen anwesend sind und Anwesende Beobachtung verdienen, sind Ereignisse immer in mehrfacher Systemreferenz relevant: für das Interaktionssystem Unterricht und für die einzelnen Personen. Diese Divergenz läßt sich schwer im Blick

M. Hammersley, The Organization of Pupil Participation, The Sociological Review 22 (1974), S. 355-368. Vgl. auch Ursula Wiesenhütter, Das Drankommen der Schüler im Unterricht: Empirische Untersuchung über Koartationserscheinungen im Kontaktgeschehen zwischen Lehrer und Schüler, München 1961.

10 Dazu John Crawford et al., Classroom Dyadic Interaction: Factor Structure of Process Variables and Achievement Correlates, Journal of Educational Psychology 69 (1977), S. 761-772.

11 Vgl. oben ... (Angabe wurde nicht mehr vervollständigt, D. L.)

behalten. Vermutlich kommt es daher zu einem ständigen Oszillieren zwischen der einen bzw. der anderen Systemreferenz, und man darf vermuten, daß Disziplinprobleme die Aufmerksamkeit in die eine Richtung lenken, Lernschwierigkeiten oder schlicht Faulheit dagegen in die andere.

Der Lehrer macht sich im Unterricht mit einer bestimmten, positiven Einstellung zu den Themen sichtbar.[12] Das setzt eine Interaktion unter Anwesenden voraus. Die Einstellung selbst wird (normalerweise) nicht zum Thema der Kommunikation; aber der Lehrer erwartet (und die Schüler erwarten, daß er erwartet), daß diese Einstellung übernommen wird. Es geht also nicht nur einfach um Wissen, sondern auch, und vor allem, um die Wertschätzung des Wissens.

Die Interaktion findet in geschlossenen, nicht öffentlich zugänglichen Räumen statt, so daß die Ablenkung durch die Umwelt minimiert werden kann.[13] Das ändert sich nicht, sondern wird als Regel durch die Ausnahme bestätigt, durch Gegenprogramme wie Schulausflüge, heute Schulreisen. Zugang und Abgang von Personen werden geregelt und kontrolliert, so daß sie nicht in Reaktion auf die Geschichte der Interaktion im Unterricht erfolgen können (nach dem Motto: es gefällt mir nicht mehr, ich gehe.). Vor allem aber gewährleistet die räumliche Absonderung des Unterrichts, daß das Unterrichtssystem seine eigene Thematik kontrollieren und Beginn, Wechsel und Fallenlassen von Themen selbst bestimmen kann (was natürlich nicht von selbst schon zur Konzentration von Aufmerksamkeit führt).

Erziehungsversuche können normalerweise abgebrochen werden, wenn man sieht, daß sie wenig Erfolg versprechen. Das ist ein typischer Vorteil häuslicher Erziehung. Unterricht ist dagegen auf Fortsetzung angelegt.[14] Wenn der Unterricht selbst erzie-

---

12 Jerome Bruner, The Language of Education, in: ders., Actual Minds, Possible Worlds, Cambridge Mass. 1986, S. 121-133, spricht von »stance«.

13 Zur Unterscheidung »here and out there«, die sich daraus ergibt, siehe Louis M. Smith/William Geoffrey, The Complexities of an Urban Classroom: An Analysis toward a General Theory of Teaching, New York 1968, S. 98. Daraus ergibt sich die weitere Frage, wieweit der Lehrer als Vermittler der Umwelt taugt, wenn seine Herkunftswelt im Vergleich zu der der Schüler eine ganz andere ist.

14 Vgl. aber Jean Paul, Levana oder Erziehlehre, zit. nach Sämmtliche Werke

hend wirken soll und Erziehung im Unterricht nicht nur in der Form von gelegentlichen Einlagen versucht wird, muß auf Abbrechbarkeit verzichtet und die Hoffnung auf die Weiterführung des Programms gerichtet werden.

Was Zeiteinteilungen betrifft, muß man *Episoden* und *Perioden* unterscheiden. Episoden ergeben sich aus der Beschäftigung mit einem Thema oder mit einem Schüler. Über sie disponiert das Interaktionssystem des Unterrichts, zumeist unter maßgebendem Einfluß des Lehrers. Perioden sind dagegen organisatorisch vorgegebene Einteilungen, zum Beispiel Unterrichtsstunden oder Schuljahre oder Ferien. Die Episoden müssen sich den Perioden fügen. Das rechtfertigt den dominierenden Einfluß des Lehrers. Sowohl Episoden als auch Perioden haben sich einer Summenkonstanzregel zu fügen: die Verlängerung einer Zeiteinheit geht auf Kosten anderer. Auch dies ist ein Gesichtspunkt, der sich tendentiell als Verlängerung der Schulzeit auswirkt. Man gewinnt Schulzeit auf Kosten der Lebenszeit.

Die wohl auffälligste Eigenart des Interaktionssystems Schulunterricht ist die komplementäre, aber asymmetrische Rollenstruktur Lehrer/Schüler, die Autorität, Situationskontrolle und Redezeit massiv zugunsten des Lehrers disbalanciert. Das heißt nicht, daß der Lehrer in allen Situationen seine *strukturell* garantierte Überlegenheit auch durchsetzen kann, und erst recht nicht, daß dies pädagogisch ratsam wäre. Aber diese Einschränkung gilt für alle Hierarchien, auch für die von Vorgesetzten und Untergebenen in Organisationen. Sie ändert nichts daran, daß es nützlich ist, zu wissen, wo im Zweifelsfalle die Entscheidung getroffen wird und wo die Verantwortung dafür liegt.

Schließlich ist beachtenswert, daß Schüler und Lehrer einander zugeteilt werden.[15] Sie wählen einander nicht selbst auf Grund einer vermuteten Affinität. Das Interaktionssystem Unterricht muß deshalb seine eigene Ordnung, seine »Selbstorganisation«, auf der Basis der Unfreiwilligkeit des Zusammenseins aus einigen »anstaltlichen« Vorgaben gewinnen.

Diese typischen Strukturen des Interaktionssystems Unterricht

XXXVII, 8. Lieferung, 2. Band, Berlin 1827, S. 27, genau umgekehrt: Unterricht könne abgebrochen werden, Erziehung dagegen nicht.

15 Betont bei Karl Mannheim/W. A. C. Stewart, An Introduction to the Sociology of Education, London 1962, S. 136f.

ergeben sich unabhängig von den Fächern und »Stoffen«, die unterrichtet werden. Sie ergeben sich auch unabhängig von der individuellen Eigenart der Personen, die sich beteiligen. Das schließt natürlich nicht aus, daß es in der Interaktion selbst einen Unterschied machen kann, wie ein Lehrer auftritt und wie er unterrichtet und vor allem: wie kompetent er auftreten kann. Die Form des Interaktionssystems Unterricht läßt also durchaus einen Spielraum für Unterschiede des Fachwissens und des pädagogischen Geschicks.

II.

Diese im wesentlichen deskriptiven Befunde können mit Hilfe einer systemtheoretischen Begrifflichkeit einer Zweitanalyse (einer »redescription«) unterzogen werden. Es fällt auf, daß solche Systeme einerseits ihre Strukturen reproduzieren und andererseits Gelegenheiten in der Form von Zufällen erscheinen lassen. Das System reproduziert sich daher, könnte man sagen, als Einheit von Routinen und Zufällen, als Einheit von Ordnung und Unordnung. Das heißt nicht zuletzt, daß die Struktur des Interaktionssystems den günstigen oder ungünstigen Verlauf (»trajectory«) der Unterrichtsstunde nicht festlegt, sondern beide Möglichkeiten offen läßt. Es ist dieser Sachverhalt, der den bekannten Schwierigkeiten der pädagogischen Aufgabe zugrundeliegt. Sie konfrontiert den Lehrer mit einem Paradox – eben der Einheit von Routine und Zufall, und läßt ihn ohne Anweisung, wie er dieses Paradox auflösen soll.

Logiker würden hier nach einer anderen, höheren »Ebene« im Ordnungsmodell des Unterrichtssystems fragen, aber das hilft praktisch nicht viel weiter. Uns muß es genügen, zu zeigen, daß das erforderliche Geschick sich auf den Umgang mit diesem Paradox bezieht. Wie immer aber der Lehrer sich verhält: es entsteht eine Ordnung der Ausnutzung bzw. Nichtausnutzung von Gelegenheiten. Die Komplexität des Interaktionssystems gewinnt dadurch eine Form, auf die man sich einstellen kann. Und »Form« heißt, daß Bestimmtes zur Routine wird, an die weiteres Verhalten anschließen kann, und anderes im »unmarked space« der nichtberücksichtigten Möglichkeiten verbleibt.

Diese Eigenarten des klassenförmigen Unterrichts liegen der gesellschaftlichen Ausdifferenzierung eines Erziehungssystems zugrunde. Sie ermöglichen die Unabhängigkeit von häuslich-familialen Strukturen und von zufällig kommenden Gelegenheiten. Sie ermöglichen deshalb auch langfristige Konzentration und damit anspruchsvolle Ausbildungen, die über das, was ein Lehrling in der Arbeit lernen könnte, hinausgehen. Man kann dies vergleichen mit der Art, in der Gerichte die Ausdifferenzierung eines Rechtssystems ermöglichen oder Kirchen bzw. sonstige Stätten für sakrale Rituale und geistliche Kommunikation die Ausdifferenzierung eines Religionssystems. In diesem Sinne hat die Interaktionsform des Unterrichts eine gesellschaftliche Relevanz, die nicht davon abhängt und nicht mit dem variiert, was effektiv gelernt wird.

Kapitel 5

Ausdifferenzierung des Erziehungssystems

I.

In allen Gesellschaften gibt es Bemühungen um Erziehung von Kindern – so wie es in allen Gesellschaften Machtdifferenzen, ökonomische Zukunftsvorsorge oder sakrale Kultobjekte gibt. Von Ausdifferenzierung besonderer Funktionssysteme kann man dagegen nur sprechen, wenn in solchen Problemen ein Anlaß für Systembildungen gesehen wird. Für Erziehung heißt das zum Beispiel, daß die Welt der Kinder in ihrer Besonderheit erkannt und von der Welt der Erwachsenen unterschieden wird.[1] Erst damit gibt es einen Grund, die situativ gegebenen Anlässe für Erziehungsmaßnahmen zu überschreiten und auf das Problem durch Systembildung zu reagieren.

Die Ausdifferenzierung eines Funktionssystems für Erziehung bricht mit der Vorherrschaft der Familie in Fragen der Erziehung ihrer Kinder – ein letzter Fall der Auflösung der multifunktionalen Rolle der Familien- und Verwandtschaftssysteme in der Gesellschaft. Die Familie wird auf eine Vorbereitungs- und Begleitfunktion reduziert, deren Maßstab, was Erziehung betrifft, letztlich der Schulerfolg ist. Im Kontext der gesellschaftlichen Evolution gehört dies zu den späten Entwicklungen. Anders als die Ausdifferenzierung von Religion, Politik und Geldwirtschaft gehört sie nicht zu den Vorgängen, die die gesellschaftliche Evolution primär bestimmen und ihre Richtung frühzeitig festlegen. Eher hat man den Eindruck, daß besondere Anforderungen an Erziehung eine bereits entstandene gesellschaftliche Komplexität voraussetzen, für die dann ausgebildet werden muß. Sie ist eine Folge bereits eingetretener sozialer Differenzierungen; sie ist kein Schrittmacher der soziokulturellen Evolution. Seit der frühen Neuzeit stellen die arbeitsteilig und marktmäßig produ-

[1] Was für ältere, vor allem für tribale Gesellschaften bei allen Bemühungen um Erziehung der Kinder typisch nicht der Fall ist. Vgl. für viele Meyer Fortes, Social and Psychological Aspects of Education in Taleland, London 1938, S. 8 f.

zierende Wirtschaft, aber auch die Differenzierung der Staatsämter und die zunehmend professionell betriebene Religion nach der Reformation und dem Tridentinum Anforderungen an Ausbildung. Aber erst in der zweiten Hälfte des 18. Jahrhunderts werden Trends zur Ausdifferenzierung eines besonderen Funktionssystems für Erziehung sichtbar – zum Beispiel unter dem Schlagwort der »nationalen Erziehung« und mit der Absicht, ein Schulsystem für die gesamte Bevölkerung einzurichten und häusliche Erziehung zu privatisieren. Man reagiert, ohne die gesellschaftsstrukturelle Dimension zu sehen, auf der Ebene von Organisation und Professionalisierung, also durch Respezifikation von Unbestimmtheiten, die durch Ausdifferenzierung entstanden sind.[2] Mit dieser historischen Verortung ist jedoch noch nicht geklärt, wie die Ausdifferenzierung ermöglicht wird und woran sie erkennbar ist.

Mit der Analyse des Mediums Lebenslauf und der Unterrichtsinteraktion ist bereits ein erster Schritt zum Verständnis der Ausdifferenzierung des Erziehungssystems getan. Die Verfügung über ein eigenes Medium, das mit anderen gesellschaftlichen Medien, zum Beispiel Geld oder politische Macht, nicht verwechselt werden darf, ist eine wichtige Voraussetzung für die Einrichtung einer rekursiv geschlossenen Orientierung an eigenen Formen. Das heißt natürlich nicht, daß im Erziehungssystem keine Macht entsteht oder daß Kosten keine Rolle spielen. Aber der Primat des eigenen Mediums verhindert, daß Kriterien aus anderen Medienbereichen eine dominierende Rolle spielen. Weder geht es um Gewinnmaximierung noch darum, das Ansehen und die Wahlchancen einer bestimmten politischen Partei zu verbessern. Wenn solche Kommunikationen in der Schule vorkommen, und wer wollte das bestreiten, erkennt man daran, daß sie nicht im Erziehungssystem ablaufen, sondern in der Wirtschaft bzw. in der Politik.

Den Begriff der Ausdifferenzierung definieren wir systemtheoretisch. Es geht also nicht um die Ausdifferenzierung eines verfeinerten Geschmacks, einer besonderen Etikette, einer besonderen Terminologie; oder wenn dies vorkommt, werden wir versuchen, es auf die Ausdifferenzierung von Trägersystemen

2 Vgl. Kap.…. (Angabe wurde nicht mehr vervollständigt, D. L.)

für diese Besonderheiten zurückzuführen. Der Grund für diese Präferenz für Systemtheorie ist, daß sie einen doppelten Zugriff auf die Differenz von System und Umwelt ermöglicht. Einerseits kann ein System sich nur reproduzieren, wenn es dabei eine Differenz zur Umwelt erzeugt, also Grenzen zieht, also »Umwelt« entstehen läßt. Andererseits kann das System diese Differenz beobachten, es kann sich selbst von seiner Umwelt unterscheiden und sich an diesem Unterschied orientieren. Formal gesehen ist dies ein Fall von »re-entry« im Sinne von Spencer Brown[3], nämlich ein Wiedereintritt der Form in die Form, der Unterscheidung von System und Umwelt ins System. Daraus ergeben sich weitreichende Folgen, die denen gleichen, die wir am Falle der reflexiven, nichttrivialen Maschine kennengelernt haben. Das System konfrontiert sich selbst mit einem Überschuß an Möglichkeiten, die es selbst nicht ausrechnen kann. Es entsteht eine unresolvable indeterminacy[4], also eine selbsterzeugte Ungewißheit, die das System zur Selbstorganisation, zur Orientierung am eigenen Gedächtnis und letztlich zur Imagination zwingt, deren Problemlösungen dem Test einer noch unbekannten Zukunft ausgesetzt werden. Dies sind sehr radikale Eingriffe in die Denkmuster der klassischen Systemtheorie[5] (von Bertalanffy, Ashby). Sie erst geben uns die Möglichkeit, die funktionale Differenzierung der modernen Gesellschaft mit ihren Konsequenzen angemessen zu beschreiben.

Das Ergebnis von Ausdifferenzierungsprozessen wird normalerweise mit dem Begriff der Autonomie (Systemautonomie) beschrieben. Der Begriff muß allerdings mit Vorsicht behandelt werden. Er kann nicht bedeuten, daß das System von seiner Umwelt in einem kausalen Sinne unabhängig sei. Auch kann das Streben nach Autonomie nicht heißen, daß das System mehr und mehr Quellen der Abhängigkeit unter eigene Kontrolle bringt (also zum Beispiel das Geld, das es braucht, selbst verdient).

---

3 Siehe George Spencer Brown, Laws of Form (1969), Neudruck der 2. Aufl. New York 1979, S. 56 f., 69 ff.

4 So George Spencer Brown a. a. O. S. 57.

5 Siehe auch Niklas Luhmann, Die Kontrolle von Intransparenz, Ms. Amsterdam 1995. (Erschienen in: Heinrich W. Ahlemeyer/Roswita Koenigswieser (Hrsg.), Komplexität managen: Strategien, Konzepte und Fallbeispiele, Wiesbaden 1997, S. 51-76, D. L.)

Damit wäre allenfalls »relative Autonomie« erreichbar, und letztlich würde das System durch Inkorporation von mehr und mehr Umwelt seine Eigenart als System aufgeben müssen. Wir müssen in Gegenrichtung suchen. Autonomie beruht auf der *Spezifik* der systembildenden Operationen und ihrer strukturellen Kondensate. Das gilt schon für lebende Systeme.[6] Die Abhängigkeit von der Umwelt läßt sich nicht eliminieren, sie muß geradezu als Bedingung der Existenz der Systeme angesehen werden und bestimmt die Richtung, in der Ausdifferenzierungen möglich sind. Wir definieren deshalb Autonomie als operative Schließung des Systems und operative Schließung als autopoietische Reproduktion der Elemente des Systems durch das Netzwerk eben dieser Elemente. Man kann die Schule deshalb zwar als soziales System, nicht aber, mit Durkheim, als »Mikrokosmos« der Gesellschaft in der Gesellschaft auffassen.[7] Für unseren Fall heißt Autopoiesis: daß das Erziehungssystem nur pädagogisch relevante Operationen verwenden kann und diese in einem rekursiven Netzwerk solcher Operationen selbst erzeugt. Das ist mit rechtlichen Regulierungen und finanziellen Abhängigkeiten durchaus vereinbar, solange diese nicht als Machtquelle benutzt werden, um pädagogische Absichten zu unterdrücken und durch etwas anderes zu ersetzen. Autonomie ermöglicht es deshalb durchaus, sich *thematisch* an Wissenschaft und *organisatorisch* an den Staat des politischen Systems anzulehnen und daraus entstehende Spannungen systemintern auszugleichen.

Empirisch gesehen wächst durch Ausdifferenzierung die Menge der Kommunikationen, die das Erziehungssystem sich selbst zurechnet, rasch und in immense Ausmaße hinein. Damit wächst der Anforderungsdruck, da weder Schichtung noch Markt zur Definition relativer Chancen beitragen. Wie typisch für Großsysteme nimmt dadurch auch der Anteil an redundanter Kom-

---

6 Vgl. Humberto Maturana/Francisco Varela, Der Baum der Erkenntnis: Die biologischen Wurzeln des menschlichen Erkennens, Bern 1987, S. 55: »... ein System ist autonom, wenn es dazu fähig ist, seine eigene Gesetzlichkeit beziehungsweise das ihm Eigene zu spezifizieren.«

7 Siehe Emile Durkheim, Education et Sociologie (1922), Neudruck Paris 1966, S. 99. Gegen die Vorstellung eines gesellschaftlichen Mikrokosmos im Hinblick auf funktionale Differenzierung Talcott Parsons/Gerald M. Platt, The American University, Cambridge Mass. 1973, S. 203.

munikation zu, das heißt an Kommunikationen, die etwas schon Bekanntes mitteilen. Zum Beispiel Kommunikationen über die Ideen und Werte des Systems, über strittige Ideologien, über den »Zweck der Erziehung« und den Sinn der Arbeit und des Berufs. Außenstehende könnten vermuten, daß das System mit diesen Kommunikationen eine interne Unsicherheit bearbeitet. Das wäre dann Aufgabe der »Pädagogik«. Man muß aber auch berücksichtigen, daß es schwierig, wenn nicht unmöglich wäre, alle Kommunikationen im System auf die Aktualisierung von Informationen zuzuspitzen. Informationen gewinnt der erfahrene Lehrer aus dem Verhalten von Schülern im Unterricht, aber die lassen sich kaum aus dem Kontext, in dem sie auftreten und wieder verschwinden, herauslösen. Informationen gibt es mehr als genug im Organisationssystem, denn hier werden Entscheidungen getroffen, die schon vom Begriff her jeweils neu sind. Informationen erwartet man schließlich von den Ergebnissen pädagogischer Forschung. Informative oder überraschende Kommunikation ist also von sehr spezifischen Rahmenbedingungen abhängig; und selbst wenn die Information »ankommt«, wäre zumeist noch unklar, was man mit ihr anfangen kann.

Funktionale Differenzierung ist demnach nicht nach dem Muster von Arbeitsteilung zu begreifen. Schon Durkheim hatte heimliche Zweifel, ob sich entsprechende Formen der Integration einstellen werden, und dies deshalb unter dem Titel der organischen Solidarität mit Nachdruck moralisch (!) gefordert.[8] Eine systemtheoretische Neubeschreibung bestätigt zwar die hohe Leistungsfähigkeit der ausdifferenzierten Teilsysteme, betont aber zugleich, daß dies mit einem Verzicht auf eine auferlegte gesamtgesellschaftliche Ordnung (etwa eine Hierarchie) verbunden ist. Jedes Funktionssystem muß voraussetzen, daß alle anderen Funktionen woanders auf dem erforderlichen Niveau erfüllt werden; es kann diese Voraussetzung aber nicht, zum Beispiel durch tauschförmige Arrangements, selbst sicherstellen. Jedes Funktionssystem verzichtet auf die Möglichkeit, sich auf eine Ordnungsvorgabe der Gesellschaft, sei es regionale Begrenzung mit Indifferenz gegenüber »anderen Völkern«, sei es so-

8 Siehe Emile Durkheim, De la division du travail social, zit. nach dem Neudruck der 2. Aufl. Paris 1930, 9. Druck 1973.

ziale Schichtung, zu stützen. Diese Abkopplung erzeugt systemintern einen Überschuß an Kommunikationsmöglichkeiten, der nur mit Hilfe eines eigenen Medium/Form-Arrangements, also nur durch Selbstorganisation bewältigt werden kann. Jedem Funktionssystem fällt damit die Last der Autonomie zu – einfach deshalb, weil kein anderes Funktionssystem die Funktion eines anderen erfüllen kann. Der Staat kann Schulpflicht einführen und aus Steuermitteln die Kosten von Schulen und Hochschulen tragen; er kann als Organisation des politischen Systems nicht selber erziehen.

Diese allgemeinen Bedingungen treten gegen Ende des 18. Jahrhunderts auch am Falle des Erziehungssystems zutage. Man bildet die Hybridformel »erziehender Unterricht«, die die alte Unterscheidung educatio/institutio verschmilzt und die Ausdifferenzierung nicht nur des schulischen Unterrichts, sondern auch der Erziehung zum Ausdruck bringt.[9] Erziehender Unterricht erfordert eigens dafür ausgebildete Lehrkräfte und eine speziell für Erziehung entworfene Methode. Es kann nicht einfach der Küster sein, der nebenberuflich den Kindern des Dorfes das Lesen und Schreiben beibringt. Auch muß durch Organisation sichergestellt werden, daß die Schulklassen annähernd gleiche Vorbildung und annähernd gleiches Alter garantieren. Wir kommen darauf im Kapitel über Respezifikation zurück. Im Augenblick interessiert nur, daß sich auch im Falle des Erziehungssystems ein Zusammenhang von Ausdifferenzierung, Entfallen des sozialen Außenhalts, Autonomie und internem Zwang zur Selbstorganisation nachweisen läßt. Insofern folgt das Erziehungssystem einem *typischen* Muster der modernen, funktional differenzierten Gesellschaft, das sich auch in anderen Fällen, zum Beispiel in der romantischen Kunst, in der Positivierung des Rechts, in der Demokratisierung der Politik (zunächst in der Form eines dominierenden Einflusses der öffentlichen Meinung) oder in der Marktorientierung der Wirtschaft nachweisen läßt.

9 Nicht ohne Widerspruch: De Bonald hilft sich zum Beispiel mit der Unterscheidung Staat/Gesellschaft. Unterricht sei Sache des Staates, Erziehung dagegen eine Angelegenheit der Gesellschaft (immerhin: nicht mehr nur der Familienhaushalte). Siehe Mélanges littéraires, politiques, et philosophiques, zit. nach Œuvres complètes XI, Paris 1858, Neudruck Genf 1982, S. 167.

In jedem Einzelfalle nimmt der Zusammenhang von Ausdifferenzierung, Autonomie und Selbstorganisation ganz verschiedene Formen an. In jedem Falle beruht die für Selbstorganisation erforderliche »Mikrodiversität« (hier: des Unterrichts) auf ganz verschiedenen Interaktionen. Aber gerade deren Unvergleichbarkeit ist das Resultat von durchaus vergleichbaren Entwicklungsprozessen, die in dem Maße unausweichlich werden, als sich mehr und mehr Funktionssysteme aus der Abhängigkeit von hierarchischer Stratifikation lösen und sich auf ihre spezifische Funktion konzentrieren.

II.

Mit der Geburt eines Kindes ist zunächst eine umfassende Verantwortung der Eltern (oder etwaiger Ersatzpersonen) gegeben. Hans Jonas nennt dies »Das elementare ›Soll‹ im ›Ist‹ des Neugeborenen.«[10] Das schließt die notwendigen Versorgungsleistungen, aber auch liebende Zuwendung ein. Von »Erziehung« kann zunächst keine Rede sein, weil dies eine aufnehmende Eigenaktivität des Kindes voraussetzt. Im Paket der elterlichen Verantwortung ist Erziehung gleichsam latent enthalten als eine »virtuelle Realität«, die ihre Zeit abwarten muß. Daraus ergibt sich, daß auch im späteren familialen Zusammenleben viel mehr geschieht als nur Erziehung. Versorgungspflichten und Anforderungen an emotionale Intimität bleiben erhalten und bestimmen das »Klima« familialen Zusammenlebens. Genau darauf können sich dann aber einzelne pädagogische Aktivitäten stützen, vor allem in der Form von Versuchen der Korrektur an dem Verhalten des Kindes, das »natürlich«, also wie von selbst entsteht. Es bildet sich kein Erziehungs»system«, das sich gegen das sonstige Familienleben differenzieren würde. Aber es gibt pädagogisch nutzbare Situationen, es entstehen Eigenschaften und Gewohnheiten der Kinder, die ein Eingreifen nahelegen, und es kommt aus gegebenen Anlässen zu Hinweisen, Belehrungen oder auch aufgedrängten Vorschriften für richtiges Verhalten. Erziehung wird

10 So Hans Jonas, Das Prinzip Verantwortung: Versuch einer Ethik für die technologische Zivilisation, Frankfurt 1979, S. 234 ff.

zur Sonderaktivität im allgemeinen Komplex familialen Zusammenlebens, und dem mögen mehr oder weniger langfristige Überlegungen der Eltern zugrundeliegen – oder auch nicht.

Man könnte auch dies schon Ausdifferenzierung nennen, bezogen aber nur auf Situationen und einzelne Kommunikationen. Auch hier läßt sich Erziehung schon durch eine pädagogische Absicht tragen. Auch hier drängen mehrere Kommunikationen zuweilen schon durch kohärente, sich wiederholende Situationsdefinitionen zusammen. Aber von einem »System Erziehung« als einem Teilsystem der Familie wird man nicht sprechen können. Der Vorteil der Familienerziehung beruht gerade auf ihrer Kontextabhängigkeit und nicht zuletzt darauf, daß Ansätze, wenn es schwierig wird, jederzeit abgebrochen werden können.

Die Ausdifferenzierung eines Erziehungs*systems* setzt die Einrichtung und den Betrieb von Schulen voraus. Dies wiederum erfordert die Verfügung über Gebäude, in denen der Schulunterricht stattfindet, im Normalfalle also Eigentum an diesen Gebäuden. Das führt uns auf die Frage, ob der Eigentümer das, was in seinem Gebäude stattfindet, kontrollieren kann und wie weit diese Kontrolle die Autonomie des Erziehungssystems beeinträchtigt.[11]

Ferner erfordert die Schule die Anstellung von Lehrern. Auch diese Ressource ist nur verfügbar, wenn jemand die Gehälter bezahlt. Auch sie setzt also Eigentum an Geldmitteln voraus. Und wiederum muß man dann fragen, welche Eingriffsmöglichkeiten dem Eigentümer damit zuwachsen. Unter älteren (und kleineren) Bedingungen konnte ein pietistischer König wie Christian VI von Dänemark zu einer pietistischen Ausrichtung des Schulunterrichts führen. Heute ist Entsprechendes allenfalls bei einer ideologisch ausgerichteten Einparteienherrschaft denkbar.

11 Siehe dazu Margaret Scotford Archer, Social Origins of Educational Systems, London 1979. Archer behandelt die Bedeutung der Eigentumsfrage für den Übergang von primär religiöser zu staatlich organisierter Erziehung. In ihrem Begriff des »ownership« ist auch die Verfügung über Personal eingeschlossen. Das ist in England auf Grund des sehr weiten »property«-Begriffs des common law möglich. Im Deutschen wäre es mißverständlich, von Eigentum an Personal zu sprechen. Wir trennen daher diese beiden Aspekte, obwohl sie unter dem Gesichtspunkt des hier behandelten Themas zusammengehören.

Die Eigentums- und Personalverwaltung ist kein Geschäft, das in der Form erzieherischer Operationen ablaufen könnte. Sie gehört daher zur Umwelt des Erziehungssystems. (In Deutschland liegt die Disposition über, und die Verantwortung für, die Sachmittel bei den Kommunen, während für das Personal die Staaten zuständig sind.) Aus der Eigentumsfrage ergibt sich also eine Art Tunnel, durch den die Autonomie des Erziehungssystems beeinträchtigt werden könnte. Deshalb lag hier eine Möglichkeit, Kirchen und Orden zu enteignen und ihren Schulbetrieb in die Hände des Staates zu überführen. Das geschah, soweit nicht früher als Folge der Reformation, im 18. Jahrhundert. Wenn die Eigentumsfrage ein so bedeutender Hebel für revolutionierende Veränderungen im Erziehungssystem ist, gibt das um so mehr Anlaß, nach den Wirkungsmöglichkeiten des Eigentümers bzw. der Personalaufsicht zu fragen. Die Überführung des Schulwesens in staatliche Hände hatte zur Folge, daß Eigentum nicht mehr ganz selbstverständlich als Grund für die Bestimmung der Unterrichtsinhalte benutzt werden konnte. Vielmehr mußte die komplizierte Maschinerie des staatlichen Entscheidens in Gang gesetzt werden, und die Möglichkeiten der Intervention ergaben sich dann mehr und mehr aus einem Regelungsbedarf, der im Erziehungssystem selbst seinen Grund hat, vor allem daraus, daß viele Fragen nicht im Unterricht entschieden werden können.[12] Es liegt auf der Hand, daß die Schulaufsicht über Themen und Zeiten, über Curricula und über Ausstattungen verfügt. Der Schulunterricht muß diese Dispositionen hinnehmen, auch wenn die Profession der Pädagogen versuchen kann, sie zu beeinflussen. Aber ist das ein Sachverhalt, der gegen die Ausdifferenzierung und die Autonomie des Erziehungssystems spricht?

Die Antwort auf diese Frage erfordert eine Klärung des Begriffs und des empirischen Kontextes von »Ausdifferenzierung«. Ausdifferenzierungen stützen sich sehr oft auf eine »technische« Erfindung, die Kommunikationen freisetzt und unabhängig macht – sei es von einem Herkunftskontext, sei es von den Reaktionsmöglichkeiten ihrer Adressaten, sei es von der Aufsicht

---

12 »Control ceases to be entrepreneurial and becomes managerial«, formuliert Archer a. a. O. S. 150.

durch andere soziale Systeme. Eine solche evolutionäre Errungenschaft dürfte die Erfindung des gemünzten Geldes gewesen sein, die die Annahme- und Abgabefähigkeit unabhängig macht von den jeweils beteiligten »Häusern« (oíkoi), die das Geld ausgeben und seine Rücknahme zum angegebenen Wert garantieren. Ein anderer Fall ist die Erfindung des politischen Amtes, das im Auftrag der pólis und später des politischen Systems der Gesellschaft die politische Macht verwaltet unabhängig von der Frage, welche Personen mit welcher familialen Herkunft das Amt jeweils besetzen.[13] Ein weiterer Fall, der zur Ausdifferenzierung eines Systems der Massenmedien geführt hat, ist die Erfindung von Formen der Kommunikation, die aus rein technischen Gründen unbeantwortbar bleiben müssen.[14] Gibt es im Erziehungssystem, könnte man fragen, eine funktional äquivalente Einrichtung?

Sie könnte im Interaktionssystem der Schulklasse liegen.

Wir hatten im vorigen Kapitel bereits gesehen, daß ein interaktionsförmig durchgeführter Unterricht weder als Anwendung von Regeln noch als kausales Verhältnis von Mitteln und Zwecken noch als eine vorgezeichnete Verlaufsbahn (trajectory) begriffen werden kann. Vielmehr dienen die Interaktionssysteme dem Einbau struktureller Unbestimmtheit in das Erziehungssystem. Dem entspricht die inhaltliche Unbestimmtheit und Respezifikationsbedürftigkeit der »pädagogischen Absicht«. Diese Sondermerkmale von Interaktion in Schulklassen werfen ein bezeichnendes Licht auf das Verhältnis von Interaktion und Organisation. Normalerweise denkt man bei Schulen an Organisationen, die Schulunterricht veranstalten und darin (also nicht unbedingt im Erziehungserfolg) ihren Zweck sehen. Aber es kann auch organisationsfreien Unterricht geben, in dem der Lehrer zugleich die Funktion der Organisation übernimmt, Zeitpunkt, Treffpunkt, Themen für die Unterrichtsstunden usw. zu bestimmen. In mittelalterlichen Städten gab es Privatschulen die-

---

13 Die extreme Unwahrscheinlichkeit dieses Falles zeigt sich daran, daß man lange Zeit das umgekehrte Prinzip, nämlich einen dynastisch legitimierten Monarchen, für eine unerläßliche Grundlage hielt und die Amtsorganisation sozusagen als Emanation des Monarchen verstand.

14 Vgl. Niklas Luhmann, Die Realität der Massenmedien, 2. Aufl. Opladen 1996, insb. S. 33 f.

ser Art, wie immer ihre rechtliche Zulässigkeit von kirchlicher Seite bestritten wurde. In kleineren Gymnasialstädten findet man zuweilen stadtbekannte Nachhilfelehrer, die wie eine Ergänzungsinstitution zur Schule wirken.[15] Und natürlich ist an Fahrschulen zu denken. In solchen Fällen hat der Eigentümer des Hauses, der Wohnung, des Autos – es ist zumeist der Lehrer selbst – direkten Einfluß auf die Gestaltung des Unterrichts. Im Normalfalle stellen wir uns dagegen vor, daß es eine staatliche Organisation der Schulverwaltung gibt, die Schulen einrichtet oder aufhebt, die ihrerseits dann wieder Unterricht in der Form von Interaktion »veranstalten«.

Wir werden auf die Funktion von Organisation in einem späteren Kapitel über Respezifikation zurückkommen. Im Moment interessiert nur die eigentümliche Symbiose von Interaktion und Organisation im ausdifferenzierten Erziehungssystem. Interaktion und Organisation sind verschiedene Formen, soziale Systeme zu bilden[16], und keine von ihnen kann auf die andere zurückgeführt werden. Das heißt auch, daß die Ausdifferenzierung eines gesellschaftlichen Funktionssystems für Erziehung nicht einfach als Einrichtung besonderer Organisationen wie Schulen und Hochschulen begriffen werden kann – so sehr gerade diese Organisationen zunächst in den Blick fallen. Vielmehr nimmt die Interaktion Unterricht *von sich aus* eine Form an, die Entscheidungen erfordert, *die nicht im Unterricht selbst getroffen werden können*. Oder anders gesagt: Ihren eigenen Stimmungen und momentanen Launen überlassen und nur von ihrer eigenen, Gegenwart gewordenen Geschichte abhängig würde die Interaktion Unterricht zu stark fluktuieren und sich wahrscheinlich zu einer Art geselliger Zusammenkunft entwickeln. Als Form ist der Unterricht daher nur erkennbar und reproduzierbar, wenn dagegen Vorsorge getroffen ist – sei es, daß der Lehrer auch für die externalisierten Entscheidungen zuständig ist; sei es, daß dafür im heute typischen Fall eine Organisation gebildet wird. Nicht zuletzt reagiert auch die Profession des Lehrberufs auf die

15 Dies zur Erinnerung an »Männe Kegel« in Lüneburg, stadtbekannt auch dafür, daß sein Weihnachtsbaum trotz Verlustes der Nadeln bis weit ins Frühjahr hinein halten mußte.

16 Siehe auch Niklas Luhmann, Interaktion, Organisation, Gesellschaft, in: ders., Soziologische Aufklärung Bd. 2, Opladen 1975, S. 9-20.

Schwierigkeiten und die Intransparenz der Interaktion. Dies geschieht zum Beispiel über die Ideologie des »persönlichen Stils« und der jeweils eigenen Erfahrungen des Lehrers, die sich aus seiner Art zu unterrichten ergeben und damit auf ihn als Person zugeschnitten sind.[17] Auch können pädagogische Vorgehensweisen wie die des »provisional try«[18] nur aus der Situation heraus verstanden und beurteilt werden. Damit sind zugleich kollegiale Interventionen ausgeschlossen, jedenfalls entmutigt; und das gilt auch für die Möglichkeiten eines kollegialen Erfahrungsaustausches im Lehrerzimmer. Kollegialität reduziert sich auf verbale Unterstützung dessen, was die anderen tun bzw. getan haben.[19]

Gerade in dieser eigentümlichen Form ist jedoch Interaktion und nicht Organisation oder Profession derjenige Mechanismus, der zur Ausdifferenzierung eines Funktionssystems für Erziehung führt. Auf der Ebene der Interaktion unterscheidet sich der Schulunterricht markant von dem, was die Schüler als Erziehung in ihrer Familie gewohnt sind, und die Erfahrung dieser Differenz hat ihrerseits unbeabsichtigte pädagogische Auswirkungen.[20] Außerdem verleiten die familienlos operierenden Interaktionssysteme zu einem schwer zu begrenzenden Wachstum. Sie sind schon im Einzelfall extrem aufwendig. Man sieht dies an dem immensen Aufwand an Zeit und Personal, der dafür getrieben werden muß und bei wachsenden Ansprüchen immer noch wächst. Interaktionen lassen sich nicht komprimieren. Wenn mehr erwartet wird, muß mehr Zeit und mehr Personal und das heißt: mehr Geld zur Verfügung gestellt werden. Die Lebenszeit, die der Nachwuchs in Schulen und Hochschulen verbringt, verlängert sich – und dies ohne Rücksicht auf andere Belange wie zum Beispiel Familiengründung oder ökonomische Selbständigkeit. Parsons hat dies unregulierte Wachstum und seine Folgen sogar mit der industriellen Revolution verglichen – in beiden Fällen ein Abreißen der traditionellen Bedingungen gesellschaft-

17 Vgl. Dan C. Lortie, Schoolteacher: A Sociological Study, Chicago 1975, S. 76 ff.
18 Smith/Geoffrey a. a. O. S. 103, 235.
19 Vgl. Helga Lange-Garritsen, Strukturkonflikte des Lehrerberufs: Eine empirisch-soziologische Untersuchung, Düsseldorf 1972, S. 16, 48 ff.
20 Siehe dazu Robert Dreeben, On What is Learned in School, Reading Mass. 1968, dt. Übers. Frankfurt 1980.

licher Integrierbarkeit.[21] Beides sind historische Amputationen, die dann Phantomschmerzen erzeugen[22] wie zum Beispiel die Rede vom Sinnverlust, vom Weltverlust, vom Identitätsverlust.

Diese Beobachtung des unkontrollierten Wachstums von Bemühungen um Erziehung, das nur noch am Geld Schranken findet, die aber pädagogisch nicht legitimiert werden können, ergänzt die begriffliche Darstellung der funktionalen Ausdifferenzierung, mit der wir dieses Kapitel eingeleitet hatten. Es bleibt dabei: Ausdifferenzierung heißt Systemautonomie und Systemautonomie heißt Notwendigkeit von Selbstorganisation. Aber es kommt hinzu, daß damit ein Wachstumsprozeß eingeleitet wird, den die Gesellschaft nicht mehr kontrollieren kann. Je nach Anspruch verbringen die Klienten des Systems zehn oder zwanzig oder mehr Jahre ihres Lebens in Anstalten des Erziehungssystems. Alle denkbaren »Natur«-Kriterien für die Dauer des Verweilens sind längst überschritten. Es geht nur noch zu einem geringen Teil um »Kinder«, von denen man annehmen konnte, daß sie auf Grund ihrer Natur Erziehung nötig haben. Wie in anderen Funktionssystemen auch muß die Semantik der Natur aufgegeben werden – wie im Rechtssystem zum Beispiel das Naturrecht oder im Wirtschaftssystem die Vorstellung natürlicher Bedürfnisse. Sie wird durch die Semantik der »Werte« ersetzt. Mehr und mehr Zertifikate gelten als förderlich, mehr Bildung gilt als Wert und als Anspruch des Einzelnen an die Gesellschaft. Und nur wenigen gelingt es, sich dieser Suggestion rechtzeitig zu entziehen.

21 Siehe Talcott Parsons/Gerald M. Platt, Die amerikanische Universität: Ein Beitrag zur Soziologie der Erkenntnis, dt. Übers. Frankfurt 1990, S. 11 ff. Vgl. auch dies., Age, Social Structure, and Socialization in Higher Education, Sociology of Education 43 (1970), S. 1-37. Parsons nennt im gleichen Kontext als drittes die demokratische Revolution des politischen Systems. Dabei steht zunächst nur die Ausdifferenzierung unterschiedlicher Wertbeziehungen im Rickert/Weberschen Sinne im Blick. Es wäre aber attraktiv, den Gedanken weiterzuverfolgen, daß auch die demokratische Revolution auf eine gesellschaftliche Unkoordinierbarkeit von Politik hinausläuft.

22 So Gudmund Hernes, Comments, in: Pierre Bourdieu/James S. Coleman (Hrsg.), Social Theory for a Changing Society, Boulder – New York 1991, S. 125 f.

III.

In einer funktional differenzierten Gesellschaft besteht die innergesellschaftliche Umwelt der Funktionssysteme hauptsächlich aus anderen Funktionssystemen. Die Gesellschaft selbst ist kein System in der Gesellschaft, und sie ist kommunikativ unerreichbar.[23] Unter der Bedingung funktionaler Differenzierung muß jedes Funktionssystem voraussetzen, daß die anderen Funktionen anderswo erfüllt werden. Damit wird, aus der Perspektive des einzelnen Funktionssystems, das innergesellschaftliche System/Umwelt-Verhältnis bestimmt. Zusätzlich gibt es aber noch die Beziehungen zwischen den einzelnen Funktionssystemen, also System-zu-System-Beziehungen, die durch strukturelle Kopplungen sehr verschiedener Art konkretisiert werden. Zum Beispiel kostet Erziehung Geld, das aber nicht in der Form einer tauschförmigen Transaktion von der Wirtschaft gezahlt werden kann. Für jedes einzelne Funktionssystem muß daher ermittelt werden, wie es die Beziehungen zu bestimmten anderen Funktionssystemen beschreibt.[24]

Indem das Erziehungssystem sich selbst von anderen Systemen unterscheidet, ist zugleich ausgeschlossen, daß es die Beziehung als Identität thematisiert. Was als Differenz gesehen wird, kann nicht im selben Zuge als Einheit gesehen werden. Das Erziehungssystem arbeitet, wie jedes Referenzsystem, mit der Unterscheidung von Selbstreferenz und Fremdreferenz. Dabei verliert es die Selbstbeschreibung des jeweils bezeichneten Umweltsystems aus dem Blick. Vielleicht nicht logisch zwingend, aber deshalb, weil es an einer eindeutigen Selbstreferenz festhalten will. Denn wollte das Erziehungssystem mitberücksichtigen, wie es in der Sicht des politischen Systems, des Wissenschaftssystems, des Wirtschaftssystems erscheint, müßte es seine Identität

23 So die Terminologie von Peter Fuchs, Die Erreichbarkeit der Gesellschaft: Zur Konstruktion und Imagination gesellschaftlicher Einheit, Frankfurt 1992. Fuchs zeigt, daß, wenn eine Adresse fehlt, Imagination aushelfen muß.

24 Vgl. hierzu und zum Folgenden ausführlicher Niklas Luhmann, Das Erziehungssystem und die Systeme seiner Umwelt, in: Niklas Luhmann/ Karl Eberhard Schorr (Hrsg.), Zwischen System und Umwelt: Fragen an die Pädagogik, Frankfurt 1996, S. 14-52.

multiplizieren und sie in eine Vielzahl von beobachterrelativen Beschreibungen auflösen. Es müßte dann mit »transjunktionalen Operationen« im Sinne von Gotthard Günther arbeiten und dem eine transklassische Stellenwert-Logik zugrundelegen.[25] Damit würde es aber die Möglichkeiten einer intern konsensfähigen, motivträchtigen Selbstbeschreibung überfordern. Und was geschieht statt dessen?

Die Lösung scheint darin zu bestehen, daß die Beziehung zu den einzelnen Umweltsystemen in der Form einer Paradoxie ausgedrückt wird und in dieser Form systemintern weiterbearbeitet wird. Das läßt sich an einigen wichtigen Fällen zeigen.

Die Wirtschaft, von der die Absolventen der Schulen und Hochschulen eine angemessene Arbeit und entsprechendes Einkommen erwarten, ist für das Erziehungssystem unkalkulierbar. Sie kann weder nach ihrer eigenen Selbstbeschreibung (individuelle Rationalität, Gleichgewichtsstreben) noch nach ihren operativen Kriterien (Nutzen/Kosten-Kalkulation) ins Erziehungssystem hinübercopiert werden.[26] Das Wirtschaftssystem wird daher nur in einem kleineren Ausschnitt für das Erziehungssystem relevant, nämlich nur als Beschäftigungssystem, also nur unter dem Gesichtspunkt der Frage: finden unsere Absolventen eine ihrer Ausbildung angemessene Arbeit? Dies ist aber immer teils der Fall, teils nicht der Fall.

Diese Diskrepanz und Unkalkulierbarkeit gilt unausweichlich – schon wegen der Langfristigkeit der Lebenslaufplanungen und der Kurzfristigkeit wirtschaftlicher Fluktuationen. Es kann unter diesen Bedingungen keine gemeinsame Planung geben, auch nicht mit Vermittlung durch das politische System. Statt dessen wird das Problem in zwei gegenläufige Prinzipien zerlegt, zwischen denen das Erziehungssystem oszilliert, nämlich: Spezialisierung würde hilfreich sein, und: Generalisierung würde hilf-

25 Siehe vor allem: Cybernetic Ontology and Transjunctional Operations, in: Gotthard Günther, Beiträge zur Grundlegung einer operationsfähigen Dialektik Bd. I, Hamburg 1976, S. 249-328.
26 Es soll natürlich nicht bestritten werden, daß man Wirtschaftswissenschaften studieren kann, aber dann wiederholt sich das Problem in kleinerem Format: Man kann dies Studium nicht nach Nutzen und Kosten kalkulieren. Das Erziehungssystem kann sich nicht so verhalten, als ob es das Wirtschaftssystem wäre.

reich sein. Mit diesem Gegensatzpaar ist das Erziehungssystem in jeder historischen Situation reformbereit. Es kann das Problem darin sehen, daß die Ausbildung zu allgemein, zu theoretisch, zu praxisfern abläuft und nicht genügend auf die besonderen Anforderungen der einzelnen Berufe vorbereitet. Wird die Lehrplanung in diesem Sinne reformiert, liegt das Gegenargument auf der Hand: Die Ausbildung müsse auf eine noch unbekannte Zukunft und auf einen möglichen Wechsel der Beschäftigung vorbereiten. Man kann beiden Anforderungen zugleich genügen, wenn man sie auf unterschiedliche Ausbildungsgänge und unterschiedliche Berufe verteilt. Aber dann wiederholt sich das Problem in kleinerem Format innerhalb der einzelnen Curricula. Oder man kann reformpolitische Umschwünge fordern und ins Werk setzen, die zu viel Spezialisierung durch mehr Generalisierung zu korrigieren versuchen oder umgekehrt.

Das Erziehungssystem verwandelt die Beziehungen zur Wirtschaft also zunächst in die Paradoxie entgegengesetzter Planungsempfehlungen, und mit dieser Paradoxie kann es intern arbeiten. Es »entfaltet« die Paradoxie, indem es entweder sachlich verschiedene Durchführungskonzepte sucht oder zeitlich zwischen beiden Empfehlungen oszilliert. Man kann dann zwar keine prinzipiell vernünftigen Lösungen finden, wohl aber Sensibilität für Anforderungen bewahren und reproduzieren, die die Chancen der Absolventen auf dem Arbeitsmarkt verbessern könnten.

Ähnliche Transformationen der Einheit der Differenz von System und Umwelt in eine systemintern lesbare Paradoxie und weiter in eine Entfaltung der Paradoxie zu Unterscheidungen, an denen sich das Erziehungssystem orientieren kann, finden wir auch im Verhältnis zu anderen Umweltsystemen. Zum Beispiel im Verhältnis zu den Familien. Die Familien bemühen sich selbst schon um die Erziehung ihrer Kinder. Sie erzeugen vor allem intensive Effekte der Sozialisation. Das hat zur Folge, daß die Kinder ungleich vorbereitet in die Schule kommen.[27] Die Schule

27 Hierbei geht es keineswegs nur um die soziale Schichtung der Familien. Viel wichtiger dürften heute gleichsam horizontale Verschiedenheiten der familialen Ausgangslage sein, etwa die Frage, ob die Eltern zusammenleben und mit welchen Verständigungsmöglichkeiten oder ob nur die Mutter oder nur der Vater sich um die Erziehung kümmert; ferner die Frage,

bemüht sich jedoch um Chancengleichheit. Sie steht unter der Anforderung, Ungleiche gleich zu behandeln, ohne dadurch die Chancen einer guten Erziehung einzuschränken.

Diese Homogenisierung der Eintrittspopulation ist einer der markantesten Indikatoren für die Ausdifferenzierung des Erziehungssystems.[28] Wenn die Fiktion der Startgleichheit zutrifft, können alle im Laufe der Schulerziehung auftretenden Unterschiede intern zugerechnet, das heißt auf die Schule selbst zurückgeführt werden.[29] Das Erziehungssystem behandelt also Ungleiches als gleich, um die daraus entstehenden Ungleichheiten sich selbst zurechnen und mit den Mitteln seiner Selektionsverfahren markieren zu können. Das entspricht den Postulaten des Gleichheitsprinzips, die sich im 18. Jahrhundert durchgesetzt haben und auch für andere Funktionssysteme fordern, daß keine Ungleichheit als durch die Natur gegeben hingenommen werden darf, sondern in allen Fällen auf die Teilnahme an Funktionssystemen zurückzuführen ist, also auf diese beschränkt bleibt und folglich als temporär und als kontingent, also als korrigierbar zu gelten hat.

Andererseits kommen die Kinder als Individuen, und das heißt: als Ungleiche, in die Schule und die Unterschiede lassen sich, obwohl in der Umwelt produziert, nicht ignorieren. Sie fallen im Unterricht auf, und sie sind pädagogisch relevant. Die Erziehung

wie weit das Kind auf der Straße oder im Kindergarten sozialisiert wird; und heute nicht zuletzt um Probleme des multiethnischen Milieus, in dem Kinder aufwachsen und dessen Auswirkungen auf die Schulerziehung überhaupt nicht greifbar sind, schon weil das Kind sie eigendynamisch verarbeitet und mit anderen Einflüssen »verrechnet«. Zum Letzteren vgl. Frieda Heyting, Die kindliche Entwicklung in der Umwelt der Erziehung: Observationen im Licht dynamischer Systeme, in: Niklas Luhmann/Karl Eberhard Schorr (Hrsg.), Zwischen System und Umwelt: Fragen an die Pädagogik, Frankfurt 1996, S. 205-235.

28 Hierzu ausführlicher Niklas Luhmann, Die Homogenisierung des Anfangs: Zur Ausdifferenzierung der Schulerziehung, in: Niklas Luhmann/Karl Eberhard Schorr (Hrsg.), Zwischen Anfang und Ende: Fragen an die Pädagogik, Frankfurt 1990, S. 73-111.

29 Das heißt, wohlgemerkt, *nicht*: auf den Lehrer zurückgeführt werden, denn der Lehrer darf seine Teilnehmer am Unterricht nicht so verstehen, als ob er Ungleichheit produziere. Es muß bei der Fiktion bleiben, daß der Unterricht selbst es sei, der bei den einzelnen Schülern ungleich ankommt.

kann nicht anders als an solche Unterschiede anschließen. Das scheint dem Theorem operativer Schließung, nämlich der Annahme, in einem autopoietischen System zählten nur selbstgemachte Unterschiede, zu widersprechen. Trotzdem bleibt es bei einer autopoietischen Reproduktion, da an diese Unterschiede ja nur angeschlossen wird, sofern sie sich im Unterricht auswirken. Das rekursive Netz der Bezugnahme der Erziehung auf sich selbst bleibt geschlossen. Es zeigt sich jedoch die Künstlichkeit der Annahme, das Erziehungssystem bestünde nur aus Schulen. Faktisch findet denn auch Erziehung sowohl in den Familien als auch in den Schulen statt (von anderen Faktoren wie etwa Jugendgruppen ganz zu schweigen). Das Erziehungssystem der Schulen kann deshalb nicht am Einzelkind sortieren, was seine Eigenleistung ist und was man als Produkt der Umwelt hinzunehmen hat. Es hilft sich mit dem normativen Postulat der »Chancengleichheit«, das nicht auf die Vergangenheit, sondern auf die Zukunft schaut.[30]

Diese auf der Ebene der Ideen überzeugende Lösung führt in der alltäglichen Praxis zu angebbaren Schwierigkeiten. Vor allem tritt die Losung, alle Schüler gleichermaßen zu fördern, in Widerspruch zu der ebenfalls unbestrittenen Forderung nach dem größtmöglichen Ertrag pädagogischer Bemühungen. Wenn unterschiedliche Sozialisation im Elternhaus zu unterschiedlichen Erfolgschancen in der Schule führt, kann dies nicht einfach ignoriert werden ohne eklatanten Bruch mit den Forderungen der Gerechtigkeit (Ungleiches soll als ungleich behandelt werden) und der Forderung nach Ausschöpfung pädagogischer Möglichkeiten.

In erster Linie wird dies Dilemma dadurch aufgelöst, daß man zwischen Erziehung und Selektion unterscheidet. Die Erziehung konfrontiert alle mit den gleichen Angeboten und den gleichen Hilfestellungen. Die Selektionsmechanismen stellen als Ergebnis Ungleichheit fest. Darauf kann man mit pädagogischen Ressenti-

---

30 Man muß dieses Postulat freilich eng und systembezogen interpretieren. Es kann nicht bedeuten, daß die Absolventen von Schulen im weiteren Leben die gleichen Chancen oder zumindest die gleichen Startchancen hätten. Gemeint sein kann nur, daß das System schulischer Erziehung ausschließlich mit selbsterzeugten Unterschieden zu arbeiten und Umweltvorgaben zu ignorieren, wenn nicht gar zu korrigieren hat.

ments gegen den »Zwang« zur Selektion reagieren. Das wird zum Beispiel durch die Vorschrift, in den ersten Schuljahren ganz auf Zensuren zu verzichten und nur ermutigende Hinweise zu geben, in die Praxis umgesetzt. Damit läßt sich aber angesichts des gemeinsamen Ursprungs von Erziehung und Selektion in der guten Absicht des Lehrers[31] das Problem nicht aus der Welt schaffen. Der Lehrer steht immer noch vor dem Problem, wie er sich zu evidenten Ungleichheiten, die auch die Schüler beobachten, verhalten soll. Die Unterscheidung von Erziehung und Selektion ist nicht nur eine Belastung, sondern auch eine Entlastung der unmittelbar erzieherischen Bemühung.

Ein anderes Folgeproblem tritt immer auf (auch zum Beispiel bei Programmen der Frauenförderung), wenn Chancengleichheit gepredigt wird. Die Wahrnehmung von Chancen ist von Fremdselektion und von Selbstselektion abhängig. Die Gleichbehandlungsdirektiven erfassen jedoch nur die Komponente Fremdselektion. Wie weit ein Schüler sich am Unterricht beteiligt, sich meldet, es riskiert, als Individuum sichtbar zu werden, ist damit nicht zu fassen. Und gerade in dieser Hinsicht dürften Unterschiede der familialen Sozialisation sich verdeckt und unkontrollierbar auswirken.

Auch in diesem Fall finden wir also unsere allgemeine Theorie bestätigt. Das Verhältnis des Erziehungssystems zu den Herkunftsfamilien kann nicht als Einheit einer Differenz thematisiert werden, wenn es einmal zur Ausdifferenzierung eines Erziehungssystems und damit zur Auflösung der alten oeconomia domestica gekommen ist. Die Familien werden, vom Erziehungssystem aus, nur als vorbereitende und dann als parallelwirkende, teils unterstützende, teils erschwerende Instanzen gesehen. Die Differenz wird in die artifizielle Form der Gleichheit der Ungleichen gebracht. Mit der Auflösung dieser selbsterzeugten Paradoxie kann sich dann das Erziehungssystem beschäftigen. Dabei gerät die Welt der Ideen, hier Chancengleichheit, in ein schwieriges Verhältnis zur Praxis des Unterrichts, für dessen weitere Auflösung es dann keine oder nur unwirksame Direktiven mehr gibt.

Als nächsten Vergleichsfall betrachten wir das Verhältnis des Er-

31 Vgl. oben .. (Angabe wurde nicht mehr vervollständigt, D. L.)

ziehungssystems zum politischen System – und finden hier analoge Strukturen. Das Erziehungssystem fordert einerseits Autonomie gegenüber politischen Eingriffen. Es will sich nicht zum Instrument politischer Indoktrination machen lassen. Das war im Vormärz und dann wieder zur Zeit des Kulturkampfes die typische Darstellung der Beziehung als Konflikt. Die Lösung lag im 19. Jahrhundert im Rückzug der Schulgesetze auf eine Regelung formaler Fragen der Organisation, der Finanzierung und des Personaleinsatzes. Inzwischen sind die Beziehungen enger und komplexer geworden. Das Erziehungssystem selbst kann keine kollektiv bindenden Entscheidungen treffen, ist aber auf solche Entscheidungen angewiesen, wenn es um Lehrpläne, Prüfungsordnungen, Verteilung von Zeit auf Fächer und ähnliches geht. Es wird dann schwieriger, die eigene Autonomie durchzusetzen, wenn dazu Entscheidungen eines anderen Systems erforderlich sind. Das gilt besonders, wenn im Erziehungssystem Reformideen gepflegt werden, die in der Verwaltungsbürokratie nicht goutiert werden und auch politisch nicht ohne weiteres durchsetzbar sind.

Unter diesen Bedingungen verschärft sich der Widerspruch zwischen Abhängigkeit und Unabhängigkeit.[32] Die Abhängigkeit liegt jetzt weniger in dem politischen Zwang, etwas zu tun, was man nicht für richtig hält, sondern darin, daß man die politischen Entscheidungen nicht bekommt, die man haben möchte. Die Autonomie mag dann die Form von Resignation annehmen, jedenfalls des Verzichts auf Ideen, die politisch und administrativ nicht durchsetzbar sind. Dabei hilft, daß das pädagogische Establishment inzwischen ein Netzwerk gebildet hat, das weit in die politischen Parteien und in die Kultusverwaltungen hineinreicht. Entsprechend ist Schul- und Universitätspolitik ein wichtiger Bestandteil symbolischer Politik, wo man Tätigkeit auf der

---

32 Dazu allgemein Dan C. Lortie, The Balance of Control and Autonomy in Elementary School Teaching, in: Amitai Etzioni (Hrsg.), The Semi-Professions and Their Organization: Teachers, Nurses, Social Workers, New York 1969, S. 1-53. Ein solches »dilemma tra autonomia e dipendenza« beobachtet auch Giovan Francesco Lanzara, Capacità negativa: Competenza progettuale e modelli di intervento nelle organizzazioni, Bologna 1993, S. 202 ff., in einem anderen Bereich, nämlich bei der Reform (oder Nichtreform) psychiatrischer Dienste.

Ebene des Redens und der Entscheidungen nachweisen kann. Andererseits sind von da aus Durchgriffe auf das, was im Klassenzimmer tatsächlich geschieht, schwer möglich.[33] Das Erziehungssystem bleibt auf der operativen Ebene des Unterrichts ohnehin autonom. Wie gut oder wie schlecht unterrichtet wird, kann nur auf der Ebene der Interaktion entschieden werden. So trennen sich die Systeme wieder in regulative, weithin symbolische Politik und Interaktionssysteme des Unterrichts in Schulklassen; und die Einheit dieser Differenz nimmt die Form der Illusion an, man könne über Ideen und Regulierungen das Handeln im Unterricht (inklusive Aufmerksamkeit und Mitarbeit der Schüler) kontrollieren.

Wir bestreiten natürlich nicht, daß Ressourcenzuteilungen, vor allem die Zuteilung von Zeit auf Fächer, Auswirkungen haben.[34] Deshalb brauchen die regulativen Instanzen sich auf die Unterscheidung von symbolischer und instrumenteller Politik nicht einzulassen. Sie können überzeugt sein, etwas zu bewirken, wenn auf ihre Anweisungen hin Prüfungsordnungen, Stundendeputate usw. geändert werden. Das Problem ist nur, daß man nicht weiß, wie *Unterschiede* dieser Regulierungen sich auf *Unterschiede* im Erziehungserfolg auswirken. Die Kontrollillusion, die die Systeme verbindet und ohne die auch das Erziehungssystem keinen Grund hätte, um bestimmte politische Entscheidungen nachzusuchen, ist also nicht leicht zu erkennen. Und wollte man diese Lösung aufdröseln, würde das nur zurückführen zu der Einsicht, daß man es mit dem Paradox von Abhängigkeit und Unabhängigkeit zu tun hat.

33 Siehe zu dieser Unterscheidung idea/action unter allgemeineren Gesichtspunkten Nils Brunsson, The Organization of Hypocrisy: Talk, Decisions and Actions in Organizations, Chichester 1989; ders., Ideas and Actions: Justification and Hypocrisy as Alternatives to Control, Research in the Sociology of Organizations 13 (1995), S. 211-235. Interessant auch die Ergebnisse bei Neal Gross/Robert E. Herriott, Staff Leadership in Public Schools: A Sociological Inquiry, New York 1965, S. 64 ff.: Dauer der Ausbildung, Länge der Lehrerfahrung, Länge der Verwaltungserfahrung korrelieren *negativ* mit Engagement für Qualitätsverbesserung. Dies mag aber auch ein Effekt von Alter sein.

34 Siehe dazu Adam Gamoran/Robert Dreeben, Coupling and Control in Educational Organizations, Administrative Science Quarterly 31 (1986), S. 612-632.

Im allgemeinen nimmt man an, daß Lehrer administrative Regulierungen ihrer Tätigkeit negativ beurteilen und ablehnen (auch wenn sie sie nicht verhindern können).[35] Vor allem mißfällt es, wenn sie Arbeit außerhalb der Unterrichtszeit verursachen. Überblicke über Ergebnisse empirischer Forschung zeigen jedoch ein eher gemischtes Bild, jedenfalls keine eindeutige Ablehnung.[36] Man wünscht zwar »Partizipation« – aber am besten nicht zu viel und nicht zu wenig.[37] Offenbar sucht die Praxis Kompromisse, mit denen man leben und über die man klagen kann. So werden zum Beispiel Kommunikationsthemen getrennt. Im Verkehr mit der Verwaltung beeindrucken Zahlen. In unterrichtsbezogenen Kontexten geht es dagegen eher um Fälle oder um typisch wiederkehrende Probleme. Wie typisch für zu allgemein gestellte Fragen der empirischen Forschung findet man als Gesamteindruck ein eher negatives Bild, während die konkreten Erfahrungen auf der Ebene von Einzelfällen gar nicht so ungünstig sind. Jedenfalls ist diese Ambivalenz auch eine Möglichkeit, die Paradoxie der Fremdbestimmtheit des als autonom reklamierten Eigenbereichs ins Erträgliche abzuschwächen.

Wichtige Umweltbeziehungen unterhält das Erziehungssystem schließlich auch zur Wissenschaft. Die Wissenschaft ist die vielleicht wichtigste Ressource der Erziehung, denn die gute Absicht, richtig zu erziehen, kann sich am besten auf wahres Wissen stützen, und für Wahrheit ist in der modernen Welt die Wissenschaft zuständig.[38] Es gibt natürlich nach wie vor den großen Bereich des Tatsachenwissens, den man im 17. Jahrhundert So-

---

35 Vgl. Hermann Holstein, Die Schule als Institution: Zur Bedeutung von Schulorganisation und Schulverwaltung, Ratingen 1972, S. 96 ff., 187 ff.; Dan C. Lortie, Schoolteacher: A Sociological Study, Chicago 1975, S. 175 ff.

36 Vgl. Sarane S. Boocock, An Introduction to the Sociology of Learning, Boston 1972, S. 181 f. mit weiteren Hinweisen.

37 Vgl. James A. Conway, Test of Linearity Between Teachers' Participation in Decision Making and Their Perceptions of Their Schools as Organizations, Administrative Science Quarterly 21 (1976), S. 130-139.

38 Hier wäre, wie der inneramerikanische Streit um die Lehre der Evolutionstheorie in Schulen zeigt, auch das Verhältnis zur Religion zu diskutieren. Der typische Ausweg ist, der Religion eine Enklave für Mythen und Wunder zu konzedieren (zum Beispiel: Jungfrauengeburt) und genau diese Lizenz als Religion zu markieren.

zialgewißheit (certitude morale) nannte (etwa: Rom ist die Hauptstadt Italiens), für den sich die Wissenschaft nicht interessiert. Aber soweit es in Schulen und Hochschulen Parallelen zu wissenschaftlichen Disziplinen und Fächern gibt, ist die Lehre auf die Präsentation von Resultaten der wissenschaftlichen Forschung angewiesen.

Während das Erziehungssystem Wissenschaft und Religion segmentär differenzieren und auf verschiedene Unterrichtsstunden verteilen kann und während man gut und gern darauf verzichten kann, das benötigte Faktenwissen in wissenschaftliche Begriffe zu kleiden, liegt das eigentliche Problem in der Lehrbarkeit wissenschaftlichen Wissens, insbesondere wenn man den neuesten Forschungsstand zugrundelegen will, der seinerseits auf einer Umformulierung oder Neubeschreibung bisherigen Wissens beruht. Das Paradox liegt hier im Widerspruch zwischen Wahrheitsgehalt und Effektivität der Lehre. Hier wiederholt sich im Sonderbereich der Erziehung ein altes Problem der Rhetorik: Die Wahrheit allein, hieß es, sei nicht kräftig genug, um sich in der Welt durchzusetzen; sie benötige die Unterstützung durch die Schönheit der Präsentation, wenn nicht durch andere, problematischere Mittel der Rhetorik.[39] Mit der Rhetorik ist die allgemeinere gesellschaftstheoretische Fragestellung untergegangen. Statt dessen stellt sich das Problem um so schärfer für das Erziehungssystem. Die Erziehung möchte weitergeben, woran man sich halten kann. Die Forschung setzt auf eine offene, gestaltungsfähige Zukunft mit mehr Problemen als Problemlösungen und mit einer überproportionalen Produktion von Nichtwissen.[40] (Insofern gibt es eine genaue Parallele zwischen dem Begriff der Materie und dem Begriff des Subjekts.)

Die Lösung schien zunächst als ein Problem der Methode und erhielt unter diesem Gesichtspunkt den alten, aber neu gefaßten Namen Didaktik. Im Laufe des 19. Jahrhunderts zeigte sich jedoch, daß diese Methodisierung des Problems bzw. die »Pädago-

---

39 Siehe Baltasar Gracian, Agudeza y arte de ingenio (1647), zit. nach der Ausgabe Madrid 1969, 2 Bde. Vgl. auch Gerhart Schröder, Logos und List: Zur Entwicklung der Ästhetik in der frühen Neuzeit, Königstein/Ts. 1985.

40 Vgl. hierzu für den Bereich der Chemie Gaston Bachelard, Le matérialisme rationnel, Paris 1953, 3. Aufl. 1972, S. 4 ff.

gisierung des Wissens« (Bachelard) nur eine erziehungssystem-interne Beschreibung des Problems ist und der zugrundeliegenden Diskrepanz nicht wirklich gerecht wird. Der Schulunterricht hält sich an Euklid, während es schon nichteuklidische Geometrien gibt. Atome und die ganze in ihnen verborgene Welt läßt sich nur ästhetisch (siehe Gracián) präsentieren. Vor allem aber schafft das Erziehungssystem sich für die jeweiligen Fächer hochgelobte Klassiker, an denen die Schulbücher (»libri classici«) sich orientieren können.

Letztlich scheint die Lösung in einer Verschiebung des Problems in die Zukunft zu liegen. Man lernt, um wieder verlernen zu müssen, wenn es auf Genauigkeit oder Aktualität ankommt, und behält im übrigen »Bildung« als Kondensat zurück. Hier zeigt sich auch der Vorteil des heute kaum noch angebotenen altsprachlichen Unterrichts. Bei Griechisch und Latein gibt es nichts zu verlernen; es genügt, es zu vergessen.

Es ist kein sicherer Beweis für eine neue gesellschaftliche Ordnung, aber es fällt doch auf, daß sehr verschiedene Intersystembeziehungen demselben Muster folgen. Unter dem Regime funktionaler Differenzierung werden die Funktionssysteme einerseits autonomisiert, zugleich aber voneinander abhängiger. Sie müssen nicht nur voraussetzen, daß alle anderen Funktionen auf adäquatem Niveau anderswo erfüllt werden, sondern stehen auch in spezifischen Abhängigkeiten voneinander. Die jeweils interne Sinngebung nimmt deshalb die Form eines Paradoxes an, das dann durch Unterscheidungen entfaltet wird, mit denen man systemintern arbeiten kann. Schon auf dieser Ebene gibt es keine Übereinstimmungen mehr – es sei denn in der Form des Paradoxes. Jedes System muß seine eigenen Paradoxien bewirtschaften. So empfiehlt die Politik, da sie die Gesellschaft nicht wirklich steuern kann, sich selbst in immer schnellerer Folge Regulierung und Deregulierung. So bezieht die Wirtschaft den Faktor Arbeit über eine Kostenrechnung ein, die sich nach (wie immer politisch verzerrten) Marktbedingungen richtet, aber keine Rücksicht nimmt auf die Reproduktion von Arbeitsfähigkeit auf dem erforderlichen Qualitätsniveau. Diese Kosten werden »externalisiert« und damit in der Wirtschaftsrechnung unsichtbar gemacht. Die Beispiele, die wir für den Fall des Erziehungssystems diskutiert haben, finden also ihr Gegenstück auf der jeweils anderen Seite.

Will man von diesen Erkenntnissen aus die moderne Gesellschaft beschreiben, erhält man ein verwirrendes Bild. Es ist keine Zentralinstanz zu erkennen, die grundlegende Normen oder Direktiven festlegt, die von den Teilsystemen zu beachten seien mit der einzigen Alternative abweichenden Verhaltens. Eher treffen Theorien zu, die mit Prigogine von den Begriffen Fluktuation und dissipative Strukturen ausgehen.[41] Jedes Teilsystem, am auffälligsten vielleicht die Wirtschaft, oszilliert im Rahmen der für es wichtigen Unterscheidungen und löst damit dissipative Strukturen aus, die jeweils autonom und nach den Möglichkeiten systemischer Selbstorganisation auf- und abgebaut werden müssen. Auf Grund seiner Basis in schwer beeinflußbaren Interaktionssystemen ist das Erziehungssystem gegenüber solchen Fluktuationen relativ resistent. Am ehesten unterliegt es den Einflüssen der Massenmedien, die die Rollenasymmetrie des Systems unterlaufen, weil sowohl Lehrer als auch Schüler ihr Weltwissen von da her beziehen. Die Folge könnte sein, daß es schwieriger wird, die normative Prätention, etwas Richtiges und im Leben Brauchbares zu unterrichten, mit Überzeugungskraft zu vertreten. In einer Ecke des Schulhofs spielen Schüler während der Pause Skat oder Doppelkopf, um sich auf die Bundeswehr vorzubereiten. Es mag also sein, daß der »heimliche Lehrplan« angesichts der Ungewißheit der Zukunft größeres Gewicht gewinnt. Aber selbst dann muß man einen offiziellen Lehrplan durchziehen, weil sonst die Interaktion entfiele, die es ermöglicht, nebenbei etwas anderes zu lernen.

IV.

Mit der Ausdifferenzierung von Funktionssystemen stellt sich das Problem der Inklusion von Personen in die Gesellschaft in neuer Weise. Da es keine fest zugeschriebenen Statuspositionen mehr gibt, muß die Regelung der Inklusion den Funktionssyste-

41 Siehe Ilya Prigogine, Order through Fluctuation: Selforganization and Social System, in: Erich Jantsch/Conrad H. Waddington (Hrsg.), Evolution and Consciousness: Human Systems in Transition, Reading Mass. 1976, S. 93-133.

men überlassen bleiben. Die Ideologie der Freiheit und Gleichheit besagt, daß jeder Zugang zu allen Funktionssystemen haben sollte. Im Laufe des 18. Jahrhunderts verschiebt sich folglich das Interesse der mit Erziehung befaßten Literatur von häuslicher Erziehung auf öffentliche Erziehung. Am Anfang des Jahrhunderts denkt man bei Erziehung zunächst an die Verantwortung der Väter[42], gegen Ende des Jahrhunderts wird dagegen öffentliche Erziehung betont und als allgemeines Gebot behandelt.[43] Die Betonung der Zugänglichkeit für alle verbindet sich typisch mit der Klausel: ohne Unterschied der ständischen Herkunft. Selbst die Bauern und Landarbeiter müssen einbezogen werden.[44]

Andererseits mag man sich auf die Attraktivität des öffentlichen Schulwesens allein nicht verlassen. Deshalb kann das Inklusionsproblem durch Zuweisung von Rechten allein nicht gelöst werden.[45] Im Falle des Erziehungssystems genügt es nicht, die Möglichkeit des Schulbesuchs bereitzustellen. Die Kinder sind noch nicht in der Lage, darüber vernünftig zu entscheiden, und in den Familienhaushalten mag sich, vor allem auf dem Lande, Wider-

---

42 Vgl. z. B. John Locke, Some Thoughts Concerning Education (1693), zit. nach Works, London 1823, Neudruck Aalen 1963, Bd. IX, S. 1-205; Jean Pierre de Crousaz, Traité de l'éducation des enfans, 2 Bde. Den Haag 1722. Den öffentlichen Schulen wird ein Kapitel (Bd. 1, Kap. IV) gewidmet mit der Einsicht: eigentlich müßten alle erzogen werden (Siehe die Marginalie S. 338: »Nécessité de l'étude presque pour tout le monde«.)

43 Vgl. Louis-René de Caradeuc de La Chalotais, Essai d'éducation nationale ou Plan d'études pour la jeunesse, o. O. 1762; Ernst Christian Trapp, Versuch einer Pädagogik (1780), Neuausgabe Leipzig 1913, S. 10 ff. Auch Diderots Plan d'une université pour le gouvernement de Russie (1775-76) definiert die Universität geradezu durch Inklusion: »Une université est une école dont la porte est ouverte indistinctement à tous les enfants d'une nation«, zit. nach Œuvres complètes Bd. 3, Paris 1875, S. 429-534 (433). Daß Inklusion hier als Definitionsmerkmal der Institution fungiert, verdient besonders hervorgehoben zu werden.

44 Die alten Zweifel sind noch spürbar, wenn Friedrich Koch, Die Schule der Humanität, Stettin 1811, S. 9 f. ausdrücklich einen »humanen Landmann« fordert.

45 Vgl. Niklas Luhmann, Inklusion und Exklusion, Soziologische Aufklärung Bd. 6, Opladen 1995, S. 237-264.

stand regen. Deshalb wird die Inklusion wohl überall durch Verordnung einer *Schulpflicht* geregelt.[46]

Die juristische Begründung dieses Eingriffs in das Privatleben der Familien ist schwierig[47], und ebenso schwierig ist die faktische Durchsetzung dieser Pflicht. Rückblickend gesehen kann man die frühe Einführung der Volksschulpflicht als praktisch gescheitert, zugleich aber als wegweisende Idee ansehen.[48] Noch im 19. Jahrhundert findet man erhebliche Zahlen von »vorübergehend vom Unterricht Freigestellten«.[49] Selbst in der Hauptstadt, in Berlin, besuchen 1818 von 27000 schulpflichtigen Kindern 8000 überhaupt keine Schule.[50] Man sieht an diesen Zahlen die Schwierigkeiten, mit denen man rechnen muß, wenn man Inklusion über Rechtspflichten und nicht über Interessen zu erreichen versucht. Aber zugleich zeigen sie deutlich, daß ein Abstellen auf Interessen nicht genügen würde. Jedenfalls war es zunächst das Problem, den Schulbesuch aller Kinder überhaupt zu erreichen und nicht, wie heute, eine Art Chancengleichheit zu verwirklichen.

Inklusion in das Erziehungssystem ist ein Sonderfall, denn es muß nicht nur über die Person, sondern, angesichts der Interaktionsabhängigkeit des Schulbetriebs, auch über die Körper der

46 Vgl. Talcott Parsons, Some Considerations on the Comparative Sociology, in: Joseph Fischer (Hrsg.), The Social Sciences and the Comparative Study of Educational Systems, Scranton Pa 1970, S. 201-220 (209 ff.).

47 Heinrich Stephani, Grundriß der Staatserziehungswissenschaft, Weißenfels-Leipzig 1797, S. 36, beruft sich auf ein »Obervormundsrecht« des Staates. Vor allem aber kann im Rahmen einer positivistischen Rechtslehre auch das Entscheidungsrecht des Vaters als verliehene Rechtsposition und damit als einschränkungsfähig behandelt werden. Es folgt nicht mehr als Naturrecht aus der Natur der Familie.

48 Vgl. Ferdinand Vollmer, Friedrich Wilhelm I. und die Volksschule, Göttingen 1909; ders., Die preußische Volksschulpolitik unter Friedrich dem Großen, Berlin 1918. Für England mit einer 1802 eingeführten Schulpflicht siehe auch J. E. G. de Montmorency, State Intervention in English Education: A Short History from the Earliest Times down to 1833, Cambridge Engl. 1902, S. 209 ff.

49 Statistische Angaben bei W. Thilo, Preußisches Volksschulwesen nach Geschichte und Statistik, Gotha 1867, S. 293 ff.

50 Vgl. H. Grumbach, Die Entwicklung des berlinischen Fortbildungsschulwesens, Berlin 1898, S. 7.

Kinder disponiert werden. Sie müssen tatsächlich in die Schule und in die ihnen zugewiesenen Klassenräume gehen, und dies zu vorwegbestimmten Zeiten. Sie müssen ihre Familien und ihre Spielplätze (und in früheren Zeiten in nicht unbeträchtlichem Umfange auch: ihre Arbeitsplätze) verlassen. Wenn dies sichergestellt ist, werden sie, so nimmt man an, auch als Personen anwesend sein und sich mit Aufmerksamkeit und vor allem kommunikativ am Unterricht beteiligen. Und darum geht es letztlich, denn Inklusion ist immer Inklusion von Personen in die Gesellschaft.

V.

Nach einer allgemeinen systemtheoretischen Regel ist die Ausdifferenzierung eines Systems die notwendige Voraussetzung für jede interne Differenzierung. Ebenso gilt aber auch umgekehrt, daß eine interne Differenzierung die Ausdifferenzierung verfestigt; zumindest dann, wenn sie nicht genau an Unterschiede anknüpft, die sie in der Umwelt vorfindet. Die Binnendifferenzierung des Erziehungssystems kann als ein evolutionäres Geschehen beschrieben werden, das zwar auf externe Bedingungen, zum Beispiel die zunehmende Komplexität und die räumliche Beweglichkeit im Gesellschaftssystem reagiert, gleichwohl aber systeminternen Gesichtspunkten folgt.[51] Die Binnendifferenzierung kann an verschiedene Gesichtspunkte anschließen, zum Beispiel an Alter und an Leistungen der Schüler oder an Unterschiede der Fächer. Außerdem gibt es, vor allem auf der Ebene der Differenzierung von Schulen, Differenzierungen nach dem Muster von Allgemeinbildung und berufsspezifischer Ausbildung. Das hat zur Trennung von höheren Schulen und Berufsschulen geführt. Die Einheit, die für Differenzierungen zur Verfügung steht, ist die Schulklasse.[52] Deren Größe mag variabel sein, aber kleinere

51 Vgl. Joseph P. Farrell, The Structural Differentiation of Developing Educational Systems: A Latin American Comparison, Comparative Education Review 13 (1969), S. 294-311 (Versuch einer Guttman-Skalierung).

52 Dies unabhängig von der Art, wie Schulklassen eingerichtet werden. So bereits das Erziehungswerk des Jesuitenordens. Siehe Allan P. Farrell, The Jesuit Code of Liberal Education: Development and Scope of the Ratio Studiorum, Milwaukee 1938.

Einheiten zu bilden, dürfte angesichts des Aufwandes an Personal und Zeit sehr rasch unrationell werden. Die Verwendung von Schulklassen als Bezugspunkt der Differenzierung hat den Vorteil, daß das System damit relativ leicht auf Größenwachstum reagieren kann: Es richtet weitere Klassen ein. Lortie[53] spricht von »cellular growth«. Auf diese Weise entsteht zunächst aber nur segmentäre Differenzierung mehrerer, prinzipiell gleichartiger Klassen (und eventuell: Schulen). Will man zu einer Differenzierung unter sachlichen Gesichtspunkten fortschreiten, ist eine unumgängliche Voraussetzung, daß auch unter diesen Bedingungen die Klassen noch mit Schülern gefüllt werden können. Denn offensichtlich hängt die Tiefenschärfe möglicher Differenzierungen von der Größe des Systems, das heißt von der Zahl der zu unterrichtenden Schüler ab. Jahrgangsklassen kann man erst einrichten, wenn die Zahl der Schüler eines Jahrgangs dafür ausreicht. Außerdem spielen bei der Wahl eines Differenzierungsprinzips auch ideologisch begründete Präferenzen eine Rolle. Man kann mehr auf Leistungsförderung oder mehr auf Chancengleichheit abstellen oder auch darauf, daß auch Spätentwickler noch einen Anschluß finden. Auch hier gilt aber die Grundvoraussetzung ausreichender Größe: Will man »Fachklassen« einrichten[54], müssen dafür auf jeden Fall genug Schüler vorhanden sein. Und dasselbe gilt heute für Leistungskurse, ja selbst für alte Sprachen.

Mit der auf Schulklassen aufbauenden Organisation verbinden sich pädagogische Nachteile, wie man schon früh gesehen hat.[55] Sie beschränken die Anpassung des Unterrichts an die Fähigkeiten und Interessen der einzelnen Schüler. Dem kann durch Diffe-

53 A.a.O. S. 12 ff.

54 So das späte 18. Jahrhundert im Anschluß an Franckes organisatorische Neuerungen. Siehe dazu Alfred Heubaum, Geschichte des Deutschen Bildungswesens seit der Mitte des siebzehnten Jahrhunderts Bd. 1, Berlin 1905, S. 97. Aus der zeitgenössischen Diskussion siehe etwa anonym, Vorzug der Specialklassen vor den Generalklassen: Ein Beytrag zur Schulorganisationskunde, Archiv der Erziehungskunde für Deutschland 4 (1794), S. 67-78; Heinrich Stephani, System der öffentlichen Erziehung, Berlin 1805, S. 317 ff. (entschieden für Spezialklassen).

55 Vgl. Martin Ehlers, Gedanken von den zur Verbesserung der Schulen nothwendigen Erfordernissen, Altona-Lübeck 1766, S. 201 ff.

renzierung nur sehr begrenzt abgeholfen werden. Immerhin gibt es dann Optionsmöglichkeiten, die sich jedoch später, da die Zeit vergeht, schwer korrigieren lassen. Dies gehört nicht zuletzt zur Risikostruktur von Karrieren, deren Anfänge die späteren Möglichkeiten ausweiten und einschränken.

VI.

Durch Ausdifferenzierung gewinnt das Erziehungssystem sich selbst als einen Standort, von dem aus es die Gesellschaft (der es selbst angehört) beobachten und beschreiben kann. Diese Möglichkeit kann in doppelter Weise genutzt werden. Zum einen kann das Erziehungssystem geläufige Beschreibungen – zum Beispiel kapitalistische Gesellschaft, Industriegesellschaft, technologische Zivilisation, Informationsgesellschaft, Risikogesellschaft – übernehmen und sie im Unterricht so behandeln, als ob es sich um Wissen handelte. Den Schülern wird damit die Möglichkeit geboten, das, was sie in den Massenmedien finden, als eigenes Wissen wiederzuerkennen. Die andere Möglichkeit ist, die Gesellschaft als sich wandelnd zu beschreiben und mit Bezug darauf die Rolle des Erziehungssystems festzulegen.

Jetzt erst gibt es Rückständigkeitsüberlegungen, ebenso wie Überlegungen zur Beschleunigung oder gar zur Verursachung gesellschaftlichen Wandels durch Unterricht in Schulen. Das setzt die Fixierung einer Semantik voraus, die es möglich macht, Änderungsbedarf zu erkennen. Es kann sich, bezogen auf den Einzelnen, um die Semantik Entfremdung/Emanzipation handeln, die dann durch Rückführung auf gesellschaftliche Strukturen »erklärt« werden muß. Aber auch die Strukturen selbst oder ihre vermeintlichen Folgen können solche Fixpunkte bieten. Das gilt klassisch für den Zusammenhang von Kapitalismus und ungerechter Verteilung. Es gilt heute mehr und mehr für den Zusammenhang von Technik und ökologischen Folgelasten. Diese Themen werden allgemein diskutiert. Es sind Themen der Massenmedien und der öffentlichen Meinung. Aus dem Blickwinkel des Erziehungssystems geht es aber nicht nur um Wahrheiten oder Tatsachenfeststellungen. Vielmehr stellt sich für die Erziehung das Problem und die Möglichkeit, Einstellungen dazu zu beeinflussen. Das Erziehungssystem sieht sich angesichts solcher Probleme herausgefordert, durch Einwirken auf die heranwachsende Generation einen Beitrag zur Lösung dieser Probleme zu leisten, *obwohl es nicht Probleme des Erziehungssystems selber sind.*

Unter solchen Problemformeln steht mehr auf dem Spiel als bloßes Tatsachenwissen, das im Unterricht zu vermitteln ist. Die Erziehung sieht sich auf eigentümliche Weise zu einem eigenen Beitrag herausgefordert. Es geht auch nicht nur um »moralische Erziehung«, auch wenn die Probleme oft genug ethisch verkleidet werden. Die Chance liegt vielmehr darin, daß sie konkret, gleichsam als »skript«, vorgeführt werden und mit Beispielen (»exempla«) belegt werden können. Man kann dann immer noch, wie typisch für Schemata oder Skripts, es dem Einzelnen überlassen, welche Folgerungen daraus zu ziehen sind. Nicht zuletzt darin spiegelt sich die Differenz von Gesellschaftssystem und Erziehungssystem. Die Erziehung zwingt nicht zum Handeln.

Die Ausdifferenzierung des Erziehungssystems ist die gesellschaftsstrukturelle Voraussetzung dafür, daß systemtheoretische Beschreibungen der Erziehung ein Objekt finden. Begriffe wie Produktion oder Entwicklung genügen allein nicht mehr. Man muß begreifen können, wie das Erziehungssystem selbst auf gesellschaftliche Veränderungen reagiert. Man muß die Anforderungen an Selbstorganisation nachvollziehen können. Insofern ist die Möglichkeit und die Ergiebigkeit systemtheoretischer Beschreibungen historisch bedingt. Das muß nicht heißen, daß dies die einzige Möglichkeit ist. Aber die Systemtheorie kann Maßstäbe setzen, die auch andere Beschreibungen erfüllen müssen – zumindest wenn sie das Verhältnis von Erziehung und Gesellschaft thematisieren wollen.

Kapitel 6

Respezifikation: Profession und Organisation[1]

I.

Dieses Kapitel benötigt eine vorbereitende Überlegung, und zwar an Hand der Frage, ob Lehrer bzw. Schüler rational handeln können. Die Intransparenz (für sich selbst und für andere) der Bewußtseinsoperationen der Schüler, aber auch die Komplexität und die Eigendynamik des Interaktionssystems Unterricht machen es schwierig, sich Rationalität als Verhaltensorientierung der Beteiligten vorzustellen. Das gilt für die beiden in der Fachliteratur anerkannten Rationalitätskonzepte: für rational choice und für kommunikative, an Vernunft orientierte Verständigung. Soll man die rasche Sequenz von Handlungen, die dem Unterricht sein Profil geben und zu denen Lehrer und Schüler beitragen, als Abfolge von rational choices rekonstruieren? Und welche Rolle würde dabei, neben den Präferenzen, die jeweilige Lage des Interaktionssystems und das gerade Geschehene, also die Situation spielen, auf die man reagiert? Vergleichbare Schwierigkeiten treten auf, wenn man die Rationalität des Lehrerhandelns danach beurteilen würde, ob er eine vernünftige Verständigung mit den Schülern sucht oder umgekehrt: der Schüler mit dem Lehrer. Wieviel Unterrichtszeit soll das kosten und wäre dieser Aufwand, gemessen am Ziel des Unterrichts, rational? Und was geschieht, wenn die vernünftige Verständigung scheitert, sei es an vernünftigen Sachgründen, sei es an unterschiedlichen Präferenzen, sei es an obstinatem Nichtwollen?

Es liegt nahe, diese Schwierigkeiten als Rationalitätsdefizite des Unterrichts und damit des Erziehungssystems abzubuchen. Man kann sie aber auch als Anlaß zu weitergehenden Überlegungen aufgreifen. Beide Konzepte, rational choice und vernünftige Verständigung, setzen eine Tradition fort, die im 18. Jahrhundert begonnen hat und die Rationalitätserwartungen an das Indivi-

---

[1] Kapitelüberschrift und Inhaltsverzeichnis stimmen im Manuskript nicht überein, D. L.

duum adressiert. Das wurde damals auf eine heute nicht mehr überzeugende Weise mit einem Vergleich von Mensch und Tier begründet, also mit einer anthropologischen Fassung des Begriffs der Vernunft. Nur Menschen können rational entscheiden. Das leuchtet den meisten selbst heute noch ein. Andererseits widerspricht es alltäglichen Erfahrungen. Man findet relativ rationales Verhalten bei Mitgliedern von Professionen und Organisationen, aber gerade nicht im undirigierten Privatleben der Individuen. Man müßte daher fragen, ob jene Individualisierung der Rationalitätserwartungen nicht seit langem obsolet ist. Und gerade eine sorgfältige Analyse des Erziehungssystems und seiner Handlungsbedingungen könnte diese Vermutung stützen.

Es wäre dann kein Defizit, sondern eher der typische Fall, daß rationales Verhalten ein »framing« voraussetzt, das das Individuum nicht in sich selbst und schon gar nicht in der Reflexion auf eigene Präferenzen oder auf vernünftige Gründe finden kann. Diese Vermutung wird besonders aktuell in einer Gesellschaft, die so komplex geworden ist, daß sie allgemeingültige Kriterien nur noch sehr allgemein formulieren kann und im übrigen kein Konzept anbietet, wie man Leute zu behandeln hat, die partout nicht einsehen, was andere für rational halten.[2]

Diese hier nur knapp skizzierten Überlegungen führen dazu, die Frage der Rationalität hintanzustellen und zuerst nach Möglichkeiten der Respezifikation von gesamtgesellschaftlich einleuchtenden, aber zu allgemein geratenen Kriterien zu fragen. Rationalitätsurteile werden damit abhängig von Mitgliedschaften in Einrichtungen der Respezifikation von Kriterien, und das sind, gesellschaftsweit gesehen, Organisationen und Professionen.

II.

Das Zentralsymbol, an dem die Erziehung sich selbst erkennt, nämlich die Absicht, etwas für den Lebenslauf Brauchbares zu vermitteln, ist so allgemein gefaßt, daß ihm keine Information entnommen werden kann. Es soll ja für *alle* Kommunikationen

---

2 Kein Konzept – außer dem des »surveiller et punir«, das Foucault im Zeitalter der Hochblüte des Individualismus, im 18. Jahrhundert entdeckt hat.

des Erziehungssystems gelten. In *dieser* Hinsicht sollen sie sich *nicht* unterscheiden. Dies kann aber natürlich nicht heißen, daß die Ausfüllung dieser Leerformel dem individuellen Belieben überlassen bleibt. Wie wird aber diese Lücke ausgefüllt, wenn nicht durch individuelles Gutdünken?

Wenn man nach einer begrifflichen Fassung dieses Problems fragt, kommt das Schema von Generalisierung und Respezifikation in den Blick, das Parsons im Rahmen der Differenzierungstheorie verwendet.[3] Allerdings denkt Parsons an die Folgen interner Differenzierung für das umfassende System, während es in unserem Falle um Folgen der Ausdifferenzierung für das ausdifferenzierte System geht.[4] Man muß also Systemreferenzen unterscheiden, aber in jedem Falle steht die Gesellschaft vor dem allgemeinen Problem der Artikulation von hochgeneralisierten Sinnbezügen, und die Lösungen dafür, die wir diskutieren werden, nämlich Professionalisierung und Organisation, werden denn auch in vielen gesellschaftlichen Teilsystemen benutzt und verdanken ihre Überzeugungskraft keineswegs den Besonderheiten des Erziehungssystems.

Eine andere Möglichkeit wäre, die Ebene der Ideen und die Ebene der Praxis zu unterscheiden.[5] Auf beiden Ebenen handelt es sich um Kommunikation. Über Ideen wird geredet, in praktischen Zusammenhängen versucht man, durch Kommunikation etwas mehr oder weniger Bestimmtes zu erreichen. Das Reden über Ideen bleibt nicht leeres Gerede, sondern versucht, Entscheidungen zu beeinflussen, die dann ihrerseits die Praxis kontrollieren sollen. Das setzt Organisation voraus. Und umgekehrt kann die Praxis mit ihren Mühen, ihrem guten Willen und ihrer Mischung von Erfolg und Mißerfolg den Anspruch erheben, von den Ideen respektiert, unterstützt und gegen böswillige Kritik in Schutz genommen zu werden. Dies wird eher durch Professio-

---

3 Siehe Charles Ackerman/Talcott Parsons, The Concept of »Social System« as a Theoretical Device, in: Gordon J. DiRenzo (Hrsg.), Concepts, Theory, and Explanation in the Behavioral Sciences, New York 1966, S. 19-40 (36 f.).
4 Im Englischen ist das schwer zu unterscheiden, da ein entsprechendes Wort für »Ausdifferenzierung« fehlt.
5 Wir folgen hier, mit Abweichungen, einer Anregung von Nils Brunsson. Literaturhinweise oben Kap.… (Angabe wurde nicht mehr vervollständigt, D. L.)

nalisierung der Praxis erreicht. Zwischen beiden Ebenen gibt es also einerseits eine (mehr oder weniger illusionäre) Vorstellung von Kontrolle und andererseits eine Art institutionelle Verpflichtung auf dieselben Werte, mit denen zugleich die besondere Funktion des Systems und seine gesellschaftliche Wichtigkeit zum Ausdruck gebracht wird.

Zu der Zeit, als die Ausdifferenzierung eines Systems schulischer Erziehung sich durchzusetzen begann, in der zweiten Hälfte des 18. Jahrhunderts also, wurde vor allem das Problem der Lehrerbildung als der Engpass gesehen, der Bemühungen um weitergehende Reformen blockierte. Insofern lagen die vordringlichen Schwierigkeiten im Bereich der Professionalisierung des Lehrberufs.[6] Es gab weder einen Begriff der Profession im heutigen, soziologisch ausgearbeiteten Verständnis noch einen Begriff der Organisation als einer besonderen Form sozialer Systeme. Man konnte von Berufen sprechen und damit auf Rollendifferenzierung, aber auch auf innere Berufung anspielen.[7] Das Wort Organisation begann zu dieser Zeit seine historische Karriere, meinte aber zunächst nicht viel anderes als die Ordnung eines Ganzen im Verhältnis zu seinen Teilen.[8] Man findet eine gewisse Dynamisierung dieser Begriffe, Berufe können gewählt, Organisationen können eingerichtet werden. Die Bedeutung des Berufs für die gesellschaftliche Gesamteinordnung des Menschen wird erweitert, aber auch ihres besonderen hierarchischen Status (wie

6 Vgl. Alfred Heubaum, Geschichte des Deutschen Bildungswesens seit der Mitte des siebzehnten Jahrhunderts Bd. 1, Berlin 1905, passim, z. B. S. 270 f.; ferner zu den preußischen Bemühungen um Volksschullehrerbildung Ferdinand Vollmer, Die preußische Volksschulpolitik unter Friedrich dem Großen, Berlin 1918, insb. S. 22 ff., 132 ff., 204 ff. Aus der zeitgenössischen Literatur vgl. Ernst Christian Trapp, Versuch einer Pädagogik (1780), Neuausgabe Leipzig 1913, S. 220 ff.; ders., Von der Nothwendigkeit, Erziehen und Unterrichten als eine eigne Kunst zu studiren, Halle 1779.

7 Siehe zur theologischen Vorgeschichte und ihrer Säkularisierung Trutz Rendtorff s.v. Beruf, Historisches Wörterbuch der Philosophie Bd. 1, Basel 1971, Sp. 833-835. Daß es, längst vor Luther, eine besondere christliche Wertschätzung von Arbeit und Beruf gab, kann man nachlesen bei Nikolaus Paulus, Die Wertung der weltlichen Berufe im Mittelalter, Historisches Jahrbuch 32 (1911), S. 725-755.

8 Siehe Niklas Luhmann s.v. Organisation, Historisches Wörterbuch der Philosophie Bd. 6, Basel 1984, Sp. 1326-1328.

im Falle der Mönche) entkleidet und damit abgeschwächt. Und Organisation wird, auch im Falle von Organismen, stärker in ihrer Variabilität begriffen. Diese Modifikationen reichen jedoch nicht aus, um die Frage nach der Funktion der Zuordnung zu Berufen oder die Frage nach der Funktion des Organisierens als Einrichtung eines bestimmten Ordnungstypus (oder: sozialen Systems) zu beantworten.

Wenn die Frage nach den praktischen Möglichkeiten der Einrichtung eines »nationalen« Netzwerkes von Schulen aufkommt, fällt der Blick daher automatisch auf den Staat. Schulen sind jetzt Staatsanstalten[9], für die Definition der Anforderungen an das Lehrpersonal und für deren allmähliche Aufwertung auf den Dimensionen Vorbildung und Besoldung gelten staatliche Regeln. Dabei hat der juristische Begriff der Anstalt, den Max Weber dann in die Soziologie übernehmen wird, den Vorzug, daß er auch die Klienten einbezieht ohne Rücksicht darauf, daß sie an den Entscheidungen des Systems gar nicht beteiligt und insofern nicht Mitglieder der Organisation sind. Anstalt heißt nur: Einrichtung einer Sondergewalt, die über die allgemeine Staatsgewalt hinausgeht und deren Disziplin die Mitglieder sich zu fügen haben, sei es freiwillig, sei es unfreiwillig. Vor dem Hintergrund dieser Form der Schulen als Staatsanstalten können die Pädagogen dann überlegen, wie sie Zwang in Freiheit transformieren.

Die Geschichte, aber auch die fortdauernde administrative Staatsabhängigkeit der Schulen und (in Europa, im Unterschied zu den USA) der Universitäten erklärt, daß es bis heute schwer fällt, die funktionale Autonomie des Erziehungssystems zu erkennen. Es scheint sich um eine organisatorische Differenzierung innerhalb der Staatsverwaltung zu handeln, auf einer vergleichbaren Ebene mit Gefängnissen, Militär, Organisationen der Sozialarbeit, Verkehrssystemen usw. Es gibt ein dafür zuständiges Ministerium. Dies ist im juristischen Sinne der Zurechenbarkeit von Entscheidungen sicherlich korrekt, verdeckt aber die operative Eigenständigkeit der Interaktionssysteme Unterricht. Auch wird man,

9 Damit sind Privatschulen nicht ausgeschlossen – sei es als Konfessionsschulen, sei es als Dummenschulen, sei es im Hinblick auf besondere pädagogische Verfahren; aber dies sind dann bestenfalls Komplementäreinrichtungen, die ebenfalls der staatlichen Regulierung unterliegen, wenn es um Anerkennung ihrer Zeugnisse oder um Finanzzuschüsse geht.

wenn das Problem der Respezifikation der pädagogischen Absicht gestellt wird, nicht sehr weit kommen, wenn man auf Entscheidungen der Politik oder der staatlichen Verwaltung verweist. Solche Entscheidungen müssen sich auf den Bereich, den sie zu kontrollieren versuchen, einstellen, wenn sie nicht scheitern wollen.[10] Wir müssen deshalb auf eine soziologische Analyse der Professionsbildung und der Organisation in diesem Bereich zurückgreifen, um zu erkennen, wie die Absicht zu erziehen aufgebrochen und »faktorisiert« wird, so daß jeder Teilnehmer erkennen kann, was im System möglich ist und was nicht.

III.

Die Soziologie der Professionen ist eine Neuentwicklung des 20. Jahrhunderts. Die maßgebende, alles weitere beeinflussende Unterscheidung war jedoch nicht die von Profession und Organisation sondern die von Profession und individueller Nutzenmaximierung.[11] Das hatte für die weitere Ausarbeitung der Pro-

10 Das entspricht im übrigen den Zirkeln der kybernetischen Kontrolltheorie: Wer kontrollieren will, muß sich auf eine Kontrolle durch das Kontrollierte einlassen. Die massiven Realitäten »unten« wirken auf die flüchtigen Ideen und die fluktuierenden Entscheidungen »oben« zurück.

11 Siehe Talcott Parsons, The Professions and Social Structure, Social Forces 17 (1939), zit. nach Parsons, Essays in Sociological Theory: Pure and Applied, Glencoe Ill. 1949, S. 185-199. Wie schon in dem damaligen Hauptwerk »The Structure of Social Action« (1937) ist deutlich zu spüren, daß es sich um eine Reaktion auf die Weltwirtschaftskrise handelt. Es war jetzt plausibel zu machen, daß man die soziale Ordnung nicht ganz dem individuellen Nutzenstreben überlassen könne, sondern übergreifende Wertorientierungen mit in Betracht ziehen müsse. Das impliziert im übrigen auch, daß das Korrektiv der Folgen individueller Nutzenmaximierung nicht einfach in zusätzlichen Aufgaben des Staates, damals dem New Deal der Roosevelt Administration, zu suchen sei. Parsons selbst schließt daraus in einem späteren Artikel, »that the professional complex,…, has already become the most important single component in the structure of modern societies« und dies »in such a way as to render obsolescent the primacy of the old issues of political authoritarianism and capitalistic exploitation« – so s.v. Professions, International Encyclopedia of the Social Sciences Bd. 12, Chicago 1968, S. 536-547 (Zitate S. 545 und 546).

fessionsforschung die Folge, daß man den Organisationsabhängigkeiten professioneller Arbeit eher auf der Ebene empirischer Forschung als in der Theorie begegnet.

Wenn man allgemein nach der gesellschaftlichen Bedeutung von Hochschulabsolventen, Akademikern, oder Intellektuellen fragt, ist in der Tat die Zunahme an Gewicht bemerkenswert. Damit wird jedoch der Begriff der Profession verfehlt.[12] Bestmögliches Wissen ist nur eine Komponente des Begriffs. Entscheidend kommt hinzu, daß dies Wissen nicht direkt, logisch, problemlos angewandt werden kann, sondern jede Anwendung mit dem Risiko des Scheiterns belastet ist. Das gilt für die Prototypen der Diskussion, für Ärzte und Juristen, aber, wie leicht zu sehen, auch für Pädagogen. Im Zentrum der Entwicklung von Professionen steht mithin die Distanz zwischen Idee und Praxis, die durch Wissen allein nicht überbrückt werden kann. Es geht, anders gesagt, um bedeutende gesellschaftliche Werte wie Gesundheit, Rechtsdurchsetzung, Erziehungserfolg, aber heute zunehmend auch innovative Technikentwicklung, für die es keine problemlos anwendbaren Rezepturen gibt. Professionen arbeiten unter der Bedingung der Unsicherheit des Erfolgs ihrer eigenen Eingriffe und müssen deshalb ihren eigenen Arbeitsbereich abschirmen. »Successful professions monopolize their areas of uncertainty«[13] und setzen dafür kollegiale Unterstützung innerhalb der Profession voraus. Die Übernahme dieses Risikos wird nicht mit Geld, sondern mit Prestige entgolten. Prestige beruht auf Zugehörigkeit zur Profession und auf erfolgreicher Praxis, eventuell auf besonderen symbolischen Mitteln wie einer besonderen, teilweise unverständlichen Sprache oder der Ausstattung der Privatpraxis mit Angestellten, Maschinen, Büchern; es beruht jedenfalls nicht auf der Herkunftsfamilie, kann also nicht geerbt bzw. übertragen werden. Es mag eklatante Fehler geben,

---

12 Den Begriff der Profession für klientenbezogene Tätigkeiten zu reservieren, empfiehlt auch Rudolf Stichweh, Professionen und Disziplinen: Formen der Differenzierung zweier Systeme beruflichen Handelns in modernen Gesellschaften, in: ders., Wissenschaft, Universität, Professionen: Soziologische Analysen, Frankfurt 1994, S. 278-336.

13 Stephan Fuchs, The New Wars of Truth: Conflicts over Science Studies as Differential Modes of Observation, Social Science Information 35 (1996), S. 307-326 (313).

aber dafür befindet die Profession selbst mit einer unbestreitbaren Tendenz, ihre Angehörigen zu schützen.[14]

Das »Wissen« der Professionen besteht nicht so sehr in der Kenntnis von Prinzipien und Regeln als vielmehr in der Verfügung über eine ausreichend große Zahl komplexer Routinen, die in unklar definierten Situationen eingesetzt werden können – teils zur besseren Definition der Situation, teils zum Herausgreifen behandelbarer Aspekte. Bewährte Routinen geben eine Art Sicherheit, die jedoch auf Erfolge und Mißerfolge gefaßt sein muß. Und sie sind durch Wiederverwendbarkeit ausgezeichnet und bieten dadurch auch eine Möglichkeit der Verbesserung durch Lernen, durch Erfahrung.

Üblicherweise wird eine Profession durch eine zugleich spezifische und universalistische Wertorientierung gekennzeichnet. Das kann man ausarbeiten. Die Werte sollten nicht zum Gegenstand von Transaktionen werden, denn das würde sie von Tauschbedingungen abhängig machen. Andererseits bleiben die Werte kontextsensibel. Man sollte Bildung nicht auf Kosten von Gesundheit forcieren. Von den Professionen wird also eine Art von »prudentia« erwartet. Etwas weiter kommt man, wenn man die professionsspezifischen Werte als Formen, das heißt als Unterscheidungen auffaßt. Dann sieht man, daß den Professionen eine Vermittlungsrolle zufällt: von krank zu gesund oder von ungebildet zu gebildet.[15] Diese differenztheoretische Fassung hat den Vorzug, daß sie komplexere Beschreibungen erlaubt und auf der Negativseite Abgrenzungen ermöglicht: Handelt es sich um Unbildung oder um eine Pathologie oder um ein medizinisches Problem? Außerdem verhindert die differenztheoretische Fassung eine Stigmatisierung der Klienten, die professioneller Hilfe bedürfen, weil sie den Standards noch nicht genügen.

Eine Besonderheit professioneller Arbeit liegt schließlich in der Art, wie auf beiden Seiten Person und Rolle getrennt werden. Es geht um eine Änderung der Person des Klienten, aber nur in der spezifischen Hinsicht, die vom Fachmann betreut wird. Vom

14 Man denke an den Fall der Haftpflicht für ärztliche Behandlungsschäden und deren »verständnisvolle« ärztliche Begutachtung.

15 So Kaspar D. Naegele, Clergymen, Teachers, and Psychiatrists: A Study in Roles and Socialization, Canadian Journal of Economics and Political Science 22 (1956), S. 46-62.

professionell Tätigen wird persönlicher Einsatz erwartet. Gerade im Lehrberuf ist die eigene Person wichtiger als Methodik und Raffinement. Andererseits bleibt es bei einer Rollentrennung, bei der Ausblendung der eigenen anderen Rollen, zum Beispiel der Eheprobleme oder der sexuellen Interessen des Arztes, Lehrers, Priesters.[16] Diese delikate Grenze zu ziehen und im Blick zu behalten, gehört zu den anspruchsvollsten Anforderungen professioneller Arbeit und setzt sicher Sozialisation durch die praktische Arbeit voraus und nicht Direktiven, an die man sich halten könnte.

Erstmals in der zweiten Hälfte des 18. Jahrhunderts findet man eine Vielzahl von Reformforderungen, die wir heute unter dem Begriff der Professionalisierung zusammenfassen würden. Dazu zählen: (1) Der Lehrberuf soll ein Lebensberuf sein und nicht nur eine Nebentätigkeit oder ein Durchgangsstadium zum Amt des Predigers. Er soll auch nicht nur Personen auffangen, die in anderen Karrieren (zum Beispiel als Geistliche) versagt haben. (2) Die Aufsicht über Lehrtätigkeiten an Schulen soll von Angehörigen derselben Profession geführt werden, also durch Schulkollegien, die mit Schulmännern besetzt werden. (3) Die Berufspraxis soll weitgehend autonom durchgeführt werden unter Absehen von kleinlichen Festlegungen des Verhaltens. Der Lehrer muß an seinen eigenen Erfahrungen reifen können. Das Lehramt muß schließlich (4) hinreichende Vorteile an Reputation und an Einkünften bieten, um für gute Kandidaten attraktiv zu sein. Und zu all dem kommt als dominierender Aspekt die Forderung einer für den Beruf angemessenen Ausbildung.[17] Die Reformbewegung sieht vor allem in diesen Fragen die Engpässe der weiteren Entwicklung. Sie setzt auf Professionalisierung und nicht, oder kaum, auf Organisation.

Heute können diese Forderungen als erfüllt gelten. Daß der Lehrberuf zu den Professionen zählt, wird im allgemeinen unter-

16 Hierzu instruktiv Renate Mayntz, The Nature and Genesis of Impersonality: Some Results of a Study on the Doctor-Patient Relationship, Social Research 37 (1970), S. 428-446.

17 Siehe für all dies Martin Ehlers, Gedanken von den zur Verbesserung der Schulen nothwendigen Erfordernissen, Altona-Lübeck 1766. Adressat dieser neuen pädagogischen Publizistik sind im übrigen nicht mehr die Väter. Die Autoren wenden sich an die Öffentlichkeit.

stellt.[18] Man wird nicht zugelassen ohne eine besondere Ausbildung, die nach und nach akademische Qualitäten und Ansprüche entwickelt hat. Andererseits hält man sich selbst für hinreichend ausgebildet und befähigt und weiterer Belehrung nicht bedürftig und kann auch darin mit kollegialer Übereinstimmung und Unterstützung rechnen. Eine qualitative Evaluation wird für überflüssig und gegebenenfalls für inkompetent gehalten.[19]

Allerdings sind bei näherem Zusehen erhebliche Modifikationen angebracht. Die pädagogische und didaktische Komponente ist für die Elementarschulen wichtig, aber ihre Bedeutung nimmt ab, sobald Fachunterricht hinzutritt. Man braucht nicht Pädagogik studiert zu haben, um an höheren Schulen Mathematik, Geographie, Geschichte usw. zu unterrichten. Der Fachunterricht ist auch deshalb nicht professionell, weil er eine *Übertragung* des Wissens auf den Klienten anstrebt, während für Professionen das Gegenteil zutrifft.[20] Kein Arzt will seinen Patienten zum Mediziner, kein Jurist seinen Klienten zum Juristen machen, auch wenn im Beratungsprozeß eine begrenzte Belehrung eine Rolle spielen mag. Auch der Lehrer arbeitet daher nur insofern professionell, als er ein Wissen und Können benutzt, das er nicht lehren, nicht übertragen will. In den höheren Schulen und erst recht in den Universitäten reduziert sich daher die professionelle Komponente auf ein in der Praxis angeeignetes Geschick. Es ist das fachliche, nicht so sehr das pädagogische Können, das dem Lehrer die Sicherheit gibt, etwas sagen zu können, wenn er vor der Klasse steht. In der Schul- und Hochschulhierarchie nimmt daher die professionelle Komponente von unten nach oben ab.[21]

18 Vgl. etwa Robert Dreeben, The Nature of Teaching: Schools and the Work of Teachers, Glenview Ill. 1970.

19 Siehe dazu auf Grund von Erhebungen an französischen und deutschen Universitäten Christine Musselin, Organized Anarchies: A Reconsideration of Research Strategies, in: Massimo Warglien/Michael Masuch (Hrsg.), The Logic of Organizational Disorder, Berlin 1996, S. 55-72 (67 f.).

20 Siehe Neil H. Cheeck, Jr., The Social Role of the Professional, in: Mark Abrahamson (Hrsg.), The Professional in the Organization, Chicago 1967, S. 9-16 (14 f.).

21 Diese Auffassung ist natürlich eine Konsequenz der Begriffsentscheidung, die wir oben getroffen haben, nämlich nicht die akademische Ausbildung allein schon als Merkmal für Professionalität genügen zu lassen.

Und trotzdem bleibt ein Merkmal von Professionalität für den gesamten Lehrberuf erhalten, nämlich die Gelassenheit, mit der der Lehrer Erfolge und Mißerfolge erträgt. Der Lehrer braucht nicht nur Mut, sondern auch Gleichmut – und für beides kollegiales Verständnis. Jean Paul meinte in seiner Rede zum Antritt eines Lehramtes sogar, daß Erziehung überhaupt keine Folgen habe.[22]

Aber man braucht nicht so weit zu gehen, denn die Kategorie der Kausalität ist elastisch genug, um Enttäuschungen aufzufangen und abzuleiten. Wenn der Lehrer sich Mühe gegeben und kompetent gehandelt hat, braucht er Mißerfolge nicht sich selbst zuzurechnen – so wie ja auch einige Patienten sterben, einige Klienten ihre Prozesse verlieren und Therapie nicht immer anschlägt. Hier hilft die kognitive Elastizität des Kausalschemas, das es erlaubt, Erfolge sich selbst und Mißerfolge den Eigenarten des Schülers zuzurechnen. Im übrigen beruhigt auch der Vergleich, daß es den Kollegen nicht anders geht: Auch bei ihnen bleiben Schüler sitzen oder verlassen die Schule, und es gibt keine Technologie, die es erlauben würde, Mißerfolge auf Fehler oder auf mangelnde Ressourcen (zu wenig Zeit für den Einzelnen) zuzurechnen.

Die Respezifikation, die das professionelle Milieu bereitstellt, läuft also nur zum Teil über ein entsprechendes Fachwissen, das man studieren und dann anwenden kann. Ergänzend kommt hinzu, daß die Ungewißheit der Erfolgschancen nicht einseitig zu Lasten des Professionellen geht. Ein gut Teil seiner vorbereitenden Schulung hat die latente Funktion, ihn auf Arbeiten unter

22 »Ich drücke, hoff' ich, mein Vergnügen, als letzter Lehrer in unserer Erziehanstalt angestellt zu sein, nach meinen Kräften aus, wenn ich meinen Ehrenposten mit dem Erweise antrete, daß Schulerziehung so wie Hauserziehung weder üble Folgen habe noch andere. Bin ich so glücklich, daß ich uns allen eine ruhige Ueberzeugung von dieser Folgenlosigkeit zuführe: so trage ich vielleicht dazu bei, daß wir alle unsere schweren Aemter leicht und heiter bekleiden – ohne Aufblähen – mit einer gewißen Zuversicht, die nichts zu fürchten braucht.« Jean Paul, Levana oder Erziehlehre, zit. nach Sämmtliche Werke XXXVI, 8. Lieferung, 1. Band, Berlin 1827, § 4, S. 5. Wie die anwesenden Schulleiter und Kollegen diese Offenbarung aufgenommen haben, ist bekannt: Jean Paul wurde umgehend aus dem Lehramt wieder entlassen.

dieser Ungewißheit vorzubereiten und ihm die Sicherheit zu geben, daß keine Vorwürfe kommen, wenn er sich in der Bandbreite des in der Profession üblichen Einsatzes bewegt.[23]

Neben dem Arbeitswissen gehört auch diese Ungewißheit und die Einstellung zu ihr zu den Geheimnissen der Profession, die nicht in die Kommunikation eingegeben werden. Denn der Klient ist an der Lösung seiner oft lebens- oder doch karrierewichtigen Probleme interessiert und würde durch jeden Zweifel verunsichert werden.[24] Bei einer stärkeren Individualisierung der Einwirkung mag es eine Frage der Intuition und Erfahrung sein, wieviel Ungewißheit der Klient vertragen kann. Beim Frontalunterricht in der Schulklasse entfällt diese Differenzierungsmöglichkeit, und der Lehrer muß prätendieren, daß er bestmögliches Wissen auf bestmögliche Weise anbietet, und er muß mit der Einsicht zurechtkommen, daß er seine Zweifel zu unterdrücken hat. Auch dieser praxisnotwendige Mangel an Aufrichtigkeit und Spontaneität und die entsprechende Glätte der Kommunikation gehört zu den Erfordernissen der beruflichen Praxis, die zu lernen dem Einzelnen nicht immer leicht fallen mag.

IV.

Als gegen Ende des 18. Jahrhunderts der Aufbau eines Schulsystems für die gesamte Bevölkerung begann, wurden wichtige Entscheidungen fällig, die – in heutigen Begriffen – sowohl die professionelle als auch die organisatorische Respezifikation betrafen. Lehrer sollten jetzt hauptberuflich tätig sein und sich durch ihre Ausbildung für ihren Beruf und ihr Gehalt qualifizie-

---

23 Dies Problem ist vor allem für die Ausbildung und die Praxis im Bereich der ärztlichen Profession diskutiert worden. Vgl. Renée C. Fox, Training for Uncertainty , in: Robert K. Merton et al. (Hrsg.), The Student-Physician: Introductory Studies in the Sociology of Medical Education, Cambridge Mass. 1957, S. 207-241; Renée C. Fox/Judith P. Swazey, The Courage to Fail: A Social View of Organ Transplants and Dialysis, 2. Aufl. Chicago 1978. Auch in der Polizeiausbildung für »street level work« dürfte es eine wichtige, wenn auch weniger gern zugestandene Rolle spielen.

24 Siehe Stichweh a.a.O. S. 296 f.

ren. Die Anforderungen mußten geklärt werden, wofür das Material aus der Hausväter- und Hauslehrerliteratur nur sehr begrenzt taugte. In organisatorischer Hinsicht wurden jetzt Schulen und Universitäten differenziert, so daß Schulabschlüsse zur Voraussetzung der Zulassung zum Studium werden konnten.[25] Gymnasien und Universitäten sind jetzt nicht mehr nur verschiedene (sich zum Beispiel auf Grund der Gründungsakte und Privilegien unterscheidende) Bildungseinrichtungen, sondern sind, auf Grund einer Verstärkung der Differenz, jetzt unterschiedliche Phasen eines typischen Bildungsweges, die aufeinander Rücksicht nehmen müssen. In den Schulen werden jetzt Jahrgangsklassen eingeführt. Die enorme Altersdifferenz der Schüler einer Klasse (sie konnten weit mehr als 10 Jahre älter bzw. jünger sein, zumal auch das Aufnahmealter nicht festgelegt war), wird aus *pädagogischen* Gründen kritisiert[26], und die rasch wachsende Größe der zur Schule gehenden Population macht es möglich, mit einem Jahrgang jeweils ganze Klassen zu füllen. Dann hat man allerdings die Konsequenz zu verkraften, daß das individuell unterschiedliche Leistungsvermögen eine Nachregulierung verlangt: Nicht alle kommen mit ihrem Jahrgang mit, sondern einige müssen Klassen wiederholen. Letztlich dürften es aber nicht pädagogische, sondern organisatorische Gründe gewesen sein, die im Laufe des 19. Jahrhunderts zur Festlegung auf das Jahrgangsklassenprinzip geführt haben. Es ist im Massenbetrieb der modernen Schule einfacher zu handhaben.

Die erörterten Beispiele, Differenzierung Schule/Universität und Jahrgangsklassen, sind hier erwähnt, weil sie sich durchgesetzt haben. Tatsächlich war die Diskussion um 1800 sehr viel reichhaltiger. Man fragte sich zum Beispiel auch, ob man der Flut neuer Themen noch in der alten Form der Generalklassen Rechnung tragen könne oder ob es dazu der Einrichtung von Spezialklassen für einzelne Fächer (Lectionsklassen) bedürfe; ob also die Differenzierung mehr den Personen oder mehr den Themen

25 Rudolf Stichweh, Differenzierung von Schule und Universität im 18. und 19. Jahrhundert, in: ders., Wissenschaft, Universität, Profession a. a. O. S. 193-206, führt diese Entwicklung auf die »Verwissenschaftlichung« des Universitätsunterrichts zurück.

26 Vgl. E. G. Graff, Die für die Einführung eines erziehenden Unterrichts nothwendige Umwandlung der Schulen, 2. Aufl. Leipzig 1818.

folgen solle.[27] All dies mußte für eine neue, durch die Ausdifferenzierung des Erziehungssystems entstandene Situation diskutiert werden, auch wenn die Kritik der vorgefundenen Einrichtungen den Ausgangspunkt bildete. Das professionelle Wissen und Können wurde mit dem Begriff der Pädagogik, zumindest literarisch, rasch behauptet. Über Fragen der Organisation entschied die zuständige Staatsverwaltung.

Fragt man, wie die Organisationen des Erziehungssystems die allgemeine Absicht zu erziehen respezifizieren, so ist die Antwort zunächst eindeutig: Die Respezifikation erfolgt durch Lehrpläne (Curricula). Das setzt eine Differenzierung von Schulklassen voraus und betrifft dann die Verteilung von Fächern auf Klassen sowie den Zeitaufwand, der einzelnen Fächern gewidmet werden kann. Auf dieser Ebene der curricularen Planung findet man denn auch erstaunliche weltweite Konvergenzen.[28] Die nationalstaatliche Förderung des Schul- und Hochschulsystems erzeugt ganz ähnliche Strukturen. Offensichtlich nimmt die Respezifikationsfunktion einen Vorrang ein vor anderen sozialen Bedingungen erfolgreicher Erziehung. Damit ist jedoch noch nicht geklärt, welche faktische Bedeutung den Curricula innerhalb der Organisationen zukommt. Für diese Frage würde man organisationswissenschaftliche und nicht zuletzt organisationssoziologische Analysen benötigen, die die Relevanz solcher formaler Strukturen einschätzen können; denn es kann gut sein, daß dasselbe Curriculum in Japan ganz anders umgesetzt wird als in den USA. Diese Frage nach der empirischen Realität formaler Strukturen führt jedoch auf schwieriges Terrain.

---

27 Siehe einerseits Anon., Vorzug der Specialklassen vor den Generalklassen: Ein Beytrag zur Schulorganisationskunde, Archiv der Erziehungskunde für Deutschland 4 (1794), S. 67-78 und Carl Friedrich Etzler, Beyträge zur Critik des Schulunterrichts I und II, Leipzig 1796-1797 andererseits. Vgl. auch Heinrich Stephani, System der öffentlichen Erziehung, Berlin 1805, S. 317 ff. Zur kritischen Diskussion aus heutiger Sicht Gerhard Schmidt-Stein, Die Jahresklasse in der Volksschule: Untersuchung – Kritik – Lösungsvorschläge, Stuttgart 1963; Karlheinz Ingenkamp, Zur Problematik der Jahrgangsklasse, Weinheim 1969.

28 Vgl. John W. Meyer/David H. Kamens/Aaron Benavot, School Knowledge for the Masses: World Models and National Primary Curricular Categories in the Twentieth Century, Washington 1992.

Erst im 20. Jahrhundert entsteht eine Organisationswissenschaft, die sich mit den Eigentümlichkeiten organisierter Sozialsysteme befaßt und ihre empirischen Realitäten von rationalen Projektionen zu unterscheiden vermag. Davon haben jedoch die Organisationen des Erziehungssystems zunächst wenig profitieren können. Die Modelle wurden der Staatsverwaltung oder den Organisationen der industriellen Produktion entnommen, und die Voraussetzung war die Rationalität individuellen Entscheidens, das, eben weil rational, auch hierarchisch beaufsichtigt und eventuell korrigiert werden könne. Das paßt nicht auf Organisationen, deren basale Operationen im Vollzug von Unterricht liegen, von dem niemand weiß und niemand feststellen kann, ob und nach welchen Kriterien er rational sei. Erst in den letzten Jahrzehnten wendet sich das Blatt auch in der allgemeinen Organisationstheorie. Mehr und mehr diskutiert man die Schwierigkeiten eines hierarchischen Durchgriffs von oben nach unten und sieht zugleich, daß weder das individuelle Handeln noch das wie individuelles Handeln begriffene kollektive Handeln der Organisationen als rational im Sinne von: bestmögliche Auswahl nach Maßgabe von Präferenzen begriffen werden kann.[29] Wenn man diesem Trend folgt, fragt man nicht mehr, wie die Rationalität (Effektivität, Effizienz usw.) der Organisation auf individueller oder kollektiver Ebene verbessert werden könne (und sei es unter Einbeziehung der »informalen Organisation«), sondern die Frage lautet jetzt, wie eine Organisation ohne nachweisbare Rationalität überleben und anscheinend gut überleben und sogar wachsen könne.

Es ist diese Wende, von der Forschungen über Organisationen des Erziehungssystems profitiert haben.[30] Wir sind schon vorbe-

---

29 Wichtige Literatur, die diesen Trend beeinflußt hat, wäre zum Beispiel James G. March, Entscheidung und Organisation: Kritische und konstruktive Beiträge, Entwicklungen und Perspektiven, dt. Übers. Wiesbaden 1990; Karl E. Weick, Der Prozeß des Organisierens, dt. Übers. Frankfurt 1985; ders., Sensemaking in Organizations, Thousand Oaks Cal. 1995; Nils Brunsson, The Irrational Organization, Chichester 1985; ders., The Organization of Hypocrisy: Talk, Decisions and Actions in Organizations, Chichester 1989; ferner für eine aktuelle Sammlung von Beiträgen Massimo Warglien/Michael Masuch (Hrsg.), The Logic of Organizational Disorder, Berlin 1996.

30 Vgl. als einflußreiche Aufsätze Karl E. Weick, Educational Organizations

reitet zu sehen: weshalb. Denn weder die Individuen noch das Interaktionssystem des Unterrichts sind Trivialmaschinen, die, wenn man den richtigen Input eingibt, die gewünschten Resultate liefern. In anderem Zusammenhang haben wir vom »Technologiedefizit« des Erziehungssystems gesprochen.[31] Mit dem Begriff der lockeren Kopplung hat sich eine positive Beurteilung dieser Schwäche hierarchischer Durchgriffsmöglichkeiten durchgesetzt.[32] Auch das heißt, daß weder für Teilnehmer noch für Systemzentralen eine zuverlässige Kontrolle über das Verhältnis von Aufwand und Ertrag möglich ist.[33] Außerdem paßt auch die gängige Auffassung, Organisationen könnten sich durch ihr Produkt erhalten und rechtfertigen, nicht auf Organisationen des Erziehungssystems. Zwar gibt es Produkte in der Form von ausgebildeten Personen, Diplomen und Zensuren; aber es gibt keine Rückmeldung des gesellschaftlichen (oder auch nur: marktmäßigen) Erfolgs dieser Produkte, so daß die Organisationen aus ihrem Ausstoß keine Informationen gewinnen können. Sie bleiben auf eine pauschale gesellschaftliche Bestätigung der Notwendigkeit solcher Produktion angewiesen. Auf der Ebene des Redens muß und kann natürlich behauptet werden, daß der Unterricht sich um ein sinnvolles, von der Gesellschaft geschätz-

as Loosely Coupled Systems, Administrative Science Quarterly 21 (1976), S. 1-19; John W. Meyer/Brian Rowan, Institutionalized Organizations: Formal Structure as Myth and Ceremony, American Journal of Sociology 83 (1977), S. 340-363.

31 Siehe Niklas Luhmann/Karl Eberhard Schorr, Das Technologiedefizit der Erziehung und die Pädagogik, in: dies. (Hrsg.), Zwischen Technologie und Selbstreferenz: Fragen an die Pädagogik, Frankfurt 1982, S. 11-40.

32 Auch in der allgemeinen Organisationstheorie. Siehe z. B. das Einführungskapitel zu Warglien/Masuch a. a. O. S. 14 ff. Ganz ähnliche Überlegungen finden sich aber schon bei W. Ross Ashby, Design for a Brain, 2. Aufl. London 1954, zu den Begriffen Teilfunktion und Multistabilität.

33 Wenn man den Begriff der Kontrolle im englischen Sinn, also sehr weit faßt, kommen natürlich weitere Möglichkeiten in den Blick, die auch für Organisationen des Erziehungssystems relevant sind. Karl Weick nennt als Kontrolle von improvised designs zum Beispiel Control by Premises, Control by Paradigms und Controll by Enacted Stability in: Organizational Redesign as Improvisation, in: George P. Huber/William H. Glick (Hrsg.), Organizational Change and Redesign: Ideas and Insights for Improving Performance, New York 1993, S. 346-379 (365 ff.).

tes Produkt bemüht. Aber feststellbar ist dies nicht, und vor allem ist nicht feststellbar, wieviel Aufwand dafür, wenn es rational zugehen soll, sinnvoll ist.

So überzeugend das sein mag: für die weitere Arbeit fehlt jedoch eine Organisationstheorie, die sich von der Prämisse der Rationalität im herkömmlichen Sinne lösen und auch auf Hierarchie als identifizierende Struktur einer Organisation verzichten kann, ohne andererseits bestreiten zu müssen, daß an diesen Vorstellungen ausgerichtetes Verhalten empirisch vorkommt. Könnte es sein, daß statt dessen der Sinn von Organisation in der Bereitstellung von Respezifikationsmöglichkeiten für zu allgemein geratene Ziele liegt – sei es, wenn man an das Wirtschaftssystem denkt, das Profitziel, sei es die Projektion der guten Erziehungsabsicht, sei es schließlich für Organisationen außerhalb der Funktionssysteme (etwa Organisationen der sozialen Bewegungen) ein Motivschema für unbekannte Individuen anzubieten und dann zu beobachten, ob es angenommen wird oder nicht?

V.

Wenn wir die Definition des Begriffs der Organisation[34] durch Ziele, zu denen passende Mittel gesucht werden müssen, oder durch hierarchische Herrschaftsverhältnisse aufgeben: was bestimmt uns dann den Begriff der Organisation?

Ein Ausweg, der die neuere soziologische Organisationstheorie fasziniert, firmiert als »institutionelle Theorie« und arbeitet mit den Begriffen Wert, Kultur, Institution.[35] Die Begriffe bleiben

---

34 Wohlgemerkt: es handelt sich um eine Begriffsdefinition, die den gesamten Bereich, der empirisch unter den Begriff der Organisation fällt, abdecken soll. Es geht nicht um die Frage, daß Ziel/Mittel-Orientierungen oder im weiteren dann Vorgesetzten/Untergebenen-Verhältnisse faktisch vorkommen.

35 Einer der Ausgangspunkte ist der bereits zitierte Aufsatz von Meyer und Rowan. Aus der neueren Literatur vgl. etwa Lynne G. Zucker, Institutional Theories of Organization, Annual Review of Sociology 13 (1987), S. 443-464; James G. March/Johan P. Olsen, Rediscovering Institutions: The Organizational Basis of Politics, New York 1989; Walter W. Powell/ Paul J. DiMaggio (Hrsg.), The New Institutionalism in Organizational

jedoch undefiniert. Darin wird sogar ein Vorteil gesehen. So erkennt Scott[36] die »Reife« der institutionellen Theorie in der Vielzahl widersprüchlicher Versionen, so daß man bei empirischen Forschungen eine passende auswählen und sich auf »Theorie« berufen kann. Ähnliches gilt für den Begriff der Kultur. Nach wissenschaftlichen Standards kann man darin aber nur eine Flucht vor dem Problem der Respezifikation erkennen, das sich aufdrängt, wenn man nicht mehr an rationales Entscheiden glaubt. Anzuerkennen ist, daß keine Organisation ihre eigenen Werte unabhängig von entsprechenden Wertungen ihrer gesellschaftlichen Umwelt setzen kann. Für viele Fälle vermittelt der Markt diese Übereinstimmung. Für den Fall der Erziehung ist ohnehin klar, daß es keine Schulen gäbe, wenn Erziehung in der Gesellschaft nicht als Wert geschätzt würde. Aber damit ist das Problem von Generalisierung/Respezifikation nur in die Organisation hineincopiert, und man sieht noch nicht deutlich, wie es dort aufgegriffen und weiterbehandelt wird.

Wir müssen deshalb die *Theorie* der Organisation vom *Problem* der Respezifikation trennen und nicht beides im (undefinierten) Begriff der Institution verschmelzen. Ein Vorschlag dazu ist, Organisationen als autopoietisches System aufzufassen, die Entscheidungen aus ihren eigenen Produkten, nämlich Entscheidungen, reproduzieren.[37] Organisationen rekrutieren ihren Mitgliederbestand durch Entscheidungen, mit denen die Mitglieder einerseits von der Organisation ausgewählt werden und sich andererseits durch ihre eigene Entscheidung zum Eintritt den Rahmenbedingungen künftiger Entscheidungen unterwerfen. Wenn man nach dem »Bestand« fragt, so bestehen Organisationen nur aus der Kommunikation von Entscheidungen, die sich ihrerseits in einem rekursiven Netzwerk anderer Entscheidungen desselben Systems (und nur so!) identifizieren lassen. In diesem Sinne

Analysis, Chicago 1991; W. Richard Scott, Institutions and Organizations, London 1995.

36 W. Richard Scott, The Adolescence of Institutional Theory, Administrative Science Quarterly 32 (1987), S. 493-511.

37 Vgl. Niklas Luhmann, Organisation, in: Willi Küpper/Günther Ortmann (Hrsg.), Mikropolitik: Rationalität, Macht und Spiele in Organisationen, Opladen 1988, S. 165-185. Ausführlicher ders., Organisation und Entscheidung, Ms. 1995. (Erschienen Wiesbaden 2000, D. L.)

handelt es sich, wie immer es um kausale Abhängigkeiten oder Unabhängigkeiten steht, um operativ geschlossene, autonome Systeme. Also nicht einfach um ein Instrument des Umsetzens und Testens pädagogischer Intentionen.[38]

Diese Version erklärt die (für die klassische Theorie auffallende) Persistenz von Systemen mit erheblichen Rationalitätsdefekten. Organisationen reagieren zwar auf Irritationen oder auf Kritik, aber sie personalisieren das Problem. Wenn es zu ständigen Budgetüberschreitungen kommt oder wenn ein Lehrer sein Fach zu sehr mit nationalheroischen oder mit rassistischen Beigaben schmückt, wird der Schuldige identifiziert, abgemahnt und schließlich entlassen. Der Fehler wird nicht der Organisation, sondern der Person zugerechnet. Die Autopoiesis der Reproduktion von Entscheidungen aus (eigenen) Entscheidungen gibt dem System die Möglichkeit, sich selbst zu helfen. Auch insofern agiert es autonom und operativ geschlossen (was massive Interventionen von außen, die das System auflösen, natürlich nicht ausschließt).

Wenn ein Lehrer morgens pünktlich zum Unterricht erscheint, richtet er sich, wie seine Kollegen auch, nach dem Stundenplan. Der Stundenplan ist das Resultat (der Kommunikation) einer Entscheidung. Insofern braucht der Lehrer nicht auf den Fluren umherzuirren und zu versuchen, irgendwo mit seinen Ideen akzeptiert zu werden; und nur so kann er seinen Unterricht vorbereiten bzw. sicher sein, daß ein Improvisieren genügt. Die gute Absicht zu erziehen, gewinnt mit Hilfe von Organisation Form, und insofern kann man auch erkennen und eventuell korrigieren, wenn irgendetwas falsch läuft. Aber sobald die Interaktion Unterricht beginnt, sind Lehrer wie Schüler deren Dynamik ausgeliefert. Sie müssen auf das reagieren, was gerade geschehen ist oder versuchen, den Verlauf zu »interpunktieren«, um neuen Themen eine Eintrittsmöglichkeit zu verschaffen. Die Organisation zieht sich gleichsam zurück und überläßt der Interaktion die

38 Wie die Jesuiten bei der Vorbereitung ihrer ratio studiorum von 1599 angenommen hatten. Siehe dazu Allan P. Farrell, The Jesuit Code of Liberal Education: Development and Scope of the Ratio Studiorum, Milwaukee 1938. Die ratio studiorum beruht zwar auf langjährigen Erfahrungen in vielen Kollegien, aber das kann kaum als organisatorisches Testen pädagogischer Intentionen gewertet werden.

Führung. Deshalb gibt es auch keine effektive Überwachung – was sich nicht zuletzt am Zeremoniell der »Visitationen« ablesen läßt, die eher durch ihre Peinlichkeit auffallen.[39] Wenn etwas Unerhörtes geschieht, kann die Organisation immer noch eingreifen und den Interaktionsverlauf als Sequenz von Entscheidungen rekonstruieren und die Frage stellen, warum gerade so und nicht anders entschieden worden ist. Die Interaktion Unterricht findet selbstverständlich in der Organisation statt, aber zugleich wäre es völlig unrealistisch, zu glauben, die Organisation könne die Eigendynamik des Unterrichts programmieren – sei es im Sinne eines Zweckprogramms als Auswahl von Mitteln für bestimmte Zwecke, sei es im Sinne eines Konditionalprogramms im Sinne des Schemas wenn/dann. Auch kann der Unterrichtsverlauf nicht als eine Sequenz von Kleinstentscheidungen begriffen werden[40], weil die Unterrichtstätigkeit des Lehrers bzw. die Beteiligung der Schüler *nicht als Entscheidung kommuniziert wird*. Im Rekursionsnetz der Organisation können, im Vergleich zum Alltagsverlauf der Interaktion, nur wenige Entscheidungen wirklich eingehängt und das heißt zunächst einmal: erinnert werden.

Durch Organisation gewinnt man vor allem die Möglichkeit der Differenzierung teilnehmender Systeme. Es können Schulen und Universitäten, ferner verschiedene Schultypen und in den einzelnen Schulen Schulklassen unterschieden werden. Auf diese Weise können Unterrichtsanforderungen geordnet und aufeinander eingestellt werden. Es entstehen Schulkarrieren von niederen zu höheren Klassen oder Schulen. Außerdem disponiert die Organisation über Unterrichtszeiten. Sie ermöglicht eine vorweg festgelegte Sequenz von Unterrichtsstunden und entlastet damit die einzelne Interaktion von dem Druck, bis zum Ende der Stunde Ergebnisse zu produzieren. Oder man könnte auch sagen, daß nur unter dieser Bedingung die Unterrichtszeit fixiert und damit genau festgelegte Anschlüsse weiterer Unterrichts-

---

39 Das liegt nicht zuletzt an einer in der Sozialpsychologie bekannten, schwer überbrückbaren Zurechnungsdifferenz: Der Beobachter rechnet auf den Handelnden zu, der Handelnde selbst auf die Situation.

40 Anders unter der Überschrift: Decision-Making: The Metatheory of Teaching, in: Louis M. Smith/William Geoffrey, The Complexities of an Urban Classroom: An Analysis toward a General Theory of Teaching, New York 1968, S. 88 ff., 232 ff.

stunden vorgesehen werden können. Die einzelne Interaktion weiß, wo sie im rekursiven Netz der Unterrichtsplanung steht. Die Unterrichtsinteraktionen haben weder die Möglichkeit noch die Aufgabe, sich selbst im System zu verorten. Außerdem werden durch interne Differenzierung die Direktanschlüsse an die Umwelt aufgelöst. (Das gilt besonders für das System der Jahrgangsklassen.) Es gibt in der Umwelt kein sektorales Äquivalent für eine »Quarta«. Die interne Differenzierung stabilisiert die Ausdifferenzierung des Erziehungssystems, und auch insofern ist Organisation für die Ausdifferenzierung des Erziehungssystems unentbehrlich.

Wenn Jahrgangsklassen eingerichtet sind, fungieren sie als organisatorische Letzteinheit der Schulen. Das ermöglicht es, die alte Einheit eine Klasse/ein Lehrer aufzugeben und eine Klasse durch mehrere Fachlehrer unterrichten zu lassen. Die Intensivierung des Fachunterrichts muß dann aber mit einem Verzicht auf pädagogische Integration bezahlt werden.[41] »Fachdidaktiken« sind dafür kein Ersatz.

Außerdem kann Organisation dazu dienen, die Umweltsensibilität des Erziehungssystems zu regulieren, und zwar teils einzuschränken, teils zu steigern. So wird durch die räumliche Geschlossenheit der Klassenzimmer die Aufmerksamkeit auf den Unterricht konzentriert – oder so hofft man jedenfalls. Und das System der Jahrgangsklassen macht es möglich, Leistungsunterschiede der Schüler zu beobachten, die man anderenfalls auf Herkunft oder Alter zurechnen müßte. Es kommt also teils zu einer Einschränkung und teils zu einer Steigerung der Relevanz externer Faktoren, zu einer Steigerung der Komplexität durch Reduktion von Komplexität.

Daneben entfaltet Organisation ihre eigene Dynamik. Wenn alles auf Entscheidungen zurückgeführt werden kann, muß nichts so bleiben, wie es ist. Aus demselben Grunde kann es aber auch so bleiben, wie es ist. Unter diesem Gesichtspunkt heißt Organisation Bürokratie. Allein schon das Budget erfordert eine Fülle von Entscheidungen zur Ausführung und zur Vorbereitung von Entscheidungen. Auch wird oft entschieden, den

41 Zu Schwierigkeiten der Integration bei dieser Art von »Arbeitsteilung« siehe Emile Durkheim, Education et Sociologie (1922), Neudruck Paris 1966, S. 106 f.

Zustand des Systems festzustellen und entsprechende Statistiken anzufertigen, die dann möglicherweise den Planern als Entscheidungsgrundlage dienen. Schließlich laufen auch die Kontakte mit dem Rechtssystem über Entscheidungen, denn wie anders sollte vor Ort beobachtet werden, daß das Recht beachtet wird. Da das Recht sich aber auf vielen Ebenen gleichzeitig in Bewegung befindet – vom Bundesverfassungsgericht über den Bundesgesetzgeber, den zuständigen Landesgesetzgeber, die Leitentscheidungen der Instanzengerichte, die Beschlüsse der Kultusministerkonferenz und die Erlasse der Kultusverwaltungen – und da auf der einen Ebene noch ausgearbeitet wird, was auf der anderen schon nicht mehr gilt, liegt auch hier eine ständige Quelle – nicht von Sicherheit, sondern von Entscheidungen. Speziell in den Universitäten haben sich inzwischen eigene Verwaltungen entwickelt, die diese Entscheidungslasten abarbeiten und zugleich auf ihre Unfähigkeit reagieren, die Operationen, auf die es letztlich ankommt, nämlich Unterricht und Forschung, zu kontrollieren, geschweige denn verbessern zu können.[42] Auch eine Hierarchie, die keine ist, macht Arbeit.

Die starke, auch räumliche Separierung von Unterrichtsstunden und Unterrichtsklassen (bzw. Seminaren und Vorlesungen in Universitäten) läßt es fraglich erscheinen, wie zentralisierende Entscheidungsprozesse organisiert werden können. In den Schulen scheint es dafür keine Vorkehrungen zu geben. Der Schulleiter kann sich im Kollegium beraten lassen. Die Universitäten bilden dafür eine Fülle von Ausschüssen, die denen, die Einfluß suchen, dafür Gelegenheiten bieten. Die Besetzung ist oft schwierig, jedenfalls nicht repräsentativ. Die Beschlüsse sind oft heftig umstritten, obwohl sie für das Verhalten der Teilnehmer und ihrer Kollegen kaum Bedeutung haben. Offenbar funktioniert das System in der Annahme, daß die Themen der Entscheidungen mehr Probleme als Interessen betreffen. Wenn der Entscheidungsprozeß läuft, kann man natürlich Interessen entdecken. Aber dann muß man sich eben beteiligen, um etwas zu verhindern und anderes zu fördern.

Wir können hier die Eigendynamik von Organisationssystemen

42 Siehe Niklas Luhmann, Zwei Quellen der Bürokratisierung in Hochschulen, in: ders., Universität als Milieu, hrsg. von André Kieserling, Bielefeld 1992, S. 74-79.

des Erziehungssystems, die Entscheidungen produzieren, um Entscheidungen produzieren zu können, nicht weiter verfolgen. Ihre Konsequenzen werden von den professionell Interessierten und Engagierten viel beklagt. Man muß jedoch sehen, daß die Profession allein zur Respezifikation von guten Absichten nicht ausreicht. Das Zusammenspiel von Organisation und Interaktion ist unentbehrlich, und dies nicht zuletzt deshalb, weil die Organisation die Interaktion Unterricht *nicht* steuern kann. Auf Organisation geht zurück, daß die Interaktion anfangen und aufhören kann, daß sie planmäßig wiederholt werden kann und daß bei schlimmen Vorfällen das Geschehen als Entscheidung rekonstruiert und disziplinarisch geahndet werden kann. Im übrigen hält sich der Unterricht an sich selbst und an die Geschichte, die er jeweils selbst produziert.

Unterrichtsinteraktionen sind gleich Unterrichtsinteraktionen. Es gibt auf dieser Tätigkeitsebene keine Hierarchien. Schulleiterpositionen sind rar, und wenn man sie in der eigenen Schule beobachtet, sieht man auch, daß sie langfristig besetzt sind. In den Organisationen des Erziehungssystems gibt es also wenig Karrierechancen, und wer sich um Aufstieg bemüht, muß bereit sein, in Verwaltungspositionen überzuwechseln.[43] Damit entfallen bestimmte, interessiert beobachtete Entscheidungen und wohl auch Bemühungen um sichtbare Qualifikation. Ohnehin schützt ja das geschlossene Schulzimmer vor einer Beobachtung und Beurteilung durch andere. Besondere Leistungen können nicht »honoriert« werden. Sie müssen ihre Belohnung im Interaktionserfolg der Schulklasse suchen[44] – erneut ein Hinweis auf die strukturell starke Stellung der Interaktion in den Organisationen des Erziehungssystems.

Damit verbinden sich Fragen an die Rationalität der Unterrichtstätigkeit. Eine Rationalitätsskepsis ist inzwischen aber auch in der allgemeinen Organisationstheorie weit verbreitet. Vielleicht ließe es sich allgemein empfehlen, die gesellschaftliche Leistung von Organisationen nicht mehr als Rationalität sondern als Respezifikation zu beschreiben – als Respezifikation jener Unbestimmtheiten, die auf der Ebene der gesellschaftlichen Funk-

---

43 Oft bemerkt. Siehe nur Dreeben a.a.O. (1970) S. 170ff. oder Dan C. Lortie, Schoolteacher: A Sociological Study, Chicago 1975, S. 83ff.

44 Vgl. Lortie a.a.O. S. 134ff.

tionssysteme unvermeidlich sind; aber auch als Respezifikation der Motive, die den Mitgliedern frei gebildeter Organisationen zugeschrieben werden können. Dieser Frage können wir hier nicht nachgehen. Sie würde uns in die allgemeine Organisationstheorie führen. Im Bereich der Organisationen des Erziehungssystems dürfte es jedoch einleuchten, wie wenig (ungeachtet der gegenwärtigen Mode, Markt- oder Kundenorientierungen zu verlangen) mit einer Produktorientierung oder mit Begriffen wie Effektivität oder Effizienz zu gewinnen ist. Und ebenso klar ist, daß die beste Absicht, den Nachwuchs so zu erziehen, daß er seinen Lebenslauf darauf aufbauen kann, wenig nützt, wenn es an genaueren Anhaltspunkten fehlt.

VI.

Sobald es zu professionellen oder organisatorischen Respezifikationen kommt, löst sich die allgemeine Symbolik der guten Absicht und der Verantwortung für den hilflosen bzw. unfertigen Nachwuchs auf. Oder genauer gesagt: sie verschwindet nicht, aber sie wird für den durch Respezifikation geordneten Bereich durch inkonsistente Anforderungen ersetzt. Es erscheinen dann unterschiedliche pädagogische Ideologien. Man kann mehr auf Förderung der Individuen abstellen oder mehr auf Herstellung von Chancengleichheit und Ausgleich von Benachteiligungen durch Schichtung oder Geschlecht. Man kann mehr auf Förderung der Schulklasse Wert legen oder mehr auf Förderung der Zurückbleibenden. Wie geht das System mit solchen Inkonsistenzen um?

Auf der Ebene der Professionen mag man sie leugnen und in den Geheimnisbereich des individuellen Könnens und der Erfahrung hineinziehen. Die Lösung des Problems liegt in der Leugnung des Problems. Auch in Organisationen findet man diesen Ausweg. Es kommt, um mit Nils Brunsson zu formulieren, zum Vortäuschen einer Einheit, zur Heuchelei.[45] Aber damit kann die

---

45 Siehe Nils Brunsson, The Organization of Hypocrisy: Talk, Decisions and Actions in Organizations, Chichester 1989. Vgl. auch ders., Managing Organizational Disorder, in: Massimo Warglien/Michael Masuch (Hrsg.), The Logic of Organizational Disorder, Berlin 1996, S. 127-143.

ständige Irritation durch Diskrepanzen zwischen proklamierten Zielen und realen Leistungen nicht ausreichend abgewehrt werden. Deshalb findet man einen weiteren Ausweg: das immer wieder aufgegriffene Bemühen um Reformen.[46]

Reformen sind eine Art Ersatz für Evolution, die durch die administrative Zentralisierung des Systems und durch die politische Verantwortlichkeit seiner Spitze praktisch ausgeschlossen wird. Sie beziehen sich immer auf Fragen der Organisation. Sie werden mit Mitteln der Organisation durchgesetzt bzw. verhindert. Sie können daher die Schranken dieses Systemtyps nicht überschreiten. Sie beziehen sich außerdem auf vorhandene Organisationen, bleiben damit also im Rahmen des Funktionssystems, in dem diese Organisationen angesiedelt sind. Auch hier wird es ihnen kaum gelingen, die Unterrichtsinteraktionen zu perturbieren. Allein das führt schon auf die Frage, was man von Reformen überhaupt erwarten kann.

So verständlich die Genetik des Reformbegehrens ist, so wenig ergibt sich daraus allein schon eine Prognose des Erfolgs. Wenn man von Inkonsistenzproblemen ausgeht, ist es denkbar, daß Reformen einen Wechsel des Primats bestimmter Wertorientierungen durchzusetzen versuchen, also etwa den Übergang von Individualförderung zur Herstellung von Chancengleichheit, vor allem durch Ausgleich schichtbedingter oder geschlechtsspezifischer Benachteiligungen. Das kann zu deutlichen Einschnitten in das vorhandene Schulsystem führen, kann aber typischerweise die damit verbundenen Nebenfolgen nicht kontrollieren. Wenn diese auffallen, können weitere Reformanliegen gestartet werden, etwa Einrichtung besonderer Leistungsklassen oder Maßnahmen der Begabtenförderung. Beobachtet man das jeweils reformierte System, hat man den Eindruck, daß das Hauptresultat von Reformen die Erzeugung des Bedarfs für weitere Reformen ist. Reformen wären danach sich selbst generierende Programme für die Veränderung der Strukturen des Systems. Man scheint dies zu ahnen. Jedenfalls werden Reformschulen oft als isolierte Einheiten konzipiert, die als Experimente geplant sind, aber nicht wieder abgeschafft werden können, son-

---

46 Vgl. Nils Brunsson/Johan P. Olsen, The Reforming Organization, London 1993.

dern als Einrichtungen des Schulsystems mit vergleichbarem Ausstoß an Absolventen, Diplomen und Zensuren neben den normalen Schulen fortexistieren, gleichsam als Denkmäler für die Ideen ihrer Gründer. Oder die Reform ist, wie im Falle der Universität Bielefeld, in den Gründungsdokumenten noch sichtbar, wurde dann aber von Anbeginn durch eine Kollision von Kultusbürokratie und an eigenen Ideen orientierten Studenten, Assistenten und Professoren verhindert.

Daß die Reformer den Mut nicht verlieren, sondern nach einer Schwächephase neu ansetzen, mag damit zusammenhängen, daß die Strukturprobleme der unbewältigten Inkonsistenzen andauern. Auch wird typischerweise rasch vergessen, daß das, was man vorhat, schon einmal (oder mehrmals) versucht worden und gescheitert ist. Die wichtigste Ressource der Reformer scheint daher eine Leistung des Systemgedächtnisses zu sein, nämlich das Vergessen.

Der Ausgleich des Drucks der in der Respezifikation erscheinenden Inkonsistenzen liegt mithin in einem Nebeneinander von Normaloperationen und Reformbemühungen. Damit kann das Problem auf die Zeitdimension übertragen werden und erscheint dann als unschädliche Inkonsistenz im Nacheinander. Wenn man irgendeinen Beleg für die Euphoriewellen der Reformbewegungen braucht, wird man ihn in den Schulen und Universitäten des Erziehungssystems finden.

Kapitel 7

Selbstbeschreibungen

I.

Das Erziehungssystem kann sich nicht selber erziehen, so wenig wie Feuer sich selber verbrennen kann. Es ist für die eigenen Operationen unerreichbar – ein Merkmal aller selbstreferentiellen, autopoietischen Systeme. Auch die Wirtschaft kann nicht bezahlt, auch das Rechtssystem kann nicht vor Gericht gezogen werden. In dieser Unerreichbarkeit liegt eine Art Sicherheit. Das Erziehungssystem kann nicht gut, aber auch nicht schlecht erzogen werden und daran eventuell scheitern. In anderer Ausdrucksweise: im Erziehungssystem hat man es mit einer operativ unlösbaren Unbestimmtheit zu tun. Das übersetzt sich für die auf Menschen gerichteten pädagogischen Operationen in eine unbehebbare Ungewissheit im Blick auf Erfolge und Mißerfolge. Aber damit kann die Erziehung zurechtkommen, indem sie Erfolge sich selbst und Mißerfolge den Eigenarten ihrer Klienten, also der Umwelt zurechnet.

Gleichwohl ist die Einheit des Erziehungssystems real vorhanden, allein schon deshalb, weil das Erziehungssystem sich selbst von seiner Umwelt unterscheidet und folglich intern mit der Unterscheidung von Selbstreferenz und Fremdreferenz arbeitet. Es entsteht auf diese Weise ein imaginärer Raum, der im System selbst Beschreibungen auslöst.[1] Wenn man diese Differenz unbeachtet läßt und sich an Selbstbeschreibungen, sei es kritisch, sei es affirmativ, orientiert, um das System als ganzes zu ändern, entstehen Moralprobleme. Die operative Unerreichbarkeit des Erziehungssystems wird in einem normativen Programm zum Ausdruck gebracht und damit in die Differenz von guten und schlechten Bemühungen, von Reform und Widerstand transformiert.[2] Für uns als Beobachter zweiter Ordnung ist jedoch leicht

1 In diesem Sinne und nur in diesem Sinne spricht Peter Fuchs, Die Erreichbarkeit der Gesellschaft: Zur Konstruktion und Imagination gesellschaftlicher Einheit, Frankfurt 1992, von Erreichbarkeit.
2 Siehe auch die knappe, aber einsichtsvolle Formulierung bei Fuchs a. a. O.

zu erkennen, daß hier kompensatorische Manöver stattfinden. Weil das System der rekursiven Vernetzung eigener Operationen für diese unerreichbar bleibt, wird eine zweite Ebene eingerichtet, auf der Einheitsprojektionen diskutiert werden können. Wir stoßen hier erneut auf die Differenz von Ideen und Praxis. Auch diese Beschreibungen werden im System angefertigt. Deshalb sprechen wir von *Selbst*beschreibungen. Sie müssen deshalb dem System eingepaßt werden, es zum Beispiel nicht offen desavouieren. Die Ausfüllung dieses durch Selbstreferenz geöffneten imaginären Raums kann also keineswegs beliebig geschehen. Auch sie folgt systeminternen Bedingungen. Wie stark sie dadurch diszipliniert wird, das ist das Thema dieses Kapitels.[3]

Typisch orientieren sich Selbstbeschreibungen an den hohen Ideen, mit denen das Erziehungssystem sich inspiriert. Es geht um den Sinn und die Notwendigkeit von Erziehung, um die Verantwortung für einen noch unfertigen Nachwuchs, um den individuellen oder den gesellschaftlichen Nutzen der Erziehung. Das ändert sich nicht, wenn man politisch-ideologische Ideen wie »Emanzipation« oder »Chancengleichheit« hinzunimmt. Es geht nicht um die Schwierigkeiten des classroom management, um die Erhaltung von Disziplin und die Vermeidung von Störungen. Die Wichtigkeit dieser Probleme erkennt man erst in der Praxis.[4] Diese Einseitigkeit hat zur Konsequenz, daß die Selbstbeschreibungsliteratur und die an ihr orientierten Berichte aus der »Praxis« als Grundlage der Ausbildung für den Lehrberuf nicht ausreichen.[5] Der Begriff der »Praxis« bleibt in diesem Zusammenhang eine Leerformel und vermittelt kein Schema für die

S. 13: »daß die Einheit der Gesellschaft in der Gesellschaft nur als *imaginäre* Einheit, als semantische Imagination zu haben ist, und daß genau dann, wenn dies nicht eingerechnet wird, Moralprobleme auftauchen.«

3 Für eine frühere Arbeit zum selben Thema siehe Niklas Luhmann/Karl Eberhard Schorr, Reflexionsprobleme im Erziehungssystem, Stuttgart 1979, Neuausgabe Frankfurt 1988.

4 Vgl. Wayne K. Hoy, The Influence of Experience on the Beginning Teacher, School Review 76 (1968), S. 312-323; ders., Pupil Control Ideology and Organizational Socialization: A Further Examination of the Influence of Experience on the Beginning Teacher, School Review 77 (1969), S. 257-265.

5 Vgl. M. T. Whiteside/G. Bernbaum/G. Noble, Aspirations, Reality Shock and Entry into Teaching, Sociological Review 17 (1969), S. 399-414.

kommenden Probleme. Vielleicht hilft es aber schon, wenn man sich klar macht, daß Selbstbeschreibungen nur Selbstbeschreibungen sind, nur »talk«, und daß die Wirklichkeit der Unterrichtsinteraktionen durch andere Kräfte bestimmt wird.

II.

Wie schon mehrfach angedeutet, hatte die alteuropäische Tradition, wenn es um Erziehung ging, bis ins 18. Jahrhundert hinein mit dem Begriff der Natur gearbeitet. Dem lag freilich ein komplexer Naturbegriff zugrunde, der zunächst einmal in Erinnerung gerufen werden muß.[6] Natur strebt nach ihrer eigenen Perfektion. Sie erreicht sie im Normalfalle, kann sie aber unter widrigen Umständen auch verfehlen. In diesem Falle spricht man von Beraubung (stéresis) oder von Korruption. Will man wissen, was die Natur verlangt, und damit geht man von einer Normalform zu einer normativen Form über, muß man auf ihre perfekten, nicht auf ihre korrupten Zustände achten. Deshalb kann Natur auf dem Wege zur Perfektion der Dinge und Zustände auf Hilfe angewiesen sein, und damit findet der Erzieher seinen Platz in der Naturphilosophie.

In diesem Sinne sind durch die Natur, das heißt durch die Geburt, im groben auch die ständischen Schranken der Gesellschaft festgelegt. Keine Erziehung kann aus einem Bauernkind einen Adeligen machen oder umgekehrt. Wollte man es versuchen, würde man das Kunststück an der Mühe erkennen, die der Betreffende sich zeitlebens geben muß, um als etwas zu erscheinen, was er nicht ist. Das heißt auch, daß es für den Adel andere Formen des Verfehlens der eigenen Natur gibt, andere Formen der Korruption oder der Imperfektion als für den gemeinen Mann.[7] Je mehr man dabei auf »virtus« abstellt, um so mehr fallen Fälle auf, in denen jemand durch ein Versehen der Natur in

6 Siehe für eine knappe Skizze im Anschluß an Aristoteles auch Niklas Luhmann, Über Natur, in: ders., Gesellschaftsstruktur und Semantik: Studien zur Wissenssoziologie der modernen Gesellschaft Bd. 4, Frankfurt 1995, S. 9-30.
7 Vgl. Annibale Romei, Discorsi, Ferrara 1586, mit sorgfältigen Unterscheidungen, insb. S. 59, 63 f.

einer falschen Klasse geboren ist. Das kann aber nicht durch Erziehung, sondern nur durch politische Nobilitierung korrigiert werden, und auch dies in den ersten Generationen allzu sichtbar und deshalb ohne viel Erfolgschancen.

Das Problem der naturgemäßen Erziehung spitzt sich daher für die Oberschichten zu. Nur sie müssen auf ihr Verhalten in Gegenwart von Kindern besonders achten. Nur sie müssen befürchten, daß ihre Kinder zu groben Menschen entarten und folglich »sono stimati fuori della natura«.[8] Die Erziehung hat der Natur zu Hilfe zu kommen, sie kann sie nicht ersetzen. Civiltà ist selbst ein Fall gelungener, perfekter Natur, der aber ohne Erziehung (und das schließt Sozialisation ein), kaum Chancen hat. Folglich muß im gesellschaftlichen Leben darauf geachtet werden, daß Zivilität als natürliches, nicht als kunstvolles, gelerntes Verhalten erscheint.

Bei allem latenten Potential der Erziehung, die gesellschaftliche Ordnung zu sprengen, zumindest zu transformieren, hält dieser Begriff der Natur die Erziehung in den Schranken der ständischen Ordnung. Offensichtlich sind denn auch die Vertreter der neuen Wissenschaften, schon vom Verhalten her, nicht in der Lage, ein Modell für eine neue Oberschicht anzubieten. Die Veränderungen bahnen sich nicht über einen Umbau der hierarchischen Ordnung an, auch nicht über den Aufstieg einer neuen, wissensbasierten Oberschicht, sondern durch Veränderungen des Prinzips der Inklusion. In der »Nationalerziehung« der zweiten Hälfte des 18. Jahrhunderts sieht man keinen Grund mehr, Menschen wegen ihrer Natur (= Geburt) von der Erziehung (und jetzt meint man Schulerziehung) auszuschließen. Es kann höchstens sein, daß das Erziehungssystem selbst eine weitere Förderung für aussichtslos hält, also selbst über Inklusion/Exklusion befindet.

Am hartnäckigsten hält sich das über Natur laufende Argument bei der Berücksichtigung der Geschlechterdifferenz. Hier ist es am wenigsten durch die offensichtliche Auflösung der Schichtungsordnung betroffen. Männer haben, so meint man noch lange Zeit, eine andere Natur als Frauen. Das heißt aber jetzt: sie

8 So Matteo Palmieri, Vita civile, kritische Ausgabe Florenz 1982, S. 17. Vgl. auch S. 23.

haben sich in einen anderen Lebenslauf zu fügen. Studierte Frauen sind eine Kuriosität, gewissermaßen »fuori della natura«. Erst wenn man von naturalen Unterschieden auf Medium und Form hin umdenkt, kann man dem Erziehungssystem auch in Hinsicht auf den Unterschied der Geschlechter die Inklusions-/Exklusionskompetenz überlassen. Der Prozeß ist noch heute nicht abgeschlossen.

Eine zweite Bewegung des 18. Jahrhunderts richtet sich gegen die Abhängigkeit der Erziehung vom Religionssystem.[9] Die Abwendung erfolgt auf zwei Ebenen: Einerseits versucht man, die Geistlichen als Lehrpersonal zu ersetzen durch professionell ausgebildete Lehrer.[10] Der Einfluß des Jesuitenordens wird blokkiert. Andererseits geht es natürlich um die Gewichtung der Stoffe, die in den Schulen unterrichtet werden. Man wird zum Beispiel nicht länger sagen, daß Lesen wichtiger sei als Schreiben, weil es ermögliche, die Bibel zu lesen. Vor allem aber findet sich das Erziehungssystem in dem Bemühen, sich von Religion abzulösen und Religionsunterricht als ein spezifisches Fach zu etablieren, in Übereinstimmung mit dem »Zeitgeist«. Die Ablösung kann sich auf parallellaufende Bemühungen in anderen Bereichen stützen und muß nicht befürchten, als »Atheismus« oder sonstwie als Ablehnung von Religion schlechthin interpretiert zu werden. Aber der Bereich, für den zu erziehen ist, ist jetzt die national und historisch begriffene Zivilgesellschaft, die im Staat ihre Führungsgröße hat. Auch in diesem Sinne ruft man nach »nationaler« Erziehung.

III.

Die Umstellung der gesellschaftlichen Differenzierung von Stratifikation auf funktionale Differenzierung nimmt der Natursymbolik ihre Überzeugungskraft. (Das gilt zum Beispiel auch für »Naturrecht«.) Sie findet keine direkte Nachfolge. Gegen Ende des 18. Jahrhunderts hatte man versucht, in Anlehnung an

9 Einige Hinweise bei Georges Snyders, Die große Wende der Pädagogik: Die Entdeckung des Kindes und die Revolution der Erziehung im 17. und 18. Jahrhundert in Frankreich, dt. Übers. Paderborn 1971, S. 263 ff.

10 Näher dazu Kap.... (Angabe wurde nicht mehr vervollständigt, D. L.)

die kantische Philosophie die Naturthematik durch die Freiheitsthematik zu ersetzen. Damit wurde sozusagen die durch Ausdifferenzierung gewonnene Autonomie in das System hineincopiert – aber allzu direkt, wie es scheint. Daß dies auf die Paradoxie des kausalen Bewirkens von Freiheit hinauslief, wurde sofort moniert.[11] Die bei Kant vorgesehene Unterscheidung von empirisch und transzendental und damit von Kausalität und Freiheit konnte nicht auf Unterrichtssituationen übertragen werden; denn wie hätte der Lehrer zum Ausdruck bringen können, daß er zwar kausal eingreift aber die transzendentale Freiheit seiner Schüler respektiert? Im Laufe des 19. Jahrhunderts setzt sich denn auch eine andere Semantik durch, nämlich die Semantik der Wertbeziehungen. In einem sehr abstrakten Sinne könnte man sagen, daß die Natursymbolik durch die Wertesymbolik ersetzt wird. Aber dann sieht man auch die Informationsverluste. Wenn von naturaler Perfektion die Rede war, konnte man, je nach Herkunft der Individuen, an unterschiedliche Perfektionen denken. Wenn heute von Bildung als Wert die Rede ist, ist damit jedoch ein Anspruch eines jeden Individuums und, noch schlimmer, ein Anspruch an jedes Individuum verbunden, ohne daß der Wert selbst Grenzen zöge – es sei denn in einem erst noch auszuhandelnden Verhältnis zu anderen Werten.[12] Man kann dies auch als Ersetzung einer als Gegenwart vorliegenden Vergangenheit durch die Gewissheit einer ungewissen Zukunft beschreiben.[13] Wie immer, das Erziehungssystem scheint seinen Außenhalt in einer gegebenen gesellschaftlichen Umwelt zu verlieren. Es kann sich nicht mehr nach Geburt und Herkunft der Individuen und ihren dadurch bestimmten Lebensperspektiven richten. Entscheidend ist, was die Erziehung aus den Menschen *macht*. Aber wie kann die Erziehung das wissen?

11 Vgl. Ritter, Kritik der Pädagogik zum Beweis der Nothwendigkeit einer allgemeinen Erziehungs-Wissenschaft, Philosophisches Journal einer Gesellschaft Teutscher Gelehrten 8 (1798), S. 47-85.

12 Hierzu auch Niklas Luhmann, Complexity, Structural Contingencies and Value Conflicts, in: Paul Heelas/Scott Lash/Paul Morris (Hrsg.), Detraditionalization: Critical Reflections on Authority and Identity, Oxford 1996, S. 59-71.

13 So Barbara Adam, Detraditionalization and the Certainty of Uncertain Futures, in: Heelas et al. a.a.O. S. 134-148.

Aus demselben Grunde (Umbau der Formen gesellschaftlicher Differenzierung) kann auch die alte Beschreibung der Erziehung als »Kunst« (ars) nicht fortgesetzt werden. Das alte System der artes hat sich aufgelöst. Unter »Kunst« versteht man im 19. Jahrhundert auch umgangssprachlich nur noch das ausdifferenzierte System der schönen Künste, das sich an ästhetischen Kriterien orientiert, und man kann der Erziehung natürlich nicht zumuten, sich als Bemühung um ästhetisch ansprechende Objekte zu begreifen. Mit dem Entfallen der Einordnung in ein System der artes entsteht jedoch ein Leerraum, den man dadurch zu füllen versucht, daß man Erziehung als Anwendung von Wissenschaft begreift – mit entsprechenden Ansprüchen an die Pädagogik.

Diesem Beschreibungsnotstand kommt der Umstand entgegen, daß die Erziehung jetzt in Schulen, also in Organisationen verlagert wird und damit Tatsachen geschaffen werden, an die man sich, implizit oder explizit, halten kann. In dem Maße, als die Erziehung auf die Schulen übertragen und die Schullaufbahn wie eine Karriere behandelt wird, ersetzt das System externes Wissen durch internes Wissen. Der jeweils erreichte Stand, festgehalten in den Zeugnissen des Selektionssystems, gilt als Voraussetzung für die weitere Erziehung. Das System arbeitet wie eine Turing-Maschine durch ständige Transformation des eigenen Output in Input für weiteres Operieren. Das aber hat, wie bei selbstreferentiellen Systemen schlechthin, die Folge, daß die Einheit des Systems für die Operationen des Systems unerreichbar wird. Man kann nachträglich Statistiken anfertigen und sich selbst Verbesserungen oder Verschlechterungen bescheinigen. Aber dabei wird die stets mitlaufende Zukunft vergessen.

Schließlich sieht man sich gezwungen, die Vorstellung aufzugeben, daß mit der moralischen Veredelung des Menschen der Gesellschaftsbezug der Erziehung schon ausreichend gesichert sei.[14]

14 So noch D. Heusinger, Etwas über den Ausdruck: Erziehung zum Menschen und Bürger, Philosophisches Journal einer Gesellschaft Teutscher Gelehrten 1 (1795), S. 210-232. Siehe auch ders., Beytrag zur Berichtigung einiger Begriffe über Erziehung und Erziehungskunst, Halle 1794, S. 19 f. Vgl. auch August Hermann Niemeyer, Grundsätze der Erziehung und des Unterrichts, 1. Aufl. Halle 1796, Neudruck Paderborn 1970, S. 84: »Der *vernünftige Mensch* wird aber ohnfehlbar auch der beste Staatsbürger seyn und die meiste gesellschaftliche Brauchbarkeit haben.«

Das hatte feste gesellschaftliche Statuspositionen vorausgesetzt, die spezifizieren, was moralisch erwartet wird. In das neue bewegliche Karrieresystem mit offener Zukunft läßt sich dieser enge Zusammenhang von Moral und Gesellschaft nicht überführen. Die Erziehung muß auf Moralförderung nicht verzichten, muß dann aber in Kauf nehmen, daß das Böse besser spezifizierbar ist als das Gute. Die Hauptaufgabe der Erziehung liegt jedoch in der Qualifizierung für Lebensläufe und Karrieren. Damit muß auch die Hoffnung zurückgenommen werden, durch Erziehung von Generation zu Generation die Menschheit selbst verbessern zu können.[15] Das könnte nicht zuletzt als Reflexion auf das Faktum der Ausdifferenzierung gelesen werden.

Mit dem Abbau externer Anhaltspunkte geht einher die Erzeugung eines internen Überschusses an Kommunikationsmöglichkeiten.[16] Die gute Absicht zu erziehen muß, wie wir gesehen haben, respezifiziert werden. Dabei reicht es nicht aus, Erziehung als Dienstleistungsunternehmen für andere Teilsysteme zu begreifen. Dabei bliebe die gesamtgesellschaftliche Funktion (oder in zeitgenössischer Terminologie: ihre Funktion für den Menschen) außer Acht. Man unterscheidet in der Philanthropie des 18. Jahrhunderts Vollkommenheit und Brauchbarkeit[17], und Erziehung zum Menschen bzw. zum Bürger und später Bildung und Ausbildung.[18] Diese Unterscheidungen können aber kaum

---

15 »Education, …though in one view an engine of unlimited power, is exceedingly incompetent to the great business of reforming mankind«, konstatiert William Godwin, Enquiry Concerning Political Justice, London 1793, S. 26-27.

16 Auch dies findet viele Parallelen in anderen Funktionssystemen. Das von naturrechtlichen Bindungen befreite positive Recht muß durch eine (ebenfalls positivrechtliche) Verfassung diszipliniert werden. In der Kunst versucht der romantische Stil eine Form zu finden, die diesen Anforderungen entspricht. Speziell hierzu Niklas Luhmann, Eine Redeskription »romantischer Kunst«, Ms. 1995.

17 So an repräsentativer Stelle Peter Villaume, ob und inwiefern bei der Erziehung die Vollkommenheit des einzelnen Menschen seiner Brauchbarkeit aufzuopfern sei, in: J. H. Campe (Hrsg.), Allgemeine Revision des gesammten Schul- und Erziehungswesens von einer Gesellschaft praktischer Erzieher Bd. III, Hamburg 1785, S. 435-616.

18 Siehe die Unterscheidung allgemeiner und spezieller Bildung im »Litaui-

mehr in eine semantische Einheit zurücktransformiert werden. Das Verhältnis von Vollkommenheit und Brauchbarkeit wird auf die Formel der Glückseligkeit gebracht, die aber mit Kant ihr Ansehen verliert. Das Verhältnis von Bildung/Ausbildung wird üblicherweise nur als Nebeneinander der Bezeichnungen, eben als Unterscheidung angeboten, oder, bei Humboldt, als resolute Präferenz für Bildung und als eine Art hierarchische Kontrolle der Unterscheidung durch ihre eine Seite: die Bildung.

Man sieht an diesem Beispiel, wie der Stachel der Reflexion das System irritiert, ohne zu einer befriedigenden »Wesens«-Aussage zurückzufinden. Und man sieht, daß der Reflexionsbedarf jetzt *intern* ansetzt und nicht mehr in einer ontologischen Metaphysik oder einer religiösen Kosmologie seinen Frieden finden kann. Das mag als mehr oder weniger theorieästhetischer Defekt unbefriedigt lassen. Andererseits zeigt sich daran die geschichtliche Unabgeschlossenheit und Variationsfähigkeit der Reflexionsbemühungen. Wir kommen darauf im nächsten Abschnitt zurück.

Zunächst fällt jedoch auf, daß eine Prämisse, obwohl neu und gewissermaßen unerhört, unbestritten zu sein scheint: Die Funktion der Erziehung wird von den Häusern auf die Schulen und von den Vätern auf die Lehrer übertragen. Man spricht, und angesichts der traditionellen Unterscheidung von educatio und institutio kann das nur als Hybridbildung gemeint sein, von erziehendem Unterricht. Der Nachteil des Lehrers gegenüber dem Vater wird durchaus gesehen, vor allem von Praktikern[19], aber im Vertrauen auf ein neues (schul)pädagogisches Wissen und Können überspielt. Die alte Kritik, daß die Väter ihrer Erziehungsaufgabe nicht gerecht werden, wenn sie ihre ungebärdigen Söhne in die (schlecht funktionierenden) Lateinschulen und Kollegien der Jesuiten abschieben[20], wird nun nochmals überbo-

schen Schulplan« Humboldts, zit. nach Wilhelm von Humboldt, Werke in fünf Bänden Bd. IV, 2. Aufl. Darmstadt 1969, S. 187-195.

19 Vgl. Martin Ehlers, Gedanken von den zur Verbesserung der Schulen nothwendigen Erfordernissen, Altona – Lübeck 1766, S. 165 ff. Siehe auch Ernst Christian Trapp, Versuch einer Pädagogik (1780), Neuausgabe Leipzig 1913, S. 152.

20 Siehe etwa Abbé Nicolas Gedoyn, De l'éducation des enfans, zit. nach ders., Œuvres diverses, Paris 1745, S. 1-52 (29 ff.).

ten: Erziehung ist unter modernen Bedingungen überhaupt nur als Schulunterricht, als »erziehender Unterricht« möglich. Der Titel des »Revisionswerkes«[21] nimmt das Ergebnis vorweg, aber erst nach 1800, nach einer längeren streitigen Diskussion[22], kann die Formel als etabliert gelten. Ein wesentlicher Unterschied, den die Tradition voraussetzen konnte, tritt zurück: Erziehung kann jederzeit abgebrochen, Unterricht muß fortgesetzt werden.[23] Die explizite Fusion von Erziehung und Unterricht führt deshalb dazu, Erziehung als »Bildung« zu begreifen – und es dabei zu belassen. Die etwas gewollt, jedenfalls propagandistisch wirksame Zusammenfassung läßt aber noch offen, wie dies Programm verwirklicht werden soll. Auch hier finden wir also eine Differenzformel auf der Suche nach Einheit und damit einen Anstoß um weitere Bemühungen für die Selbstbeschreibung des Erziehungssystems.

In wenigen Jahrzehnten entsteht nun eine mit sich selbst diskutierende pädagogische Literatur, die, auch wo sie kontrovers bleibt, ein eigenes Gewicht gewinnt.[24] Es kommt zu einer aus der

21 J. H. Campe (Hrsg.), Allgemeine Revision des gesammten Schul- und Erziehungswesens von einer Gesellschaft praktischer Erzieher, Bd. I-XVI, Hamburg 1785-1792.

22 Für Einzelheiten siehe Luhmann/Schorr, Reflexionsprobleme im Erziehungssystem a. a. O. S. 199 f.

23 Umgekehrt Jean Paul, Levana oder Erziehlehre, zit. nach Sämmtliche Werke XXXVI, 8. Lieferung, 2. Band, Berlin 1827, S. 27. Für Jean Paul ist deshalb eine Fusion von Unterricht und Erziehung nur »in späteren Jahren« möglich (a. a. O. Bd. 2, S. 128).

24 Neben den zu Klassikern des Fachs avancierten und deshalb unvergessenen Autoren wie Pestalozzi, Herbart und Schleiermacher gibt es eine Fülle zeitgenössischer Literatur, die erst einen realistischen Eindruck von der Breite der Diskussion vermittelt. Das »Revisionswerk« der Philanthropen hatten wir schon erwähnt. Siehe ferner z. B. Ernst Christian Trapp, Versuch einer Pädagogik, Berlin 1780; ders., Von der Nothwendigkeit, Erziehen und Unterrichten als eine eigne Kunst zu studiren, Halle 1779; dann die Kantianer (eine rasch vorübergehende Mode), zum Beispiel Jonathan Schuderoff, Briefe über Moralische Erziehung in Hinsicht auf die neueste Philosophie, Leipzig 1792; Johann Christoph Greiling, Ueber den Endzweck der Erziehung, und über den ersten Grundsatz einer Wissenschaft derselben, Schneeberg 1793; Johann Heinrich Gottlieb Heusinger, Beytrag zur Berichtigung einiger Begriffe über Erziehung und

Neurobiologie bekannten »doppelten Schließung« des Systems[25], und erst dadurch gewinnt das Erziehungssystem gesellschaftliche Autonomie. Der Schulunterricht operiert in den durch ihn selbst gezogenen Grenzen. Dasselbe gilt auf andere Weise für die rekursiv vernetzten Reflexionen des Systems. In beiden Fällen operiert das System nur auf der Ebene der elementaren Operationen, die es autopoietisch reproduzieren kann. Es gibt keine höhere »geistige« Wirklichkeit, die wie Licht von oben in das System einbricht und dort tätig werden könnte. In sozialen Systemen steht zur Reproduktion des Systems (und das schließt Strukturentwicklungen ein) nur Kommunikation zur Verfügung. Nur so ist zu erklären, daß es trotz doppelter Schließung gegenüber der Umwelt zu internen Interferenzen kommen kann. Die Reflexion kann es nicht einfach ignorieren, wenn die Praxis stöhnt, so wie die Praxis in der pädagogischen Literatur Formeln finden kann, mit denen sie, wenn gefordert, den Sinn ihrer eige-

Erziehungskunst, Halle 1794; ders., Versuch eines Lehrbuchs der Erziehungskunst: Ein Leitfaden zu akademischen Vorlesungen, Leipzig 1795; kritisch dazu Ritter, Kritik der Pädagogik zum Beweis der Nothwendigkeit einer allgemeinen Erziehungs-Wissenschaft, Philosophisches Journal einer Gesellschaft Teutscher Gelehrten 8 (1798), S. 47-85; ferner August Hermann Niemeyer, Grundsätze der Erziehung und des Unterrichts, Halle 1796; ders., Ansichten der deutschen Pädagogik und ihrer Geschichte im achtzehnten Jahrhundert, Halle 1801; ders., Leitfaden der Pädagogik und Didaktik: Zum Gebrauch bey Vorlesungen auf Universitäten und in Schullehrerseminarien, Halle 1802; Friedrich Wilhelm Lehne, Handbuch der Pädagogik nach einem systematischen Entwurfe, Bd. 1, Göttingen 1799; Christian Daniel Voss, Versuch über die Erziehung für den Staat, als Bedürfniß unsrer Zeit, zur Beförderung des Bürgerwohls und der Regenten-Sicherheit, 2 Bde. Halle 1799; Heinrich Stephani, Grundriß der Staatserziehungswissenschaft, Weißenfels-Leipzig 1797; ders., System der öffentlichen Erziehung, Berlin 1805; Johann Jakob Wagner, Philosophie der Erziehungskunst, Leipzig 1803; Karl Heinrich Ludwig Poelitz, Die Erziehungswissenschaft, aus dem Zwecke der Menschheit und des Staates practisch dargestellt, Leipzig 1806; Friedrich Immanuel Niethammer, Der Streit des Philanthropismus und des Humanismus in der Theorie des Erziehungsunterrichts unserer Zeit, Jena 1808.

25 Vgl. Heinz von Foerster, Observing Systems, Seaside Cal. 1981, S. 304 ff.; ders., Für Niklas Luhmann, Wie rekursiv ist Kommunikation?, Teoria Sociologica 2 (1993), S. 61-85 (82 ff.).

nen Tätigkeit darstellen und sich selbst gegenüber dem Unterschied von Erfolg und Mißerfolg auf Distanz halten kann.

Von Anfang an war klar, daß die nötigen Bemühungen um pädagogisches Wissen nicht den mit Unterricht voll beschäftigten Lehrern zugemutet werden können. Die sind voll damit beschäftigt, den Tag zu überstehen und den nächsten vorzubereiten. Sie können nicht gleichzeitig Unterrichtsforschung betreiben oder pädagogische Ideen literarisch ausarbeiten.[26] 1780 wird ein erster Lehrstuhl für Pädagogik eingerichtet und mit Ernst Christian Trapp besetzt. Die Förderung nicht nur der Schulen, sondern auch der Pädagogik wird als eine öffentliche Aufgabe angesehen; denn die Lehrer müssen ausgebildet und mit berufsbezogenen Ideen ausgestattet werden. Auf diese Weise entsteht ein nicht unterrichtendes (oder nur Pädagogik unterrichtendes) Establishment, das in der Öffentlichkeit die Ambitionen und Interessen an besserer Erziehung vertritt. Im Laufe der Zeit erweitert sich der Personenkreis, zunächst in die einschlägige Publizistik mit ihren Zeitschriften und Buchverlagen, dann auch in die Kultusverwaltungen und nach der Dauereinrichtung politischer Parteien auch auf Fachleute innerhalb der Parteien, die die Betreuung entsprechender Themen, die Besetzung entsprechender Ausschüsse usw. übernehmen. Die doppelte Schließung des Systems stützt sich mithin auf eine entsprechende Rollendifferenzierung.

Schon im ausgehenden 18. Jahrhundert sucht man den Weg von der Welt der pädagogischen Ideen zur Praxis unter dem Titel »Reform«. Das bürgert sich ein. Das nichtunterrichtende Establishment traut der natürlichen Selbstverwirklichung der Ideen nicht mehr; es plant *statt dessen* Reformen. Der Blick ist auf die Zukunft gerichtet, was es ermöglicht, rasch zu vergessen, weshalb und woran (am Unterricht natürlich!) die bisherigen Reformen gescheitert oder so verdaut worden sind, daß man keinen Unterschied erkennen kann.[27]

26 Vgl. Trapp a. a. O. (1780), zit. nach der Neuausgabe Leipzig 1913, S. 11 f., 36 ff.; ferner die Antrittsvorlesung: Ernst Christian Trapp, Von der Nothwendigkeit, Erziehen und Unterrichten als eine eigne Kunst zu studiren, Halle 1779.

27 Siehe dazu aus organisationswissenschaftlicher Perspektive Nils Brunsson/Johan P. Olsen, The Reforming Organization, London 1993. Zu den

Nach zweihundert Jahren Wechselspiel zwischen Ideen und Reformen mag man sich fragen, ob die Ideen die Reformen motivieren oder die Reformen die Ideen. Die Frage wird kaum zu entscheiden sein. Jedenfalls hat man heute den Eindruck, daß, nachdem der neuhumanistische Optimismus der Humboldt-Epoche verflogen ist, Ideen nur dann Überzeugungskraft gewinnen, wenn man sie mit möglichen Reformen verknüpft. Die letzten großen Reformbemühungen galten dem Abbau von Schranken, die, sei es durch Schichtung, sei es durch die Selektionsmechanismen des Erziehungssystems selbst, errichtet waren. Dazu brauchte man als Idee ein negatives Urteil über Selektion. Die entsprechenden Reformen haben ihre Effekte gehabt, vielleicht nicht so sehr auf der Ebene der Interaktionen des Unterrichts als auf der Ebene der Schulorganisation. Danach müßte die Reflexion, die sich letztlich immer auf die Einheit des Systems zurückzubeziehen hat, sich fragen, ob die Erziehung nun, alles in allem, besser geworden ist. Aber wer will das ohne einseitige Beleuchtung durch Ideen entscheiden?

IV.

Wir sind jetzt bereits mehrfach, und zuletzt wieder, auf einen eigentümlichen Befund gestoßen: Die Selbstbeschreibung des Erziehungssystems setzt sich das Ziel, über die Einheit des Erziehungssystems zu kommunizieren. Das müßte, so denkt man, möglich sein, weil Erziehung sich deutlich von anderen Arten der gesellschaftlichen Kommunikation in der Umwelt des Erziehungssystems unterscheidet. Sobald man einen entsprechenden Versuch unternimmt, gewinnt man jedoch nicht Einheit, sondern Differenz[28] – nicht Natur, sondern Natur und Unnatur, nicht

wichtigsten Ressourcen ständig neuer Versuche, die Organisationen des Systems zu reformieren und »Innovationen« einzuführen, scheint in der Tat zu gehören, daß man vergißt, wie oft Ähnliches schon versucht worden ist und woran es gescheitert ist. Man wechselt lieber die Berater aus. Oder man läßt Reformschulen, die als Experimente gedacht waren, als exotische Exemplare neben dem normalen Schulsystem fortbestehen, ohne sich um eine Vermittlung zu kümmern.

28 Siehe, unter Einbeziehung der humanistischen Bildungspädagogik als eine

Vollkommenheit, sondern Vollkommenheit und (sie einschränkende) Brauchbarkeit; nicht Bildung, sondern Bildung und Ausbildung und zuletzt: nicht ein zum Besseren reformiertes System, sondern ein System, das Reformimpulse, wenn überhaupt, aufnimmt und sie ins Gewohnte überführt oder sie als eine Art Ruine des guten Willens auf sich selbst isoliert. Was folgt aus diesen Befunden für den Begriff der Selbstbeschreibung oder, mit einem anderen Wort, für den Begriff der Reflexion?

Zunächst ist dies eine Enttäuschung, eine Enttäuschung von Erwartungen, die auf einem Kognitionsmodell beruhen, das Einheiten als Objekte denkt, die als solche richtig oder falsch erkannt werden können. Aber wenn wir uns unseren Befunden überlassen, könnte es sehr wohl sein, daß dieses ontologische Kognitionsmodell auf Annahmen beruht, die man bei Unternehmungen wie Reflexion oder Selbstbeschreibung nicht akzeptieren kann.[29]

Die allgemeinste Antwort auf die damit aufgeworfene Frage findet man im Begriff der Form, den George Spencer Brown als Grundlage mathematischer Analysen vorgeschlagen hat.[30] Er beruht auf der Einsicht, daß man nichts bezeichnen kann, ohne es zu unterscheiden. Das erste operative Gebot (noch vor allen weiteren Unterscheidungen wie z.B. Erkennen und Handeln) lautet daher: draw a distinction. Die Unterscheidung wird gebraucht, um ihre eine Seite zu bezeichnen und ihre andere Seite (als Implikation des Bezeichnens!) unbezeichnet zu lassen. Jede Bestimmung erfordert daher den Einschluß des Ausschlusses des Unbestimmten. Es ist wichtig, diese paradoxe Bedingung der Möglichkeit des Bezeichnens zu akzeptieren; denn sie eröffnet

der Möglichkeiten, Herman Nohl, Die pädagogischen Gegensätze (1914), zit. nach ders., Pädagogische Aufsätze, 2. Aufl. Langensalza o. J., S. 100-110.

29 Es sei noch angemerkt, daß der Einwand, den wir hier verfolgen, nichts zu tun hat mit der bekannteren Kontroverse von realistischen versus konstruktivistischen bzw. repräsentationalen versus präsentationalen Wissenschaftstheorien. Denn das hier auftretende Problem: ob man überhaupt Einheit denken könne ohne Differenz, stellt sich für beide Arten von Wissenschaftstheorie.

30 Siehe George Spencer Brown, Laws of Form (1969), Neudruck der 2. Aufl. New York 1979.

eine Zeitperspektive für folgende Operationen: Sie können die Bezeichnung wiederholen und damit kondensieren; oder sie können die innere Grenze der Unterscheidung kreuzen und den unmarkierten Raum zu erreichen versuchen. Der Begriff der Form bezeichnet (in Übereinstimmung mit der Logik des Bezeichnens) die Unterscheidung selbst als Träger einer bezeichneten und einer unbezeichneten Seite; also, wie man dann sagen muß, die Welt selbst als durch eine Unterscheidung präpariert für weitere Operationen.[31] Offensichtlich liegt hier ein nichtontologischer Weltbegriff vor, der aber neben anderen Beschreibungen auch die ontologische zuläßt, wenn man als »first distinction« die Unterscheidung von Sein und Nichtsein wählt.

Wir werden eine Begrifflichkeit in dieser Abstraktionslage nur als eine Art Hintergrundsicherheit benötigen zur Abwehr von konkreter zugreifenden Weltbeschreibungen. Sie macht jedenfalls klar, daß keine differenzlose Einheit zu gewinnen ist. Zumindest schließt jede Selbstbeschreibung den in sie eingeschlossenen, weil durch sie ausgeschlossenen »unmarked space« der übrigen Weltzustände ein. Das gilt in geradezu klassischer Vereinfachung für den Begriff des Subjekts, der den Begriff der Intersubjektivität unmarkiert läßt, aber eben dadurch nicht ausschließt, daß man sich ihm durch ein Kreuzen der Grenze der Form »Subjekt« zuwendet.

Wenn es um Selbstbeschreibungen geht, geht es um Formen sehr spezifischer Art. Einerseits unterscheidet das System sich von seiner Umwelt (und auch externe Beobachter tun gut daran, diesen Unterschied mitzuvollziehen). Andererseits wird der Unterschied in das System selbst hineincopiert. Das System selbst orientiert sich an der Unterscheidung von Selbstreferenz und Fremdreferenz. Das aber ist eine Operation, die Spencer Brown als »re-entry« der Form in die Form (der Unterscheidung in das durch sie Unterschiedene) bezeichnen würde.[32] Die Konsequenz ist uns bereits mehrfach begegnet. Es entsteht ein immenser Reichtum an Möglichkeiten, die das System nicht ausrechnen kann. Spencer Brown spricht von »unresolvable indeterminacy«.

31 »Call the space cloven by any distinction, together with the entire content of the space, the form of the distinction.« George Spencer Brown a. a. O. S. 4.

32 A. a. O. S. 56 f.

Die Form, in der dieses Problem der selbsterzeugten Unbestimmtheit im System bewirtschaftet werden kann, muß daher eine Transformationsformel sein. Wir wollen sie »Kontingenzformel« nennen.[33]

Der Begriff bezeichnet eine Zwei-Seiten-Form. Die eine Seite verweist auf kognitiv unzugängliche, unbekannte Räume von Möglichkeiten. Die andere Seite stellt sicher, daß man trotzdem nicht ins Unbestimmbare abtreibt, sondern daß man für die gesellschaftliche Kommunikation (an die sich dann auch das Bewußtsein halten kann) Bestimmtheiten gewinnen und nutzen kann. Eine Kontingenzformel ist gewissermaßen eine Kippfigur, die man nach ihren beiden Seiten hin auswerten kann, wenn man ihre innere Grenze kreuzt. Entscheidend ist, daß die andere Seite nicht verloren geht, nicht negiert, nicht eliminiert wird, wenn man die eine Seite für Anschlußmöglichkeiten benutzt.

In der historischen Semantik der gesellschaftlichen Imagination haben sich mehrere Fälle von Kontingenzformeln entwickelt, so daß man die Entstehungs- und Funktionsbedingungen vergleichen kann. In dem Maße, als dies gelingt, sieht man auch, daß es sich nicht einfach um eine rein analytische Abstraktion handelt, sondern daß die Gesellschaft mit der Bereitstellung von Kontingenzformeln auf angebbare Problemlagen reagiert. Und wir vermuten, daß im Hintergrund dieser Semantik die Unabschließbarkeit der Reflexion oder die Erfahrung steckt, daß Einheit nur als Differenz in den Blick zu bekommen ist. Kontingenzformeln wären dann gleichsam zivilisatorisch gehärtete, in der soziokulturellen Evolution bewährte Fassungen dieses Problems.

Die historisch wohl wichtigste Kontingenzformel ist die des Religionssystems der Gesellschaft. Die Religion stellt den Got-

---

33 Wenn man nach funktionalen Äquivalenten sucht, könnte man an so etwas wie »Gedächtniskulturen« denken – vor allem auf der Ebene des Gesellschaftssystems und seiner Religion. Siehe etwa Jan Assmann, Das kulturelle Gedächtnis: Schrift, Erinnerung und politische Identität in frühen Hochkulturen, München 1992; Gerdien Jonker, The Topography of Remembrance: The Dead, Tradition and Collective Memory in Mesopotamia, Leiden 1995. Hier dient die Unabänderlichkeit der Vergangenheit als Kontingenz absorbierende Semantik. Aber es muß dann übergangen und vergessen werden, was sich in der Zwischenzeit alles geändert hat.

tesbegriff zur Verfügung.[34] Gott weiß alles und kann alles. Er hat die Welt trotzdem nicht als offene, unentschiedene und unentscheidbare Kontingenz geschaffen, sondern ihr im Akt der Schöpfung bestimmte Formen gegeben, an die man sich halten kann, wenn es um Erkennen und Handeln geht. Er kann diese Ordnung durchbrechen und Wunder tun, aber, heute jedenfalls, hält er sich in dieser Hinsicht zurück. Wenn es tatsächlich zu Wundern kommt, würde die moderne Gesellschaft dazu disponiert sein, eine natürliche Erklärung zu suchen.

Das Modell Gott ist nicht zuletzt deshalb so überzeugend, weil es zeigt, daß die semantischen Möglichkeitsüberschüsse, die im Sinnbegriff zutage treten, nur durch Selbstdisziplinierung reduziert werden können, also nur dadurch, daß man sie anerkennt – und ausgrenzt. Ein anderes Beispiel finden wir für die Wirtschaft im Prinzip der Knappheit. Hier geht es um die Einsicht, daß im sozialen Kontext der Zugriff auf knappe Güter nur auf Kosten der Zugriffsmöglichkeiten anderer realisiert werden kann, die ihre Interessen defensiv oder aggressiv verteidigen werden.[35] Das Prinzip der Knappheit gewinnt seine universelle und zugleich spezifische Form durch die Übertragung auf das Medium Geld. Wenn man bei jeder wirtschaftlichen Transaktion zahlen muß, wird Knappheit situativ spürbar, und zwar unabhängig davon, wie reich oder wie arm oder wie mächtig jemand ist. Selbst in den Staatskassen ist das Geld knapp und muß bewirtschaftet werden. Man wird also ständig daran erinnert, daß andere Verwendungsmöglichkeiten des Geldes, das man ausgibt oder nicht ausgibt, möglich wären. Die Wirtschaft selbst unterlegt diese Erfahrung durch eine Theorie des rationalen Entscheidens, die aber nur darauf aufmerksam macht, wie stark das Managen knapper Mittel an lokale Präferenzen gebunden ist, also *verschiedene*, immer auch andere Möglichkeiten der Geldverwendung anerkennen und akzeptieren würde. Die Kontingenz bleibt erhalten und wird mit den Entscheidungen über knappes Geld reproduziert.

Auch die Wissenschaft steht vor einem vergleichbaren Problem. Sie muß bestimmte Zustände (zum Beispiel Überschreiten der

---

34 Ausführlicher Niklas Luhmann, Funktion der Religion, Frankfurt 1977, S. 126 ff., 204 ff.

35 Vgl. Niklas Luhmann, Die Wirtschaft der Gesellschaft, Frankfurt 1988, S. 64 f., 191 f., sowie speziell zur artifiziellen Form der Knappheit S. 177 ff.

Lichtgeschwindigkeit, Kreuzung verschiedener Tierpopulationen) ausschließen können, und dies unabhängig von der Variationsbreite, die die jeweiligen Theorien sich vorstellen können. Es gibt massenhaft Unmöglichkeiten oder Unwahrheiten, mit deren Auflösung die Forschung nicht rechnen muß. Oder anders gesagt: Negationen müssen forschungstechnisch ergiebig sein, so daß man das Ausgeschlossene nicht ständig wieder neu einbringen und prüfen muß – und dies unabhängig von der den Theorien an sich zugestandenen Hypothetik und Variabilität. Mit einer etwas ungewöhnlichen Wortwahl könnte man diese Kontingenzformel der Wissenschaft »Limitationalität« nennen.[36] Die Forschung muß Anschlußfähigkeit für weitere Forschungen mitproduzieren, also Negationsmöglichkeiten *auf Grund der Forschungsresultate selbst reproduzieren.*

Für das Rechtssystem läßt sich dieselbe Funktion mit dem Begriff der Gerechtigkeit beschreiben – jedenfalls dann, wenn man Gerechtigkeit als Gebot begreift, gleiche Fälle gleich und ungleiche ungleich zu entscheiden.[37] Man weiß aus der Praxis, daß die Prämissen für gleich und ungleich nicht absolut feststehen, sondern sich erst in der Analyse der konkret zur Entscheidung anstehenden Fälle ergeben. Dabei ist wichtig, daß man die gleich/ungleich-Analyse nicht mit Werturteilen oder Interesseneinschätzungen vermengt, wie es häufig geschieht. Präferenzen und Interessen sind nur ein wichtiger Teil des Materials, das einen Fallvergleich ermöglicht.

Besondere Bedingungen findet man schließlich im politischen System. Hier hatte die Tradition in ihren Aufgabenbeschreibungen der Regierung seit dem Mittelalter vom Gemeinwohl (bonum commune) gesprochen. Diese Formel hatte verdeckt, daß es zahlreiche Privatinteressen gibt, die sich, mehr oder weniger geschickt, ans Gemeinwohl anheften und sich von ihm ernähren lassen. Im 19. Jahrhundert wurde die öffentliche und politische Bedeutung privater Interessen offenkundig. Das führte zu einer Verschiebung der Kontingenzsemantik in Richtung »Legitimität«. Dabei dachte man an die Wertbeziehungen, die in der Ver-

36 Vgl. Niklas Luhmann, Die Wissenschaft der Gesellschaft, Frankfurt 1990, S. 392 ff., 401 ff.
37 Vgl. Niklas Luhmann, Das Recht der Gesellschaft, Frankfurt 1993, S. 214 ff.

fassung aufgeführt waren. Jetzt wurde abgedunkelt, daß Wertorientierungen gar keine Entscheidungen ermöglichen, weil Entscheidungen nur nötig sind, wenn Werte in Konflikt treten – ein
Fall, für den die Werte, so schön sie formuliert sein mögen, keine
Lösung vorsehen. Den Ausschlag gibt dann die lautere Stimme
und die Popularität der politischen Führer und ihrer Programme. Im Moment ist keine bessere Lösung in Sicht. Das
könnte einer der Gründe für die verbreitete Unzufriedenheit mit
Politik sein und den Verdacht, daß es Mächte im Hintergrund
gibt, die sich nicht zeigen.

Wenn es so viele verschiedenartige Fälle von Kontingenzformeln
gibt, liegt es nahe, sie zu vergleichen und sie als Konkretisierun-
gen einer allgemeinen Theorie zu verstehen. Der Grund dürfte in
allen Fällen in der Ausdifferenzierung eines Funktionssystems
liegen, in der Produktion von Möglichkeitsüberschüssen und in
der Notwendigkeit, im eigenen System für Reduktionen zu sorgen – für Reduktionen, die sich jedoch nicht auf präferierte Zustände oder normative Direktiven festlegen lassen, sondern den
Blick auf die andere Seite der Form miteinschließen.

V.

Für das Erziehungssystem liegt es nahe, an den Begriff der *Bildung* zu denken.[38] Man spricht sogar von »Bildungssystem«,
wenn es um Klienten geht, denen man Erziehung nicht mehr zumuten, aber Bildung anbieten kann.

Mit dem Begriff der Bildung reagiert das Erziehungssystem auf
den Verlust externer (gesellschaftlicher, rollenförmiger) Anhaltspunkte für das, was der Mensch sein bzw. werden soll. Dies ist
nicht zuletzt eine Folge des Buchdrucks und der Ausbreitung
der Fähigkeit des Lesens. Es kommt seit dem 18. Jahrhundert zu
extensiver Lektüre auf Grund sehr persönlicher Auswahlent-
scheidungen, und zugleich wird es unmöglich, sozial zu kontrollieren, wer was liest. Wissen und Einstellung zum Gewußten
verlieren damit ihre soziale Selbstverständlichkeit. Wie immer
Menschen klassifiziert werden: man kann daraus keine Vorstellung ihrer Lektüre gewinnen.

38 Vgl. auch Luhmann/Schorr a.a.O. (1979) S.73 ff.

Mit dem Begriff der Bildung reagiert die Gesellschaft auf diese Erfahrung. Er tritt daher gegen die Vorstellung einer selbstwüchsigen Natur auf.[39] Er registriert und löscht zugleich den Unterschied von Individuum und Menschheit. Er bezeichnet die Erhöhung der Menschheit im Individuum. So jedenfalls seine klassische Form. Bildungsstreben kann danach, im Unterschied zu Bemühungen um eine nützliche Ausbildung, nicht als egoistisch gelten. Es verdient jede Unterstützung. Es bezeichnet den Sinn der Erziehung.

Der Erwerb von Bildung erfordert Aktivität – sowohl des Lehrers als auch des Schülers. Damit verliert der Begriff der Bildung seinen prozessuralen Charakter und bezeichnet jetzt einen anzustrebenden Zustand. Deshalb kommt es auf gesellschaftlicher Ebene zur Pädagogisierung (Man muß etwas dafür tun) und auf individueller Ebene zur Idee der selbsttätig angeeigneten Bildung. Dem Unterricht wird daher die Aufgabe gestellt, die Schüler zu eigener Aktivität anzureizen.

Das Wort Bildung stellt der Kontingenzformel des Erziehungssystems einen unbestreitbar schönen Wortkörper zu Verfügung. Es fließt leicht von der Zunge. Das verleitet einerseits zu einer gedankenlosen Inflationierung in immer neuen Komposita wie Bildungspolitik, Bildungsforschung, Bildungsplanung, Bildungsdefizit, Bildungsrat, Weiterbildung, Erwachsenenbildung. Entsprechend sind Ausgaben für Bildung ein Symbol für politische Erfolge, auch ohne daß man feststellen könnte, was sie bewirken bzw. bewirkt haben. Die Kehrseite ist die Unübersetzbarkeit des Wortes und die Schwierigkeit, in anderen Sprachen den Überschwang verständlich zu machen, der sich im Deutschen mit dem Wort »Bildung« verbindet. In Amerika könnte man von »cultural capital« sprechen[40], ein ebenfalls unübersetzbares Wort, das aber den Vorteil hat, die Aufmerksamkeit mehr auf das soziale und kulturelle Umfeld der Verwendung dieses »Kapitals« zu len-

39 Vgl. dazu Günther Dohmen, Bildung und Schule: Die Entstehung des deutschen Bildungsbegriffs und die Entwicklung seines Verhältnisses zur Schule, 2 Bde. Weinheim 1964-65, Bd. II, S. 146 ff.

40 Vgl. Paul DiMaggio, Social Structure, Institutions, and Cultural Goods: The Case of the United States, in: Pierre Bourdieu/James S. Coleman (Hrsg.), Social Theory for a Changing Society, Boulder – New York 1991, S. 133-155.

ken. Solche Übersetzungsschwierigkeiten müssen beachtet werden. Sie sollten uns jedoch nicht hindern, vom deutschen Wort auszugehen, um zu sehen, wie es als gleichsam verzuckerte Kontingenzformel funktioniert. Erst dann kann man die Frage anschließen, wie andere Sprachen ohne dieses Wort zurechtkommen.

Bildung ist, beim Aufkommen des Begriffs im 18. Jahrhundert, ein objektiver Sachverhalt, zunächst auf Arbeit an Kunstwerken bezogen, dann subjektiviert und somit ein innerer Bestand an Formen, die das Individuum »gebildet« hat, um sich daran zu halten. Die Formulierungen, die die Dynamik des Erziehungssystems einzufangen suchen, liegen noch in der Tradition der humanen Vollkommenheit, deren Naturgrundlage jetzt nicht mehr als Perfektion, sondern als Perfektibilität gesehen wird und damit offen läßt, was man erreicht. Der Bezug auf das Individuum allein genügt nicht, denn das konnte auch benutzt werden, um die ständische Zuordnung zu rechtfertigen.[41] Erst unter dem Einfluß der Subjektphilosophie verschiebt sich der Akzent in einen Reflexionsbegriff. Mit der humanistischen Neufassung wird das Menschlich-Allgemeine nicht mehr durch Weglassen von konkreten Merkmalen der Individuen erreicht, sondern durch Definition von Individualität als Internalisierung der Menschlichkeit und der Weltperspektive aller. Der Begriff des individuellen Subjekts spielt jetzt mit der Differenz von Subjekt und Welt und bezeichnet die weitestmögliche »Aneignung« von Welt durch das Subjekt. Aneignung heißt, daß das Subjekt in der Lage ist, mit der Welt, obwohl sie unerreichbar draußen ist, wie mit etwas Eigenem umzugehen und an der Welt ein eigenes Dasein zu bestimmen. Bildung verlange vom Menschen, nach

---

41 Siehe z.B. Johann Stuve, Allgemeinste Grundsätze der Erziehung, hergeleitet aus einer richtigen Kenntniß des Menschen in Rüksicht auf seine Bestimmung, seine körperliche und geistige Natur und deren innigste Verbindung, seine Fähigkeit zur Glükseligkeit und seine Bestimmung für die Gesellschaft, in: Joachim Heinrich Campe (Hrsg.), Allgemeine Revision des gesammten Schul- und Erziehungswesens von einer Gesellschaft praktischer Erzieher Bd. I, Hamburg 1785, S. 233-382 (261). Zuordnung zu ständischen Positionen erscheint dann gewissermaßen als individuelles Schicksal.

Humboldt, »soviel Welt als möglich zu ergreifen, und so eng, als er nur kann, mit sich zu verbinden.«[42]

Die Idee der Bildung ersetzt die alte Natur- (= Gesellschafts-)Abhängigkeit durch zwei neue Externalisierungen: das Individuum und die Wahrheit, wie sie durch die Wissenschaft angeboten wird. Beide Instanzen werden als ein *Weltverhältnis* unterstellt. In beiden wird die Fähigkeit angenommen bzw. ausgebildet, sich im Verhältnis zur Welt zu reflektieren. In beiden Fällen bleibt die soziale Bedingtheit dieser Referenzen unbeachtet. Bildung wird als ein Verhältnis von internen und externen Referenzen des Subjekts gesehen, als ein Verhältnis zu sich selbst und zur Welt, und die Überzeugungskraft dieses Modells beruht auf der Einsicht, daß Selbstreferenz und Fremdreferenz nicht unabhängig voneinander zu haben sind.

Die Allgemeinheit des Bildungsgedankens ist, für Humboldt zumindest, zugleich eine Garantie der Inklusion aller in das staatlich geförderte Schulsystem. Das System der »nationalen« Erziehung verzichtet auf eine Differenzierung nach Ständen und läßt niemanden aus.[43] Wenn das so sein soll, setzt das jedoch der Spezifizierung der Bildungsplanung deutliche Grenzen. Wenn die Anforderungen steigen, können nicht mehr alle mitkommen, und das kann der Bildungsplaner wissen. Inklusion kann deshalb nur formal durch allgemeine Schulpflicht verordnet werden, und danach entscheidet sich im »Bildungssystem«, wer wie weit kommt.

Was mit dieser Zuspitzung des Bildungsbegriffs erreicht wird, ist vor allem, daß Bildung als Resultat von Arbeit gesehen wird: von Arbeit an sich selbst. Sie läßt sich nicht durch Infusion erwerben.

---

42 Theorie der Bildung des Menschen, zit. nach Wilhelm von Humboldt, Werke in fünf Bänden Bd. I, 2. Aufl. Darmstadt 1969, S. 234-240 (235). Im anschließenden Absatz wechselt Humboldt den Begriff der Welt gegen den Begriff der Menschheit aus, ohne am Anspruch etwas zu ändern.

43 »Alle Schulen aber, deren sich nicht ein einzelner Stand, sondern die ganze Nation, oder der Staat für diese annimmt, müssen nur allgemeine Menschenbildung bezwecken«, diktiert Wilhelm von Humboldt, Königsberger Schulplan, zit. nach Werke in fünf Bänden Bd. IV, Darmstadt 1969, S. 188, und ebendort: »Der allgemeine Schulunterricht geht auf den Menschen überhaupt.«

Damit wird der alte Zusammenhang von Gelehrsamkeit und Muße (im Gegensatz zu Arbeit) gesprengt. Auch die Oberschichten, und gerade sie, müssen an ihrer Bildung arbeiten. Ein anderes auffälliges Merkmal ist die kognitive Distanz zur Welt. Wir hatten schon bemerkt, daß »Wissen« die Form ist, die den Lebenslauf konkretisiert. Um 1800 wird dies stärker institutionell verstanden und auf den Begriff der Wissenschaft bezogen. Bildung muß sich an wissenschaftlich bewährtem Wissen ausweisen, und die Universität ist die Institution, die beides zusammenfügt. Die didaktischen Schwierigkeiten bei der Umsetzung von wissenschaftlich stringent formuliertem Wissen in Unterricht stehen noch nicht im Blick. Die gütigen Schleier der Zukunft verhindern den Durchblick und erlauben es der neuen Pädagogik zunächst, in der Bestimmung ihrer Lehrpläne auf wissenschaftliches Wissen zu setzen. Ein weiterer Punkt ist das emphatische Betonen eines klassischen Bildungskanons. Man versucht, am alten Stamm neue Blüten zu treiben. Später wird man von »Neuhumanismus« sprechen. Die Leitidee findet sich in einer gewissen Korrektur des radikalen Individualismus. Der »objektive Geist« tritt als eigene Geschichte dem Individuum gegenüber und ermöglicht ihm, die bloße Reflexion auf sich selbst zu überschreiten; und bietet zugleich die Möglichkeit, den Schulunterricht mit einer Präferenz für geschichtliches Wissen und alte Sprachen zu programmieren. Zwar ist die Situation nicht mehr die, in der man sich nach der Einführung des Buchdrucks zunächst befand: daß Latein und Griechisch zum propädeutischen Wissen gehörten, weil man ohne diese Sprachen keinen Zugang zur relevanten Literatur finden konnte. Das hat sich inzwischen grundlegend geändert. Dennoch gibt es einen merkwürdigen Glauben an den eigentümlichen Bildungswert dieser Sprachen und der Möglichkeit, die antiken Texte in der Originalsprache zu lesen. Zugleich zersetzen aber die neuen Philologien, die Hermeneutik und vor allem der Historismus die Vorstellung, man könne sich mit der Lektüre der Texte begnügen.

Wenn man von der Abstraktheit der Begriffe – innere Unendlichkeit = Subjekt, äußere Unendlichkeit = Welt, Geist als Geschichte – ausgeht, gerät man ins Grübeln. Wie soll es möglich sein, diese Unendlichkeiten aufeinander zu beziehen oder gar zu schöner Harmonie zu verknüpfen? Humboldt selbst stutzt vor der Überspanntheit des Gedankens[44], setzt sich dann aber darüber hinweg mit dem Argument, daß das Streben des menschlichen Geistes sich mit nichts Geringerem zufrieden gibt. Damit ist viel behauptet, aber nicht viel geklärt. Man könnte vermuten, daß die Pädagogik mit dieser Differenz von Unbestimmtheiten einen Platz für sich selbst vorsieht, aber dann hätte sie sich der Frage zu stellen, wie sie es machen will. Sicher kann nicht gemeint sein, daß alles Bemühen mit diesen Unendlichkeiten zu beginnen und sie allmählich auszufüllen habe. Kein Kind und kein Heranwachsender erlebt sich selbst in dieser Weise. Das Individuum ist sich selbst immer konkret als Ergebnis einer eigenen Geschichte gegeben, und auch die Welt ist in bekannten Strukturen vorhanden (oder »zuhanden«). Die Erziehung zur Bildung kann sich daher allenfalls das Ziel setzen, solche konkreten Blockierungen aufzulösen und nach und nach ein Vertrauen in den Zugang zu anderen Möglichkeiten zu festigen. Und es scheint, daß genau hierfür eine Wechselwirkung von Ich und Welt hilfreich ist.

Tatsächlich hat die humanistische Pädagogik nie das gesamte Erziehungssystem, auch nie alle Schulen erfassen können. Weder die Ideen zu einer sozialen Pädagogik (einer Volkspädagogik) noch die Ideen zu einer Arbeitspädagogik haben sich durch sie beeinflussen lassen. Um auf das ganze Erziehungssystem anwendbar zu sein, mußte der Begriff der Bildung daher von allen Inhalten entleert werden. Er wird seitdem nur noch floskelhaft und vor allem politisch gebraucht.

Einem Soziologen muß auffallen, wie wenig in dieser Geschichte die Sozialdimension berücksichtigt ist. Wenn man Bildung als eigenes Weltverhältnis ausgearbeitet hat: wie kann man dann mit einer Chance rechnen, bei anderen Verständnis dafür zu finden oder gar: als gebildet erkannt und anerkannt zu werden. Natürlich wird nicht übersehen, daß es in der Welt andere Menschen gibt, die sich selbst für Subjekte halten. Aber das Problem ist, daß *jeder bestimmte Sinn rekursiv auf die (zustimmende oder ablehnende) Meinung anderer verweist und erst dadurch konkret wird.* Man kann also Bildung (was immer das jeweils ist) nur erwerben, wenn man mitsieht, was andere davon halten. Aber

44 Theorie der Bildung a.a.O. S.236.

wie soll man das wissen oder auch nur realistisch einschätzen können?

Im 18. Jahrhundert wurde Sozialität noch fast mit Moralität identifiziert.[45] Moral aber wurde über Begründungstheoreme ethisiert. Es ging schließlich nur noch um eine eigene Normsphäre (im Unterschied zu dem auf Zwang angewiesenen Recht), um Endzwecke, Prinzipien, Maximen. Die konnte der Einzelne für sich oder mit Hilfe eines Lehrers lernen und damit sein Weltverhältnis moralisch absichern. Das hat jedoch mit den moralischen Beschränkungen des Alltagslebens wenig zu tun und führt aus der Abstraktion auch nicht dahin zurück. Am besten kann man Moral daran erkennen, daß man moralische Forderungen an andere nur stellen kann, wenn man sie auch für sich selbst akzeptiert. Damit ist bei weitem noch kein Konsens erreicht, wohl aber eine viel fundamentalere Bedingung erfüllt: daß eine Kommunikation überhaupt als moralisch gemeint erkennbar ist und eventuell als Testversuch lanciert werden kann.

Genetisch gesehen entsteht Moral (mit welchen Inhalten immer) durch Respektierung des *Verbotes der Selbstexemption*.[46] Moral ist also (für moderne Verhältnisse) das genaue Gegenstück zu Arbeitsteilung – so wie für ältere Gesellschaften das Gegenstück zur Primäreinteilung der Gesellschaft in Abstammungseinheiten (Familien, Häuser, clans usw.). Wenn das etwas Wesentliches trifft: wie soll dann Moral eine lernbare Bildungskomponente sein? Doch wohl kaum als Bestand lernbarer Verhaltensregeln, die in der nächsten Situation nicht mehr passen.

Mit dem Abklingen der Überzeugung, daß es einen unbestreitbaren Bildungskanon gäbe, auf den sich die Lehrautorität stützen könne, kommen die ungelösten Probleme ins Offene. Die Pädagogik versucht, sich als Wissenschaft zu formieren und die entsprechenden Formulierungen zu übernehmen. Sie versteht sich zum Beispiel als systematische Pädagogik[47] oder sie bezieht

---

45 Wir lassen hier offen, wie weit »Sturm und Drang« und ähnliche literarische Bewegungen sich von dieser Prämisse bereits gelöst hatten mit dem Versuch, Moral zu deregulieren.

46 Siehe Niklas Luhmann, The Sociology of the Moral and Ethics, International Sociology 11 (1996), S. 27-36.

47 »Systematisch« meint hier nicht den Gegenstand, das Erziehungssystem, sondern die Pädagogik selbst und heißt nach den strengen Anforderun-

sich auf den »Alltag« ihres Gegenstands. Diese Bemühungen waren im ganzen wenig erfolgreich.[48] Die Wissenschaftsorientierung gerät in Beweisnöte und zudem in das Feuer »emanzipatorischer« Kritik, die Wissenschaft als Technik oder als symbolische Gewalt sieht. Die Alltagsorientierung ermöglicht den Verzicht auf a priori geltende Vorgaben der Werte und der Erziehungsziele; man »findet« sie im Alltag der Erziehungspraxis. Aber dann hat man die Frage, wie man zu diesen Vorhaben Distanz gewinnt und mit welchen Unterscheidungen man sie übernehmen kann. Die Idee der Bildung wird gegen Ende des 19. Jahrhunderts in eine besondere »geisteswissenschaftliche« pädagogische Theorie überführt und eventuell konkurrierenden Theorieangeboten ausgesetzt. Man könnte das Erziehungssystem auch von Reformideen oder von empirisch zu ermittelnden Erfolgskriterien her beschreiben, ohne dabei auf den Begriff der Bildung bezugzunehmen. Das System geht zu »polykontexturalen« Selbstbeschreibungen über, um damit der eigenen Komplexität besser zu entsprechen.[49] Die Reflexionsthematik wird in Kontroversen innerhalb der Pädagogenzunft ausgelagert. Das ist keineswegs als Verfallserscheinung zu werten, sondern eine ganz typische Form des Abfangens der hohen Komplexität der modernen Gesellschaft.[50] Aber es fehlt nach dem Abbau der konkreten gesellschaftlichen Abhängigkeiten eine Gesellschaftstheorie, die der Pädagogik erklären könnte, weshalb sie auf

gen, die am Anfang des 19. Jahrhunderts gelten: Konstruktion aus einem Prinzip. Als Kritik vgl. Nohl a.a.O. (1914).

48 Die entsprechenden Theoriekrisen findet man nachgezeichnet bei Dieter Lenzen, Handlung und Reflexion: Vom pädagogischen Theoriedefizit zur Reflexiven Erziehungswissenschaft, Weinheim 1996.

49 Unter »Kontextur« soll eine Unterscheidung verstanden sein, die zusätzlich mit der Bedingung »tertium non datur« ausgestattet ist, also zum Beispiel »Subjekt und Objekt«, aber nicht »Butter und Käse«. Siehe dazu Gotthard Günther, Life as Poly-Contexturality, in: ders., Beiträge zur Grundlegung einer operationsfähigen Dialektik Bd. 2, Hamburg 1979, S. 283-306. Man sieht sofort, welche gravierenden semantischen Verluste damit verbunden sind, wenn ein System seine Selbstbeschreibung auf eine einzige Kontextur (in unserem Falle z.B. Geist/Materie) festzulegen versucht und alle weiteren Unterscheidungen der einen oder der anderen Seite dieser »first distinction« zuordnen muß.

50 Siehe dazu Peter Fuchs, Die Erreichbarkeit der Gesellschaft a.a.O. S. 35 ff.

Selbstorganisation und Reflexion angewiesen ist und wo die Grenzen liegen.

Was man im 20. Jahrhundert findet, ob nun unter dem Titel »Bildung« oder nicht, ist eine Adaptierung der Kontingenzformel des Erziehungssystems an den Verlust fundierender, »kanonischer« Sicherheiten. Wir stellen nur zwei, relativ prominente Themen heraus. Einerseits spricht man jetzt von »lebenslangem Lernen«, und das heißt vor allem, daß Lernfähigkeit gelernt werden muß. Damit verliert das »Generationenverhältnis« (Schleiermacher) seine strukturgebende Bedeutung. Der Zentralsinn des Lernens wird reflexiv – sei es, daß man lernt, um in Anwendungssituationen lernen zu können, ob und wie man das Gelernte anwenden kann; sei es, um nicht mehr brauchbares Wissen durch funktional äquivalente Formen ersetzen zu können. Die Reflexivformel »Lernen des Lernens« symbolisiert zugleich die Autonomie des Systems im Sinne seiner Unabhängigkeit von den jeweiligen »Stoffen«. Schon die klassische Bildungstheorie hatte das Lernen des Lernens als mitlaufende Funktion genannt.[51] Jetzt müssen umgekehrt die Stoffe gewählt werden (es gibt zu viele) und eine der Möglichkeiten ist, statt nach ihrem »inneren Wert« nach der Gelegenheit zu fragen, die sie bieten, das Lernen des Lernens zu üben und sich auf eine Zukunft einzustellen, in der man immer wieder neu lernen muß.

Eine weitere Veränderung dürfte darin zu sehen sein, daß die Auswahl des Lehrangebots zur Sache von Entscheidungen wird. Damit ist zugleich angezeigt, daß, was durch Entscheidung eingeführt ist, auch durch Entscheidung wieder geändert werden kann. Das ist uns, als allgemeine Struktur der modernen Gesellschaft, inzwischen so geläufig, daß wir kaum noch gewohnt sind, darin ein Problem zu sehen. Es gilt für die Positivität des Rechts, aber auch für das Sicheinlassen auf und das Aufkündigen von

<hr>

51 »Der junge Mensch ... ist also auf doppelte Weise einmal mit dem Lernen selbst, dann mit dem Lernen des Lernens beschäftigt«, heißt es bei Humboldt im Königsberger Schulplan, zit. nach Wilhelm von Humboldt, Werke in fünf Bänden Bd. IV a. a. O. S. 168-187 (170). Man stutzt und fragt: Haben wir überhaupt etwas Neues entdeckt, oder entsteht der Eindruck einer Veränderung nur dadurch, daß die »Stoffe« immens zugenommen und zugleich an Autorität verloren haben, so daß man nach einem Auswahlprinzip fragen muß.

Intimbeziehungen, es gilt für die Preise des Wirtschaftssystems (einschließlich Geldpreise) und für die politische Programmatik, die sich in politischen Wahlen durchsetzt. Nichts davon ist bestimmt zu bleiben. Und man kann sich um so mehr auf bloße Entscheidungen stützen, weil mit der Entscheidung zugleich sichtbar gemacht wird, was eventuell durch eine spätere Entscheidung geändert werden kann, wenn sich ein entsprechender Motivdruck aufstaut.

Im Erziehungssystem heißt die entsprechende Strukturproduktion durch Entscheidung »Lehrplan« oder mit einem importierten Begriff »Curriculum«. Der Bedarf dafür ist so offensichtlich, daß das Verhältnis zur Idee der Bildung in den Hintergrund tritt, ja ins Unbestimmbare verschwimmt. Denn was wäre Bildung wenn sie von Lehrplan zu Lehrplan variierte? Noch deutlicher wird diese Disaggregation von Bildung, wenn man den Text konsultiert, der den Begriff des Curriculum in die deutsche Literatur eingeführt hat, nämlich Robinsohns »Bildungsreform als Revision des Curriculums«.[52]

Wenn man Bildung als reformbedürftig ansieht und die Reform als Curriculumrevision fordert, löst das den Orientierungswert der Bildungsidee auf. Sie mag noch eine zeitlang als eine Art Grenzwertgeber fungieren, solange es Arten des Wissens und Könnens gibt, die niemand als Bildung bezeichnen würde. Aber die Reformpostulate benutzen diesen Begriff nicht mehr. Robinsohn löst die Reformbemühungen in drei Grunddimensionen auf[53], in denen sich unschwer die konstituierenden Dimensionen des Medium Sinn erkennen lassen.[54] In der Sozialdimension geht es um Erziehung zur Kommunikation. In der Zeitdimension geht es um Erziehung zur Änderungsbereitschaft. In der Sachdimension geht es um Erziehung zur Wahlfähigkeit. Man könnte dies ohne Schwierigkeiten weiter ausarbeiten. Im vorliegenden Kapitel interessiert jedoch nur die Frage, was aus der Kontingenzformel des Erziehungssystems geworden ist. Und man sieht deutlich: es geht hier nur noch um eine Dekomposition der Kon-

52 Siehe Saul B. Robinsohn, Bildungsreform als Revision des Curriculum, 2. Aufl. Neuwied 1969.
53 Vgl. a. a. O. S. 16 f.
54 Vgl. Niklas Luhmann, Soziale Systeme: Grundriß einer allgemeinen Theorie, Frankfurt 1984, S. 111 ff.

tingenz mit dem deutlich sichtbaren Vorteil, daß erkennbar wird, was diese Art tiefgreifender Reform der Praxis zumutet.

An dieser Stelle angelangt, müssen wir uns fragen, ob das Erziehungssystem aus eigenen Beständen neue Reflexionsideen generieren kann oder ob es auf Irritationen und strukturelle Kopplungen mit seiner gesellschaftlichen Umwelt angewiesen ist – nicht zuletzt, um sich als Differenz erfahren zu können. Wir schließen dieses Kapitel daher mit einigen Überlegungen zum Verhältnis von Reflexionstheorien, darunter Pädagogik, und wissenschaftlicher (hier besonders: gesellschaftstheoretischer) Analyse.

VI.

Bildung wird in der geisteswissenschaftlichen Tradition als Emanzipation, im Resultat also als Freiheit begriffen. Zunächst dachte man dabei an einen Vorgang der »Aneignung«, der es dem Individuum ermöglicht, Kultur als eigene zu erfahren. In der zweiten Hälfte des 20. Jahrhunderts hat sich dieses Verhältnis von Individuum und Kultur verschoben. Kultur wird nicht selten als »symbolische Gewalt« beschrieben, und das spricht gegen die Idee einer bloßen Aneignung. Vielmehr sollte man sich mit dieser Gewalt »kritisch« auseinandersetzen, das heißt: unterscheiden können, was akzeptabel ist und was nicht. Und dies auch dann, wenn für Akzeptanz keine allgemeingültigen Richtlinien mehr vorgegeben und als Bildung vermittelt werden können. Der dekantierte Geist kann dann sehr verschiedene Formen annehmen und sich auch dekonstruktivistisch gebärden. Er bewegt sich nicht mehr auf der Ebene, die durch die Begriffe fremd und eigen bezeichnet ist, sondern beobachtet die Bewegungen auf dieser Ebene. Er nimmt die Position eines Beobachters zweiter Ordnung ein.

Auch wenn man auf eine kanonische Legitimation des Bildungsguts verzichten muß, bleibt doch der Bezug auf das jeweils zu bildende Individuum erhalten. Es eignet sich die Welt nicht mehr an, es befähigt sich durch Bildung zur Kritik. Auch das setzt Emanzipation, setzt Freiheit voraus. In diesem Subjektbezug bleibt jedoch die Sozialdimension unreflektiert. Man stellt sich nur vor, daß die Emanzipation aller die Gesamtlage der Menschheit verbessern, ja sie erst eigentlich menschenwürdig machen würde.

Von wegen! Die Emanzipation des einen ist die Unsicherheit des anderen. Sobald man über eine bloße Aufsummierung der Subjektbezüge hinausgeht und die Sozialdimension mitberücksichtigt, kommt diese soziale Ambivalenz des »bürgerlichen« Freiheitsprogramms an den Tag. Wir assoziieren hier nicht Herrschaft oder Gewalt. Aber die andere Seite der Freiheit, des Verzichts auf Festlegung ihres Gebrauchs, ist unvermeidlich, daß andere nicht wissen können, wie sie gebraucht wird.[55] Als remedium gilt der Vertrag, aber das ist eine viel zu formale, nur begrenzt wirksame Aushilfe. Man mag die Vertragsfreiheit als Freiheit zum Freiheitsverzicht konzedieren, regelt damit aber noch nicht die andere Seite des Freiheitsprogramms, die Vermehrung von Unsicherheit.

Unter der Ägide des revolutionären und dann des bürgerlichen Freiheitsprogramms war diese andere Seite zunächst unbeachtet geblieben; oder sie war unzureichend kritisiert worden als eigensüchtige Ausübung von Herrschaft. Entsprechend hatte man sich mit dem Beruhigungsbegriff der »Institution« begnügt, und noch heute gilt dies vielen als der Ausweg aus einer unzumutbaren Unberechenbarkeit der Verhältnisse. Mehr und mehr dringt aber auch die Einsicht vor, daß die Zukunft prinzipiell unbekannt ist und unbekannt bleibt, und sei es nur deshalb, weil sie weitere Entscheidungen in Aussicht stellt. Man wird die Gesellschaft ebenso wie ihre wichtigsten Funktionssysteme als operativ geschlossene, selbstreferentielle Systeme ansehen müssen, und das heißt: als Systeme mit *selbstproduzierter Ungewißheit*. Seit etwa zehn Jahren sind deshalb Themen wie Risiko und Unsicherheit im Vordringen begriffen und beherrschen heute die öffentliche Diskussion. Diese Atmosphäre muß die Pädagogik dazu bringen, auch ihrerseits ihre semantischen Bestände durchzumustern, und dann wird sie zugestehen müssen, daß Emanzipation nicht ohne Unsicherheit zu haben ist. Die Ambivalenz läßt sich nicht mehr unterdrücken, wenn das gesamtgesellschaftliche Meinungsklima auf Nichtwissen, Unsicherheit, Risiko umschwenkt.

55 (Gemeint sein könnte: »Aber die andere Seite der Freiheit, der Verzicht auf Festlegung ihres Gebrauchs, ist unvermeidlich, da andere nicht wissen können, wie sie gebraucht wird.« D. L.)

Es müßte folglich eine Pädagogik geben, die den zu erziehenden Nachwuchs auf eine unbekannt bleibende Zukunft einstellt. Dabei geht es nicht nur um das gewohnte Nichtwissen, um Informationsbedarf und um die Einsicht, daß man mit wenig Information auskommen muß, weil mehr Information die kognitiven Kapazitäten rasch überfordern, das heißt: nicht mehr in Wissen umgearbeitet werden könnte. Das auch, aber die wichtigere Einsicht ist, daß das Unbekanntsein der Zukunft eine Ressource ist, nämlich die Bedingung der Möglichkeit, Entscheidung zu treffen. Die Konsequenz wäre, daß das Lernen von Wissen weitgehend ersetzt werden müßte durch das Lernen des Entscheidens, das heißt: des Ausnutzens von Nichtwissen.

VII.

Manche Pädagogen haben sich durch das Auftreten systemtheoretischer Analysen des Erziehungssystems und seiner Reflexionstheorien, eben der Pädagogik, bedroht gefühlt und sich zu defensiven Reaktionen motiviert gesehen.[56] Die Diskussion ist unergiebig geblieben, weil unklar geblieben ist, worüber der Streit geht und ob er sich lohnt, oder ob es sich einfach um verschiedene Beschreibungen desselben Gegenstandes handelt. Wir wollen daher zum Abschluß einige Gesichtspunkte auseinanderziehen, um die Perspektive einer gesellschaftstheoretischen (und damit soziologischen) Behandlung des Erziehungssystems und dessen Bemühungen um Reflexion des Sinns von Erziehung klarzustellen.

Es geht *nicht*, wie eine lange soziologische Obsession mit Gesellschaftskritik vermuten lassen könnte, um eine *kritische* Analyse. Es geht nicht darum, Voreingenommenheit der Pädagogik zu entlarven und durch andere Vorurteile, etwa die der Systemtheorie, zu ersetzen. Aus der Sicht der Gesellschaftstheorie kann aber kein Zweifel daran bestehen, daß Erziehung ein gesellschaftlicher Prozeß ist und damit in den Zuständigkeitsbereich der Gesellschaftstheorie fällt. Eine Gesellschaftstheorie, die ihren Ge-

---

56 Siehe zu diesem Diskussionsstand das Nachwort 1988, in: Niklas Luhmann/Karl Eberhard Schorr, Reflexionsprobleme im Erziehungssystem, Neuausgabe Frankfurt 1988, S. 363 ff.

genstandsbereich vollständig erfassen will, kann Erziehung nicht einfach unbeachtet lassen mit der Begründung, daß dafür eine andere akademische Disziplin zuständig sei. (Und dasselbe gilt für Wirtschaft, Recht, Kunst usw.) Gesellschaft ist zumindest eins: die Bedingung der Reproduktion des Glaubens an Erziehung und damit immer auch: des Glaubens an die Verbesserungsfähigkeit der jeweils praktizierten Erziehung. Sie stellt damit die Möglichkeit bereit, Energien und Motive zu investieren. In dem Maße, als die Gesellschaftstheorie theoretische Ansprüche ambitioniert, und nicht einfach nur eine ideologische Position anbietet, ergeben sich daraus gewisse Anforderungen an begriffliche Konsistenz, die nicht den Meinungen geopfert werden können, die in den einzelnen Gesellschaftsbereichen kursieren. Andererseits kann dies nicht heißen, daß die Gesellschaftstheorie diese Meinungen (etwa der Gewerkschaften, der Theologen, der Entwicklungshelfer, der Pädagogen) entwertet und nur für sich selbst Wahrheit in Anspruch nimmt. Die vielleicht beste Darstellung dieses komplexen Verhältnisses läßt sich mit dem Begriff des »redescription« geben.[57] Wir behalten das englische Wort bei, denn es bietet den Vorteil, daß man nicht zwischen Wiederbeschreibung und Neubeschreibung unterscheiden muß. Der Gewinn dieses Begriffs liegt darin, daß er darauf aufmerksam macht, daß man es mit etwas *schon Beschriebenem* zu tun hat. Die Beschreibung des schon Beschriebenen muß also respektiert werden. Man muß nicht wiederholen, was ohnehin streng genommen unmöglich ist, da die Wiederholung sich als Wiederholung zu erkennen gibt. Aber der Grad möglicher Variation in einer Neubeschreibung ist dadurch beschränkt, daß der Bezug auf das bereits Beschriebene erkennbar bleiben muß.

In der traditionellen logisch-ontologischen Metaphysik ist dieser Begriff des redescription nicht unterzubringen. Unter der Annahme, es gebe nur ein Sein, nur eine Wahrheit und nur eine, sie kontrollierende Logik kann ein redescription nur als Korrekturversuch verstanden werden. Gibt man diese Prämisse auf oder behandelt man sie als eine Art von Weltbeschreibung, neben der

---

57 Siehe Mary B. Hesse, Models and Analogies in Science, Notre Dame 1966, S. 157 ff. Hesse versteht theoretische Erklärungen als »metaphoric redescription«.

es andere geben kann, wird den redescriptions ihre scheinbare Aggressivität genommen. Jetzt sind sie einfach Angebote, derer sich die Adressaten, hier die Pädagogen, bedienen können oder nicht. Freilich ist diese Entscheidung nicht beliebig zu treffen und nicht ohne Folgen zu haben. Wir haben im ersten Kapitel dafür ein ausführlich behandeltes Beispiel gegeben.

Die Kontinuität in den Beschreibungen, die durch das redescription konstruiert wird, liegt in der Selbstreferenz, die dem Gegenstand der Erziehung unterstellt wird. Das unterscheidet den direkten Weg von der Subjekttheorie zur Theorie selbstreferentieller Systeme von den Umwegen, die man im 19. Jahrhundert bevorzugt hatte, nämlich von »philosophischen Anthropologien« mehr oder weniger fragwürdiger Art. Gerade diese konzeptuelle Schiene, die im Festhalten des Begriffs selbstreferentieller Individuen liegt, macht jedoch den Umfang der Änderungen und ihre Implikationen sichtbar, die mit dem vorgeschlagenen redescription verbunden sind.

Am deutlichsten erkennt man die Veränderung, wenn man sieht, daß der Begriff der transzendental notwendigen, dem Bewußtsein als Tatsache zugänglichen Freiheit ersetzt wird durch den Begriff der im System selbst erzeugten Unbestimmtheit, die als Ungewißheit der Zukunft zur Erfahrung wird. Zugleich verändert sich die Behandlung von Kausalität. Es handelt sich nach wie vor um eine rein empirische Bedingung, aber das Problem ist jetzt, daß nach dem Kenntnisstand der »system dynamics« kausale Effekte nicht prognostizierbar sind. Eine Auslösekausalität kann im System aufgenommen werden, dann aber ins Folgenlose versickern; oder sie kann über von Zufällen abhängige Abweichungsverstärkungen Effekte erzeugen, die nicht sinnvoll auf die Ursache zugerechnet werden können (vor allem deshalb nicht, weil sie nicht wiederholt erzeugt werden können).

Mit einem solchen redescription konfrontiert, bevorzugt es die Pädagogik, beim neuhumanistischen Subjektbegriff zu bleiben – eventuell unter Weglassen der transzendentalen Komponente. Aber man sieht, daß dies jetzt einer Entscheidung bedarf und nicht einfach durch die geisteswissenschaftliche Tradition gerechtfertigt werden kann.

Wir wollen hierfür den Begriff der Reflexionstheorie einsetzen. Wenn die Pädagogik als Reflexionstheorie des Erziehungssystems bezeichnet wird, so heißt das konkret, daß sie sich mit den Zielen und Institutionen des Erziehungssystems identifiziert und ihnen nicht indifferent gegenübersteht. Das schließt eine kritische Einstellung zum Vorgefundenen nicht aus. Im Gegenteil: in der Kritik zeigt sich gerade das Engagement. Aber eine Pädagogik könnte nicht zu arbeiten beginnen, wenn sie unterstellte, Erziehung sei sinn- und hoffnungslos oder sie sei kein Gegenstand lohnender wissenschaftlicher Beschäftigung. Und auch nicht, wenn sie Erziehung nur »erziehungswissenschaftlich«, nur als einen der vielen, in der Gesellschaft vorkommenden Handlungsbereiche auffaßte, als Gegenstandsfeld, in dem ein Wissenschaftler interessante Entdeckungen machen und vergleichende Analysen durchführen kann.

Man kann den Begriff der Reflexionstheorie »wissenssoziologisch« verstehen. Die Soziologie stellt fest, daß sich solche Reflexionstheorien im Zuge des Übergangs zu einer funktionalen Differenzierung des Gesellschaftssystems in allen wichtigen Funktionssystemen ausbilden. Das kann keine zufällige Koinzidenz sein. Es handelt sich offenbar um eine der vielen soziologisch bemerkenswerten Korrelationen von strukturellen und semantischen Veränderungen. Mit einer solchen Feststellung behauptet der, der sie trifft, hier also der Soziologe, keine eigene Überlegenheit, kein Besserwissen als neutraler externer Beobachter. Vielmehr sieht er sich zu einem autologischen Schluß gezwungen. Der Begriff der Reflexionstheorie, oder genauer: die Voraussetzung einer funktionssystemspezifischen Reflexionstheorie gilt, wenn er Wissenschaft treibt, auch für ihn selber. Auch die Wissenschaft bildet eigene Reflexionstheorien aus. Sie wurden seit der Mitte des 19. Jahrhunderts unter akademischen Bezeichnungen wie »Erkenntnistheorie« oder »Epistemologie« diskutiert, waren aber längst zuvor ausgearbeitet.[58] Auch die Wissenschaft bejaht sich selbst und sucht dafür gute Gründe und akzeptable Formen der Selbstdarstellung (ohne dies notwendigerweise, wie es hier geschieht, mit Gesellschaftstheorie zu verbinden). Die Korrelation »funktionale Differenzierung« (Struktur) und »Reflexionstheorie« (Semantik) gilt universell, das heißt: für

58 Vgl. Niklas Luhmann, Die Wissenschaft der Gesellschaft, Frankfurt 1990, passim, insb. S. 469 ff.

alle Funktionssysteme. Sie löst ältere Formen der Selbstbeschreibung, zum Beispiel Adelstheorien vom »guten Leben«, ab.

Über diese wissenssoziologische Analyse führt ein systemtheoretisches Argument hinaus. Man kann Reflexionstheorien als eine Komponente der Selbstorganisation des Erziehungssystems begreifen. Selbstorganisation setzt aber immer »Mikrodiversität« voraus[59] – so die Reflexionstheorien des Wirtschaftssystems die wirtschaftlichen Transaktionen und die Reflexionstheorien des Rechtssystems die Vielzahl von Gerichtsprozessen. Im Erziehungssystem gründet sich die Reflexion auf die Mikrodiversität der Unterrichtsinteraktionen. Das muß nicht heißen, daß die Reflexionstheorie den Unterricht praktisch hilfreich unterstützt. Typisch ist, im Gegenteil, eine theoretisch begründete Distanz zu den spezifischen Notwendigkeiten der Praxis. Aber die Reflexionstheorie setzt den Unterricht als Realitätsausschnitt voraus, der zugleich einschränkt, was darüber zu sagen ist. Ob nun affirmativ oder kritisch – die Reflexion baut immer auf der Mikrodiversität auf, zu der sie gehört. Sie erhält dadurch ihr Thema, wenngleich ihr frei bleibt, die Form zu wählen, mit der sie ihr Thema behandelt.

Die geschilderte Distanz von Pädagogik und Gesellschaftstheorie und das Vorkommen des einen Fachs im anderen kann sich an die Disziplindifferenzierung des Wissenschaftssystems halten. Dies könnte sich jedoch ändern, wenn man eine direkte kommunikative Beziehung herstellt, wenn also die soziologische Gesellschaftstheorie kommunikativen Kontakt mit den Pädagogen sucht, um sich ihnen vorzustellen.[60] Dann kommt es zu der Frage, ob und wie die Partner einer solchen Beziehung einander ernst nehmen und als jeweils Anderen anerkennen können. Das muß nicht als Aufdrängen der eigenen Meinung verstanden werden, wohl aber als Erwartung einer ernsthaften Auseinandersetzung. Die Gesellschaftstheorie tritt dann in das ein, was sie beschreibt – in diesem Falle in die Selbstbeschreibung des Erziehungssystems. Dann finden Gesellschaftstheorie und Pädagogik

59 Vgl. Stéphane Ngo Mai/Alain Raybaut, Microdiversity and Macro-Order: Toward a Self-Organization Approach, Revue internationale de Systémique 10 (1996), S. 223-239.

60 Hierzu Klaus Krippendorff, A Second-order Cybernetics of Otherness, Systems Research 13 (1996), S. 311-328 (Festschrift Heinz von Foerster).

einander im selben Kontext und daraus werden sich stärkere Einflußnahmen ergeben – sei es, daß die Gesellschaftstheorie ihr Verständnis der Pädagogik korrigieren oder anreichern muß, sei es, daß die Pädagogik das Selbstbeschreibungskonzept der Gesellschaftstheorie nicht länger beiseiteschieben kann.

Der Vorteil des Begriffs der Reflexionstheorie liegt in den Vergleichsmöglichkeiten, die er eröffnet. Er liegt auch in der auf Gesellschaft bezogenen Historisierung. Von »Pädagogik« wird, wenn man sie als Reflexionstheorie bezeichnet und als Selbstbejahung charakterisiert, im Sinne einer Form gesprochen, die sich historisch als Korrelat funktionaler Differenzierung durchgesetzt hat (also zum Beispiel nicht unter dem Blickpunkt der Frage, ob sie sich wissenschaftstheoretisch rechtfertigen läßt). Es handelt sich also keineswegs um eine zweitrangige Wissenschaft, die Bindungen an ihr Objekt und damit unwissenschaftliche Einschränkungen akzeptiert. Das trifft zwar zu, gilt aber auch für den, der diese Feststellung trifft. Wissenschaftliche Forschung ist, ebenso wie Erziehung, ein gesellschaftliches Unternehmen und ist damit auf eine eigene Reflexionstheorie angewiesen.

Wenn Selbstbeschreibungen als »Theorien« bezeichnet werden, sind damit gewisse Ansprüche verbunden. Es muß sich um durchdachte Formulierungen handeln, die Ansprüchen an Konsistenz zu genügen suchen. Sie dürfen dem Wunschdenken oder der Imagination nicht freien Lauf lassen. Es sind nicht Theorien im Sinne von Forschungsprogrammen des Wissenschaftssystems, wohl aber Formulierungen, die auf strukturelle Kopplungen mit dem Wissenschaftssystem angewiesen sind und zwar wissenschaftlich Unbefriedigendes, nicht aber rasch Widerlegbares behaupten dürfen.

Selbstbeschreibungen konstituieren eine imaginäre Realität. Anders können sie die logischen Probleme des Sich-selbst-Enthaltens nicht lösen. Aber das schließt nicht aus, daß ihre Projektionen im System akzeptiert werden, zumal es keine anderen Möglichkeiten der Selbstvergewisserung gibt.

Dokumente

Editorische Notiz zu den Dokumenten

Die folgenden Dokumente waren dem computer- bzw. maschinenschriftlichen Manuskript angefügt. Sie haben offensichtlich einen unterschiedlichen Status. So enthalten die Abbildungen 1, 2, 3 vs unterschiedliche (Vor)fassungen der Gliederung des Buches, die Seite 3 vs zusätzlich ein begonnenes Sachverzeichnis. Sie ist auf einem nicht mehr benötigten Blatt eines englischsprachigen Textes von Luhmann notiert worden. Die Abbildungen 4 bis 8 sind Ergänzungen zum Text, die nicht sicher zugeordnet werden können. Die Abbildung 8 gibt zusätzlich drei kurz hingeworfene Aspekte zu den strukturellen Koppelungen in Kapitel 6 wieder. Auf diese Weise hat Luhmann auch in den Abbildungen 9 vs auf kleinen Zetteln Ideen oder auch nur Literaturhinweise festgehalten, an die er sich für einen späteren Durchgang erinnern wollte. Die Abbildung 9 rs ist schließlich ein kleines Kabinettstück: Es zeigt den Autor im Kampf mit seiner defekten elektrischen Schreibmaschine, ja in Kommunikation mit ihr. Diese Erfahrung wird umgehend in Text transferiert: eine Art konkreter Prosa.

Dieter Lenzen

Abbildung 1

Das Erziehungssystem der Gesellschaft

7 Sozialisation
und es

Kapitel 1 Mensch und Gesellschaft
Kapitel 2 Erziehung
Kapitel 3 Medium und Form
Kapitel 4 Respezifikationen: Organisation und Professionalisierung
Kapitel 6 Selbstbeschreibungen
Kapitel 5 Gesellschaftliche Differenzierung

Ausdifferenzierung des Erziehungssystems
Erziehungssystem/interaktion?

Abbildung 2

Abbildung 3vs

transcendental" to indicate the theoretical level of reflexion). They suggests that observation (cognition and action) is founded on unobservable conditions. Any attempt to observe them is systematically discouraged by paradoxical results. The world can observe itself by withdrawing into the unobservable. Its unity cannot be distinguished — except as the unmarked space required by any observation. It can observe itself by partly hiding itself.[14] Hence, available structures of cognition and action cannot be logically derived from reason or principle. They require an unfoldment of the paradox by ("necessarily contingent") identities. It is this latent function which provides the context for looking at the old European tradition in more general terms. My point is that the traditional notion of rationality always had presupposed a reentry of a distinction into itself (into the distinguished space) and that it always has been necessary to veil and conceal the paradox involved in this operation.

of unfolding

The humanistic tradition always made the distinction between reason and will as different human capacities. This distinction prepared the way for two different forms of a reentry of the primary distinction of being and notbeing into itself, i.e. into the being.

In the special case of a human being equiped with reason and language the being could reason and talk about being and notbeing — or as I would prefer to say could observe itself. It could use Being and Nothingness as words and, with a further reentry, distinguish between true and false statements on beings and notbeings. This remains strictly binary thinking under the control of a binary logic. It requires what has been called kanon or kriterion or regula that would guide the decision whether or not statements (reentered beings) correspond to the original distinction of being and notbeing. The reentered distinction served as "frame" for "dialectical" reasoning, and the frame of the frame was validated (nowadays one may say: constituted or even constructed) by the frame within the frame.

We find a similar, an exactly corresponding structure indeed, if we switch from reason to will or from cognition to action. Now, the problem is not identity but difference. But if difference — which difference?

Action, according to our understanding, seeks to produce a difference from what otherwise would be the case. It introduces this difference into the world and therefore needs motives and social legitimation. According to our understanding! The old-European tradition had a completely different notion of action. Action was conceived as embedded in nature (and this includes: social order). It was one of the natural processes seeking its own end and ending in the perfect state of nature or failing to reach this state. Action was therefore a case of reentry of the natural distinction of perfection and corruption into the nature; and the

---

[14] Again Spencer Brown op.cit. p. 105.

Abbildung 3rs

Abbildung 4

Abbildung 5

Die typischen Strukturen des Interaktionssystems Unterricht ergeben sich unabhängig von den Fächern und "Stoffen", die unterrichtet werden. Sie ergeben sich auch unabhängig von den Personen, die sich beteiligen, auch wenn es in der Interaktion selbst einen Unterschied machen kann, wie ein Lehrer auftritt und wie er unterrichtet. Ferner wirft die.....

Abbildung 6

Wie nicht anders zu erwarten findet man sowohl negative als auch positive Urteile über die Effekte des interaktionsförmig betriebenen Unterrichts. Sie scheinen den Unterschied von Erziehung und Unterricht wiederzuspiegeln. Einerseits liest man:"Despite the best intentions of all, students are wasted and teachers disillusioned". Andererseits

Covington/Beery 7/25 g 31 w

Abbildung 7

Kap 6

strukturale doppen

1) Familie
2) Wirtschaft
3) Politik (...)

Abbildung 8

Abbildung 9vs

V.

Nach einer allgemeinen systemtheoretischen Regel ist A ¦ BZSIIF£F£¦ SF£V£O
FSEF EY>DF£ZSOF §FZSEOV£O S£>F££F£ BSIIF£F£¦ SF£V£OT æ£>F££F BSIIF£F£¦ SF£V£O
CVBB I2£ P***F ÕFS*B5£>F C F ZSF ¦ £F£¦ IF£ ZFB %5£>F CB £FB7F6>SF£F£T ¯£ZF£F£BFS>B
RF£B4£>F> ZSF S£>F££F BSIIF£F£¦ SF£V£O ZSF ¯VBZSIIF£F£¦ SF£V£OT BSF §S*ZV£O
RY£ ÕFS*B5£>F CF£ CV&B £S9£> P£ y£>F£99BSFZF S£ ZF£ y C DF*> ZFB ¦ FBP C>B5£>F CB
P£6£27IF£T BPB %5£>F C D2£ZF 6Y**P&SF£F£ A VCS£ZFB> S£6Y£B£B>F£> ZSIIF£F£¦ SF£>

¦¦£¦¥¦

¦¥¦ d & ¦ nsa 1¦ s g₁ ₁₁ tx ₁sp¦k¥)

e¦ W h¦#ua n

@j¦*£ ₁öyh¦¦

t£rt ¦£hptn da ¦¦r ¦¦nc
Die schreibmaschine ist kaputt.
Wieso läuft die Schreibmaschine wieder?
Das verstehe ich nicht!
qwertzuiopü+asdfghjklöä#yxcvbnm,.-12345678906´
!"§$%&/0=?QWERTZUIOPÜ*ASDFGHJKLÖÄ'YXCVBNM;:_
Bisher hatten wir von gesellschaftlicher Evolution im Singular gesprochen,
ungeachtet der Tatsache, daß es in älteren Zeiten viele Gesellschaften gegeben
hat, die nach der Vlrt einer Spezies oder Population miteinander evoluierten
und gleichsam den variety pool für die gesellschaftliche Evolution darstellten.
Davon zu unterscheiden ist die Frage, ob es innerhalb eines Gesellschaftssystems
noch weitere Evolutionen geben kann, also weitere Vlnwendungsfälle von ungeplante
Strukturänderungen mit Hilfe einer Differenz von Variation, Selektion und
Restabilisierung. Wenn es solche Evolutionen gibt, müßte man, da sie in der
Gesellschaft nicht unabhängig von der

uuuuuuu

L   w w u w w w w
An an An an an An an An AAAAA   V V V V V V V
also weitere Anwendungsfälle ARt   V
aaaaaaaaa   uoyos ʇɥɔᴉu ʇqᴉǝɹɥɔs ǝuᴉɥɔsɐ q ɯᴉǝɹɥɔs ǝᴉp
AAAAAAAAAAAAAAAAAAAAAAAAAA
QWERTZUIOPÜ*ASDFGHJKLÖÄ'YXCVBNM;:_
AAAAAAAAAAAAAAAAAAAAAAAAAA

ɹǝpǝᴉʍ ʇqᴉǝɹɥɔs ǝuᴉɥɔsɐ q ɯᴉǝɹɥɔs ǝᴉp

Abbildung 9rs

Abbildung 10

Selbstbericht
Wie wird der Kontext vor Reflexionstheorie die
Probleme aufgelöst?

_____

Reform als redescription
Reich: thematisch und lokale parzellieren

Abbildung 11

Abbildung 12

SF Individuum
symbolisiert die Verlegung der
Bevölkerung auf Rollen unabhängig
von sozialer Determination, aber
auch frei von Ausbildung → 'Karriere
immer problematische
Ausnahme': Frauen

Abbildung 13

Abbildung 14

Abbildung 15

Abbildung 16

für Zeitschrift f. Politik
Heft 4 1996

Abbildung 17

Abbildung 18

Henri Irénée Marrou
Geschichte der Erziehung im klassischen
Altertum (1948)
München 1977

Abbildung 19

Abbildung 20

Welt gesellschaft : Dewey
The federalist 1996/2 S. 119ff

Abbildung 21

Register

Niklas Luhmann
im Suhrkamp Verlag

Ausdifferenzierung des Rechts. Beiträge zur Rechtssoziologie und Rechtstheorie. stw 1418. 459 Seiten

Das Erziehungssystem der Gesellschaft. Herausgegeben von Dieter Lenzen. Mit zahlreichen Faksimiles des Manuskripts. stw 1593. 236 Seiten

Funktion der Religion. stw 407. 324 Seiten

Die Gesellschaft der Gesellschaft. Zwei Bände. stw 1360. 1164 Seiten

Gesellschaftsstruktur und Semantik. Studien zur Wissenssoziologie der modernen Gesellschaft.
- Band 1. stw 1091. 319 Seiten
- Band 2. stw 1092. 294 Seiten
- Band 3. stw 1093. 458 Seiten
- Band 4. stw 1438. 185 Seiten

Ideenevolution. Beiträge zur Wissenssoziologie. Herausgegeben von André Kieserling. stw 1870. 258 Seiten

Kontingenz und Recht. Rechtstheorie im interdisziplinären Zusammenhang. Herausgegeben und mit einem Nachwort von Johannes F. K. Schmidt. 348 Seiten. Gebunden

Die Kunst der Gesellschaft. stw 1303. 517 Seiten

Legitimation durch Verfahren. stw 443. 261 Seiten